3345.
Tab.8.

COLLECTION

DES

MEILLEURS OUVRAGES

DE LA LANGUE FRANÇAISE

EN PROSE ET EN VERS.

THÉATRE
DE
VOLTAIRE

PARIS. — DE L'IMPRIMERIE DE RIGNOUX,
rue des Francs-Bourgeois-S.-Michel, n° 8.

THÉATRE
DE
VOLTAIRE,

PRÉCÉDÉ

D'UNE NOTICE HISTORIQUE

PAR M. BERVILLE.

TOME VIII.

PARIS.

BAUDOUIN FRÈRES, ÉDITEURS,
RUE DE VAUGIRARD, N° 17.

M DCCC XXIX.

DON PÈDRE,

TRAGÉDIE EN CINQ ACTES,

NON REPRÉSENTÉE.

ÉPITRE DÉDICATOIRE

A M. D'ALEMBERT,

SECRÉTAIRE PERPÉTUEL DE L'ACADÉMIE FRANÇAISE,
MEMBRE DE L'ACADÉMIE DES SCIENCES, ETC.;

PAR L'ÉDITEUR DE LA TRAGÉDIE DE DON PÈDRE.

Monsieur,

Vous êtes assurément une de ces ames privilégiées dont l'auteur de don Pèdre parle dans son discours [1]. Vous êtes de ce petit nombre d'hommes qui savent embellir l'esprit géométrique par l'esprit de la littérature. L'Académie française a bien senti, en vous choisissant pour son secrétaire perpétuel, et en rendant cet hommage à la profondeur des mathématiques, qu'elle en rendait un autre au bon goût et à la vraie éloquence. Elle vous a jugé comme l'Académie des sciences a jugé M. le marquis de Condorcet; et tout le public a pensé comme ces deux compagnies respectables. Vous faites tous deux revivre ces anciens temps où les plus grands philosophes de la Grèce enseignaient les principes de l'éloquence et de l'art dramatique.

Permettez, monsieur, que je vous dédie la tragédie de mon ami, qui étant actuellement trop éloigné de la France ne peut avoir l'honneur de vous la présenter lui-même. Si je mets votre nom à la tête de cette pièce, c'est parce que j'ai cru voir en elle un air de vérité assez éloigné des lieux communs et de l'emphase que vous réprouvez.

[1] *Voyez* le *Discours historique et critique* qui suit.

Le jeune auteur, en y travaillant sous mes yeux, il y a un mois, dans une petite ville, loin de tout secours, n'était soutenu que par l'idée qu'il travaillait pour vous plaire.

Ut caneret paucis ignoto in pulvere verum.

Il n'a point ambitionné de donner cette pièce au théâtre. Il sait très bien qu'elle n'est qu'une esquisse; mais les portraits ressemblent : c'est pourquoi il ne la présente qu'aux hommes instruits. Il me disait d'ailleurs que le succès au théâtre dépend entièrement d'un acteur ou d'une actrice; mais qu'à la lecture il ne dépend que de l'arrêt équitable et sévère d'un juge et d'un écrivain tel que vous. Il sait qu'un homme de goût ne tolère aujourd'hui ni déclamation ampoulée de rhétorique, ni fade déclaration d'amour à ma princesse, encore moins ces insipides barbaries en style visigoth, qui déchirent l'oreille sans jamais parler à la raison et au sentiment, deux choses qu'il ne faut jamais séparer.

Il désespérait de parvenir à être aussi correct que l'Académie l'exige, et aussi intéressant que les loges le désirent. Il ne se dissimulait pas les difficultés de construire une pièce d'intrigue et de caractère, et la difficulté encore plus grande de l'écrire en vers. Car enfin, monsieur, les vers, dans les langues modernes, étant privés de cette mesure harmonieuse des deux seules belles langues de l'antiquité, il faut avouer que notre poésie ne peut se soutenir que par la pureté continue du style.

Nous répétions souvent ensemble ces deux vers de Boileau, qui doivent être la règle de tout homme qui parle ou qui écrit :

> Sans la langue, en un mot, l'auteur le plus divin
> Est toujours, quoi qu'il fasse, un méchant écrivain ;

et nous entendions par les défauts du langage non seulement les solécismes et les barbarismes dont le théâtre a été infecté, mais l'obscurité, l'impropriété, l'insuffisance, l'exagération, la sécheresse, la dureté, la bassesse, l'enflure, l'incohérence des expressions. Quiconque n'a pas évité continuellement tous ces écueils ne sera jamais compté parmi nos poëtes.

Ce n'est que pour apprendre à écrire tolérablement en vers français que nous nous sommes enhardis à offrir cet ouvrage à l'Académie en vous le dédiant. J'en ai fait imprimer très peu d'exemplaires, comme dans un procès par écrit on présente à ses juges quelques mémoires imprimés que le public lit rarement.

Je demande pour le jeune auteur l'arrêt de tous les académiciens qui ont cultivé assidûment notre langue. Je commence par le philosophe inventeur, qui ayant fait une description si vraie et si éloquente du corps humain connaît l'homme moral aussi bien qu'il observe l'homme physique [1].

Je veux pour juge le philosophe profond qui a percé jusque dans l'origine de nos idées, sans rien perdre de sa sensibilité [2].

Je veux pour juge l'auteur du *Siége de Calais*, qui a communiqué son enthousiasme à la nation, et qui ayant lui-même composé une tragédie de *Don Pèdre* doit regarder mon ami comme le sien, et non comme un rival.

Je veux pour juge l'auteur de *Spartacus*, qui a vengé l'humanité dans cette pièce remplie de traits dignes du grand Corneille : car la véritable gloire est dans l'approbation des maîtres de l'art. Vous avez dit que rarement un amateur raisonnera de l'art avec autant de lumière qu'un habile artiste [3] : pour moi, j'ai toujours vu que les artistes seuls rendaient une exacte justice... quand ils n'étaient pas jaloux.

. . . . C'est aux esprits bien faits
A voir la vertu pleine en ses moindres effets ;
C'est d'eux seuls qu'on reçoit la véritable gloire [4].

Et je vous avouerai que j'aimerais mieux le seul suffrage de

---

[1] M. de Buffon. — [2] M. l'abbé de Condillac. — [3] *Essai sur les gens de lettres.* — [4] Acte v des *Horaces.*

celui qui a ressuscité le style de Racine dans *Mélanie*, que de me voir applaudi un mois de suite au théâtre [1].

Je présente la tragédie de *Don Pèdre* à l'académicien qui a fait parler si dignement Bélisaire dans son admirable quinzième chapitre dicté par la vertu la plus pure, comme par l'éloquence la plus vraie, et que tous les princes doivent lire pour leur instruction et pour notre bonheur. Je la soumets à la saine critique de ceux qui, dans des discours couronnés par l'Académie, ont apprécié avec tant de goût les grands hommes du siècle de Louis XIV. Je m'en remets entièrement à la décision de l'auteur éclairé du poëme de la peinture, qui seul a donné les vraies règles de l'art qu'il chante, et qui le connaît à fond, ainsi que celui de la poésie.

Je m'en rapporte au traducteur de Virgile, seul digne de le traduire parmi tous ceux qui l'ont tenté; à l'illustre auteur des *Saisons*, si supérieur à Thomson et à son sujet; tous juges irréfragables dans l'art des vers très peu connu, et qui ont été proclamés pour jamais dans le temple de la gloire par les cris même de l'envie.

Je suis bien persuadé que le jeune homme qui met sur la scène don Pèdre et Guesclin préférerait aux applaudissemens passagers du parterre l'approbation réfléchie de l'officier aussi instruit de cet art que de celui de la guerre, qui, ayant fait parler si noblement le célèbre connétable de Bourbon, et le plus célèbre chevalier Bayard, a donné l'exemple à notre auteur de ne point prodiguer sa pièce sur le théâtre [2].

Il souhaite, sans doute, d'être jugé par le peintre de Fran-

---

[1] J'ose dire hardiment que je n'ai point vu de pièce mieux écrite que *Mélanie*. Ce mérite si rare a été senti par les étrangers qui apprennent notre langue par principes et par l'usage. L'héritier de la plus vaste monarchie de notre hémisphère, étonné de n'entendre que très difficilement le jargon de quelques uns de nos auteurs nouveaux, et d'entendre avec autant de plaisir que de facilité cette pièce de *Mélanie* et l'*Éloge de Fénelon*, a répandu sur l'auteur les bienfaits les plus honorables : il a fait par goût ce que Louis XIV fit autrefois par un noble amour de la gloire.

[2] M. de Guibert.

çois Ier, d'autant plus que ce savant et profond historien sait mieux que personne que, si on dut appeler le roi Charles V habile, ce fut Henri de Transtamare qu'on dut nommer cruel.

J'attends l'opinion des deux académiciens philosophes, vos dignes confrères [1], qui ont confondu de lâches et sots délateurs par une réponse aussi énergique que sage et délicate, et qui savent juger comme écrire.

Voilà, monsieur, l'aréopage dont vous êtes l'organe, et par qui je voudrais être condamné ou absous, si jamais j'osais faire à mon tour une tragédie, dans un temps où les sujets des pièces de théâtre semblent épuisés; dans un temps où le public est dégoûté de tous ses plaisirs, qui passent comme ses affections; dans un temps où l'art dramatique est prêt à tomber en France, après le grand siècle de Louis XIV, et à être entièrement sacrifié aux ariettes, comme il l'a été en Italie après le siècle des Médicis.

Je vous dis à peu près ce que disait Horace:

> Plotius et Varius, Mæcenas, Virgiliusque,
> Valgius, et probet hæc Octavius optimus, atque
> Fuscus, et hæc utinam Viscorum laudet uterque, etc.

Et voyez, s'il vous plaît, comme Horace met Virgile à côté de Mécène. Ce même sentiment échauffait Ovide dans les glaces qui couvraient les bords du Pont-Euxin, lorsque, dans sa dernière élégie *de Ponto*, il daigna essayer de faire rougir un de ces misérables folliculaires qui insultent à ceux qu'ils croient infortunés, et qui sont assez lâches pour calomnier un citoyen au bord de son tombeau.

Combien de bons écrivains dans tous les genres sont-ils

---

[1] MM. Suard et l'abbé Arnaud.

N. B. Il nous est tombé entre les mains, depuis peu, une réponse de M. l'abbé Arnaud à je ne sais quelle prétendue dénonciation de je ne sais quel prétendu théologien, devant je ne sais quel prétendu tribunal. Cette réponse m'a paru très supérieure à tous les ouvrages polémiques de l'autre Arnauld.

cités par Ovide dans cette élégie! comme il se console par le suffrage des Cotta, des Messala, des Fuscus, des Marius, des Gracchus, des Varus, et de tant d'autres dont il consacre les noms à l'immortalité! comme il inspire pour lui la bienveillance de tout honnête homme, et l'horreur pour un regrattier qui ne sait être que détracteur!

Le premier des poëtes italiens, et peut-être du monde entier, l'Arioste [1], nomme dans son quarante-sixième chant tous les gens de lettres de son temps pour lesquels il travaillait, sans avoir pour objet la multitude. Il en nomme dix fois plus que je n'en désigne; et l'Italie n'en trouva pas la liste trop longue. Il n'oublie point les dames illustres dont le suffrage lui était si cher.

Boileau, ce premier maître dans l'art difficile des vers français, Boileau, moins galant que l'Arioste, dit, dans sa belle épître à son ami, l'inimitable Racine:

> Et qu'importe à nos vers que Perrin les admire,
> Que l'auteur du *Jonas* s'empresse pour les lire...
> Pourvu qu'ils puissent plaire au plus puissant des rois;
> Qu'à Chantilli Condé les souffre quelquefois;
> Qu'Enghien en soit touché; que Colbert et Vivonne,
> Que La Rochefoucauld, Marsillac et Pomponne,
> Et mille autres qu'ici je ne puis faire entrer,
> A leurs traits délicats se laissent pénétrer.

J'avoue que j'aime mieux le *Mæcenas Virgiliusque*, dans Horace, que *le plus puissant des rois* dans Boileau, parce qu'il est plus beau, ce me semble, et plus honnête de mettre Virgile et le premier ministre de l'empire sur la même ligne, quand il s'agit du goût, que de préférer le suffrage de Louis XIV et du grand Condé à celui des Coras et des Perrin; ce qui n'était pas un grand effort. Mais enfin, monsieur, vous voyez que depuis Horace jusqu'à Boileau la plupart des grands poëtes ne cherchent à plaire qu'aux esprits bien faits.

[1] On ne le connaît guère en France que par des traductions très insipides en prose. C'est le maître du Tasse et de La Fontaine.

Puisque Boileau désirait avec tant d'ardeur l'approbation de l'immortel Colbert, pourquoi ne travaillerions-nous pas à mériter celle d'un homme qui a commencé son ministère mieux que lui, qui est beaucoup plus instruit que lui dans tous les arts que nous cultivons, et dont l'amitié vous a été si précieuse depuis long-temps, ainsi qu'à tous ceux qui ont eu le bonheur de le connaître [1]? Pourquoi n'ambitionnerions-nous pas les suffrages de ceux qui ont rendu des services essentiels à la patrie, soit par une paix nécessaire, soit par de très belles actions à la guerre, ou par un mérite moins brillant et non moins utile dans les ambassades, ou dans des parties essentielles du ministère?

Si ce même Boileau travaillait pour plaire aux La Rochefoucauld de son siècle, nous blâmerait-on de souhaiter le suffrage des personnes qui font aujourd'hui tant d'honneur à ce nom, à moins que nous ne fussions tout-à-fait indignes d'occuper un moment leurs loisirs?

Y a-t-il un seul homme de lettres en France qui ne se sentît très encouragé par le suffrage de deux de vos confrères, dont l'un a semblé rappeler le siècle des Médicis en cueillant les fleurs du Parnasse avant de siéger dans le Vatican [2], et l'autre, dans un rang non moins illustre, est toujours favorisé des Muses et des Graces lorsqu'il parle dans vos assemblées, et qu'il y lit ses ouvrages [3]? C'est en ce sens qu'Horace a dit:

<blockquote>Principibus placuisse viris non ultima laus est.</blockquote>

Je dis dans le même sens à un homme d'un grand nom, auteur d'un livre profond de la félicité publique : Mon ami doit être trop heureux si vous ne désapprouvez pas *Don Pèdre*; c'est à vous de juger les rois et les connétables : j'en dis autant au magistrat qui entre aujourd'hui dans l'Académie : puisse-t-il être chargé un jour du soin de cette félicité publique [4]!

[1] M. Turgot. — [2] M. le cardinal de Bernis. — [3] M. le duc de Nivernois. — [4] M. de Malesherbes.

J'ajouterai encore que le divin Arioste ne se borne pas à nommer les hommes de son temps qui fesaient honneur à l'Italie, et pour lesquels il écrivait; il nomme l'illustre Julie de Gonzague, et la veuve immortelle du marquis de Pescara, et des princesses de la maison d'Est et de Malatesta, et des Borgia, des Sforce, des Trivulce, et surtout des dames célèbres seulement par leur esprit, leur goût et leur talent. On en pourrait faire autant en France, si on avait un Arioste. Je vous nommerais plus d'une dame dont le suffrage doit décider avec vous du sort d'un ouvrage, si je ne craignais d'exposer leur mérite et leur modestie aux sarcasmes de quelques pédans grossiers qui n'ont ni l'un ni l'autre, ou de quelques futiles petits-maîtres qui pensent ridiculiser toute vertu par une plaisanterie.

Si un folliculaire dit que je n'ai donné de si justes éloges à ceux que je prends pour juges de mon ami qu'afin de les lui rendre favorables, je réponds d'avance que je confirme ces éloges si mon ami est condamné. J'ai demandé pour lui une décision, et non des louanges.

Les folliculaires me diront encore que mon ami n'est pas si jeune, mais je ne leur montrerai pas son extrait baptistère. Ils voudront deviner son nom; car c'est un très grand plaisir de satiriser les gens en personne; mais son nom ne rendrait la pièce ni meilleure ni plus mauvaise.

Le vôtre, monsieur, nous est aussi cher que vous l'avez rendu illustre; et, après votre amitié, vos ouvrages sont la plus grande consolation de ma vie. Agréez ou pardonnez cet hommage.

DISCOURS
HISTORIQUE ET CRITIQUE
SUR LA TRAGÉDIE DE DON PÈDRE.

Il est très inutile de savoir quel est le jeune auteur de cette tragédie nouvelle, qui, dans la foule des pièces de théâtre dont l'Europe est accablée, ne pourra être lue que d'un très petit nombre d'amateurs qui en parcourront quelques pages. Lorsque l'art dramatique est parvenu à sa perfection chez une nation éclairée, on le néglige : on se tourne avec raison vers d'autres études. Les Aristote et les Platon succèdent aux Sophocle et aux Euripide. Il est vrai que la philosophie devrait former le goût, mais souvent elle l'émousse; et, si vous exceptez quelques ames privilégiées, quiconque est profondément occupé d'un art, est d'ordinaire insensible à tout le reste.

S'il est encore quelques esprits qui consentent à perdre une demi-heure dans la lecture d'une tragédie nouvelle, on doit leur dire d'abord que ce n'est point celle de M. de Belloy qu'on leur présente. L'illustre auteur du *Siége de Calais* a donné au théâtre de Paris une tragédie de *Pierre-le-Cruel*, mais ne l'a point imprimée. Il y a long-temps que l'auteur de *Don Pèdre* avait esquissé quelque chose d'un plan de ce sujet. M. de Belloy, qui le sut, eut la condescendance de lui écrire qu'il renonçait en ce cas à le traiter. Dès ce moment, l'auteur de *Don Pèdre* n'y pensa plus, et il n'y a travaillé sur un plan nouveau que sur la fin de 1774, lorsque M. de Belloy a paru persister à ne point publier son ouvrage.

Après ce petit éclaircissement, dont le seul but est de montrer les égards que de véritables gens de lettres se doivent, nous donnons ce discours historique et critique tel que nous l'avons de la main même de l'auteur de *Don Pèdre*.

Henri de Transtamare, l'un des nombreux bâtards du roi de Castille Alfonse, onzième du nom, fit à son frère et à son

roi don Pèdre une guerre qui n'était qu'une révolte, en se
fesant déclarer roi légitime de Castille par sa faction. Guesclin,
depuis connétable de France, l'aida dans cette entreprise.

Cet illustre Guesclin était alors précisément ce qu'on appelait en Italie et en Espagne un *condottiero*. Il rassembla une troupe de bandits et de brigands, avec lesquels il rançonna d'abord le pape Urbain IV, dans Avignon. Il fut entièrement défait à Navarette par le roi don Pèdre et par le grand Prince Noir, souverain de Guienne, dont le nom est immortel. C'était ce même prince qui avait pris le roi Jean à Poitiers, et qui prit du Guesclin à Navarette. Henri de Transtamare s'enfuit en France. Cependant le parti des bâtards subsista toujours en Espagne. Transtamare, protégé par la France, eut le crédit de faire excommunier le roi son frère par le pape qui siégeait encore dans Avignon, et qui, depuis peu, était lié d'intérêt avec Charles V et avec le bâtard de Castille. Le roi don Pèdre fut solennellement déclaré *bulgare et incrédule*, ce sont les termes de la sentence, et ce qui est encore plus étrange, c'est que le prétexte était que le roi avait des maîtresses.

Ces anathèmes étaient alors aussi communs que les intrigues d'amour chez les excommuniés et chez les excommunians, et ces amours se mêlaient aux guerres les plus cruelles. Les armes des papes étaient plus dangereuses qu'aujourd'hui : les princes les plus adroits disposaient de ces armes. Tantôt des souverains en étaient frappés, et tantôt ils en frappaient. Les seigneurs féodaux les achetaient à grand prix.

La détestable éducation qu'on donnait alors aux hommes de tout rang et sans rang, et qu'on leur donna si long-temps, en fit des brutes féroces que le fanatisme déchaînait contre tous les gouvernemens. Les princes se fesaient un devoir sacré de l'usurpation. Un rescrit donné dans une ville d'Italie, en une langue ignorée de la multitude, conférait un royaume en Espagne et en Norvège; et les ravisseurs des états, les déprédateurs les plus inhumains, plongés dans tous les crimes, étaient réputés saints, et souvent invoqués, quand ils s'étaient fait revêtir en mourant d'une robe de frère prêcheur ou de frère mineur.

M. Thomas, dans son discours à l'Académie, a dit « que les « temps d'ignorance furent toujours les temps des férocités. » J'aime à répéter des paroles si vraies, dont il vaut mieux être l'écho que le plagiaire.

Transtamare revint en Espagne, une bulle dans une main, et l'épée dans l'autre. Il y ranima son parti. Le grand Prince Noir était malade à la mort dans Bordeaux; il ne pouvait plus secourir don Pèdre.

Guesclin fut envoyé une seconde fois en Espagne par le roi Charles V, qui profitait du triste état où le Prince Noir était réduit. Guesclin prit don Pèdre prisonnier dans la bataille de Montiel, entre Tolède et Séville. Ce fut immédiatement après cette journée que Henri de Transtamare, entrant dans la tente de Guesclin, où l'on gardait le roi son frère désarmé, s'écria : « Où est ce Juif, ce fils de p..... qui se disait roi de Castille ? » et il l'assassina à coups de poignard.

L'assassin, qui n'avait d'autre droit à la couronne que d'être lui-même ce Juif bâtard, titre qu'il osait donner au roi légitime, fut cependant reconnu roi de Castille; et sa maison a régné toujours en Espagne, soit dans la ligne masculine, soit par les femmes.

Il ne faut pas s'étonner après cela si les historiens ont pris le parti du vainqueur contre le vaincu. Ceux qui ont écrit l'histoire en Espagne et en France n'ont pas été des Tacites; et M. Horace Walpole, envoyé d'Angleterre en Espagne, a eu bien raison de dire dans ses *Doutes sur Richard III*, comme nous l'avons remarqué ailleurs : « Quand un roi heureux ac-« cuse ses ennemis, tous les historiens s'empressent de lui ser-« vir de témoins. » Telle est la faiblesse de trop de gens de lettres; non qu'ils soient plus lâches et plus bas que les courtisans d'un prince criminel et heureux, mais leurs lâchetés sont durables.

Si quelque vieux leude de Charlemagne s'avisait autrefois de lire un manuscrit de Frédégaire ou du moine de Saint-Gall, il pouvait s'écrier : *Ah, le menteur!* mais il s'en tenait là; personne ne relevait l'ignorance et l'absurdité du moine : il était cité dans les siècles suivans; il devenait une autorité; et dom

Ruinart rapportait son témoignage dans ses *Actes sincères*. C'est ainsi que toutes les légendes du moyen âge sont remplies des plus ridicules fables ; et l'histoire ancienne assurément n'en est pas exempte.

Ceux qui mentent ainsi au genre humain sont encore animés souvent par la sottise de la rivalité nationale. Il n'y a guère d'historien anglais qui ait manqué l'occasion de faire la satire des Français, et quelquefois avec un peu de grossièreté. Velly et Villaret dénigrent les Anglais autant qu'ils le peuvent. Mézerai n'épargna jamais les Espagnols. Un Tite-Live ne pouvait connaître cette partialité; il vivait dans un temps où sa nation existait seule dans le monde connu, *Romanos rerum dominos;* toutes les autres étaient à ses pieds. Mais aujourd'hui que notre Europe est partagée entre tant de dominations qui se balancent toutes; aujourd'hui que tant de peuples ont leurs grands hommes en tout genre, quiconque veut trop flatter son pays court risque de déplaire aux autres, si par hasard il en est lu, et doit peu s'attendre à la reconnaissance du sien. On n'a jamais tant aimé la vérité que dans ce temps-ci : il ne reste plus qu'à la trouver.

Dans les querelles qui se sont élevées si souvent entre toutes les cours de l'Europe, il est bien difficile de découvrir de quel côté est le droit; et, quand on l'a reconnu, il est dangereux de le dire. La critique, qui aurait dû, depuis près d'un siècle, détruire les préjugés sous lesquels l'histoire est défigurée, a servi plus d'une fois à substituer de nouvelles erreurs aux anciennes. On a tant fait que tout est devenu problématique, depuis la loi salique jusqu'au système de Law : et à force de creuser, nous ne savons plus où nous en sommes.

Nous ne connaissons pas seulement l'époque de la création des sept électeurs en Allemagne, du parlement en Angleterre, de la pairie en France. Il n'y a pas une seule maison souveraine dont on puisse fixer l'origine. C'est dans l'histoire que le chaos est le commencement de tout. Qui pourra remonter à la source de nos usages et de nos opinions populaires ?

Pourquoi donna-t-on le surnom de *bon* à ce roi Jean qui commença son règne par faire mourir en sa présence son connétable sans forme de procès; qui assassina quatre principaux chevaliers dans Rouen; qui fut vaincu par sa faute; qui céda la moitié de la France, et ruina l'autre?

Pourquoi donna-t-on à ce don Pèdre, roi légitime de Castille, le nom de *cruel* qu'il fallait donner au bâtard Henri de Transtamare, assassin de don Pèdre et usurpateur?

Pourquoi appelle-t-on encore *bien-aimé* ce malheureux Charles VI qui déshérita son fils en faveur d'un étranger ennemi et oppresseur de sa nation, et qui plongea tout l'état dans la subversion la plus horrible dont on ait conservé la mémoire? Tous ces surnoms, ou plutôt tous ces sobriquets, que les historiens répètent sans y attacher de sens, ne viennent-ils pas de la même cause qui fait qu'un marguillier qui ne sait pas lire répète les noms d'Albert-le-Grand, de Grégoire thaumaturge, de Julien l'apostat, sans savoir ce que ces noms signifient? Telle ville fut appelée la *sainte*, ou la *superbe*, dans laquelle il n'y eut ni sainteté ni grandeur; tel vaisseau fut nommé *le Foudroyant*, *l'Invincible*, qui fut pris en sortant du port.

L'histoire n'ayant donc été trop souvent que le récit des fables et des préjugés, quand on entreprend une tragédie tirée de l'histoire, que fait-on? l'auteur choisit la fable ou le préjugé qui lui plaît davantage. Celui-ci, dans sa pièce, pourra regarder Scévola comme le respectable vengeur de la liberté publique, comme un héros qui punit sa main de s'être méprise en tuant un autre que le fatal ennemi de Rome; celui-là pourra ne se représenter Scévola que comme un vil espion, un assassin fanatique, un Poltrot, un Balthazar Gérard, un Jacques Clément. Des critiques penseront qu'il n'y a point eu de Scévola, et que c'est une fable, ainsi que toutes les histoires des premiers temps de tout peuple sont des fables; et ces critiques pourront bien avoir raison. Tel Espagnol ne verra dans François Ier qu'un capitaine très courageux et très imprudent, mauvais politique, et manquant à sa parole: un professeur du collége royal le mettra dans le ciel pour avoir protégé les lettres; un luthérien d'Allemagne le plongera en enfer pour avoir fait brûler des luthériens dans Paris, tandis qu'il les soudoyait dans l'empire; et si les ex-jésuites font encore des pièces de théâtre, ils ne manqueront pas de dire avec Daniel « qu'il aurait fait aussi brûler le dauphin, si ce « dauphin n'avait pas cru aux indulgences; tant ce grand roi « avait de piété ! »

Nous avons une tragi-comédie espagnole où Pierre, que nous appelons le *cruel*, n'est jamais appelé que le *justicier*, titre que lui donna toujours Philippe II. J'ai connu un jeune homme qui avait fait une tragédie d'*Adonias et Salomon*. Il y représentait Salomon comme le plus barbare et le plus lâche de tous les parricides ou fratricides. « Savez-vous bien, lui « dit-on, que le Seigneur dans un songe lui donna la sagesse? « — Cela peut être, dit-il; mais il ne lui donna pas l'humanité « à son réveil. »

Il y a des déclamations de collége, sous le nom d'histoires ou de drames, ou sous d'autres noms, dans lesquelles la nation qu'on célèbre est toujours la première du monde; ses soldats mal payés les premiers héros du monde, quoiqu'ils se soient enfuis; la ville capitale, qui n'avait guère que des maisons de bois, la première ville du monde; le fauteuil à clous dorés, sur lequel un roi goth ou alain s'asseyait, le premier trône du monde; et l'auteur, qui se croit le premier dans sa sphère, serait alors peut-être le plus sot homme du monde, s'il ne se trouvait des gens encore plus sots qui font pour vingt sous la critique raisonnée de la pièce nouvelle; critique qui s'en va le lendemain avec la pièce dans l'abyme de l'éternel oubli.

On élève aussi quelquefois au ciel d'anciens chevaliers défenseurs ou oppresseurs des femmes et des églises, superstitieux et débauchés, tantôt voleurs, tantôt prodigues, combattant à outrance les uns contre les autres pour l'honneur de quelques princesses qui avaient très peu d'honneur. Tout ce qu'on peut faire de mieux (ce me semble) quand on s'amuse à les mettre sur la scène, c'est de dire avec Horace :

Seditione, dolis, scelere, atque libidine, et ira,
Iliacos intra muros peccatur et extra.

FRAGMENT[1]

D'UN DISCOURS HISTORIQUE ET CRITIQUE

SUR DON PÈDRE.

Les raisonneurs qui sont comme moi sans génie, et qui dissertent aujourd'hui sur le siècle du génie, répètent souvent cette antithèse de La Bruyère, que Racine a peint les hommes tels qu'ils sont, et Corneille tels qu'ils devraient être. Ils répètent une insigne fausseté; car jamais ni Bajazet, ni Xipharès, ni Britannicus, ni Hippolyte, n'ont fait l'amour comme ils le font galamment dans les tragédies de Racine; et jamais César n'a dû dire, dans le *Pompée* de Corneille, à Cléopâtre, qu'il n'avait combattu à Pharsale que pour mériter son amour avant de l'avoir vue; il n'a jamais dû lui dire que son *glorieux titre de premier du monde, à présent effectif, est ennobli par celui de captif* de la petite Cléopâtre, âgée de quinze ans, qu'on lui amena dans un paquet de linge. Ni Cinna ni Maxime n'ont dû être tels que Corneille les a peints. Le devoir de Cinna ne pouvait être d'assassiner Auguste pour plaire à une fille qui n'existait point. Le devoir de Maxime n'était pas d'être amoureux de cette même fille, et de trahir à la fois Auguste, Cinna et sa maîtresse. Ce n'était pas là ce Maxime à qui Ovide écrivait qu'il était digne de son nom :

Maxime, qui tanti mensuram nominis imples.

Le devoir de Félix, dans *Polyeucte*, n'était pas d'être un lâche barbare qui fesait couper le cou à son gendre,

Pour acquérir par là de plus puissans appuis
Qui me mettroient plus haut cent fois que je ne suis.

[1] Ce fragment se trouvait imprimé à la suite de la tragédie de *Don Pèdre*, dans les éditions précédentes.

On a beaucoup et trop écrit depuis Aristote sur la tragédie. Les deux grandes règles sont que les personnages intéressent, et que les vers soient bons; j'entends d'une bonté propre au sujet. Écrire en vers pour les faire mauvais est la plus haute de toutes les sottises.

On m'a vingt fois rebattu les oreilles de ce prétendu discours de Pierre Corneille : « Ma pièce est finie; je n'ai plus « que les vers à faire. » Ce propos fut tenu par Ménandre plus de deux mille ans avant Corneille, si nous en croyons Plutarque dans sa question « si les Athéniens ont plus excellé « dans les armes que dans les lettres ? » Ménandre pouvait à toute force s'exprimer ainsi, parce que des vers de comédie ne sont pas les plus difficiles; mais dans l'art tragique, la difficulté est presque insurmontable, du moins chez nous.

Dans le siècle passé il n'y eut que le seul Racine qui écrivît des tragédies avec une pureté et une élégance presque continues; et le charme de cette élégance a été si puissant, que les gens de lettres et de goût lui ont pardonné la monotonie de ses déclarations d'amour, et la faiblesse de quelques caractères, en faveur de sa diction enchanteresse.

Je vois dans l'homme illustre qui le précéda des scènes sublimes, dont ni Lope de Vega, ni Calderon, ni Shakespeare, n'avaient même pu concevoir la moindre idée, et qui sont très supérieures à ce qu'on admira dans Sophocle et dans Euripide; mais aussi j'y vois des tas de barbarismes et de solécismes qui révoltent, et de froids raisonnemens alambiqués qui glacent; j'y vois enfin vingt pièces entières dans lesquelles à peine y a-t-il un morceau qui demande grace pour le reste. La preuve incontestable de cette vérité est, par exemple, dans les deux *Bérénices* de Racine et de Corneille. Le plan de ces deux pièces est également mauvais, également indigne du théâtre tragique; ce défaut même va jusqu'au ridicule. Mais par quelle raison est-il impossible de lire la *Bérénice* de Corneille? par quelle raison est-elle au dessous des pièces de Pradon, de Rieuperoux, de Danchet, de Péchantré, de Pellegrin? et d'où vient que celle de Racine se fait lire avec tant de plaisir, à quelques fadeurs près? d'où vient qu'elle arrache des larmes...? C'est que les vers sont bons : ce mot comprend tout, sentiment, vérité, décence, naturel, pureté de diction, noblesse, force, harmonie, élégance, idées profondes, idées fines, surtout idées claires, images touchantes, images terribles, et toujours placées à propos. Otez ce mérite à la divine tragédie d'*Athalie*, il ne lui restera rien; ôtez ce mérite au quatrième livre de l'*Énéide*, et au discours de Priam à Achille dans Homère, ils seront insipides. L'abbé Dubos a très grande raison : la poésie ne charme que par les beaux détails.

Si tant d'amateurs savent par cœur des morceaux admirables des *Horaces*, de *Cinna*, de *Pompée*, de *Polyeucte*, et quatre vers d'*Héraclius*, c'est que ces vers sont très bien faits; et si on ne peut lire ni *Théodore*, ni *Pertharite*, ni *Don Sanche d'Aragon*, ni *Attila*, ni *Agésilas*, ni *Pulchérie*, ni *la Toison d'or*, ni *Suréna*, etc. etc., c'est que presque tous les vers en sont détestables. Il faut être de bien mauvaise foi pour s'efforcer de les excuser contre sa conscience. Quelquefois même de misérables écrivains ont osé donner des éloges à cette foule de pièces aussi plates que barbares, parce qu'ils sentaient bien que les leurs étaient écrites dans ce goût. Ils demandaient grace pour eux-mêmes.

PERSONNAGES.

DON PÈDRE, roi de Castille.
TRANSTAMARE, frère du roi, bâtard légitimé.
DU GUESCLIN, général de l'armée française.
LÉONORE DE LA CERDA, princesse du sang.
ELVIRE, confidente de Léonore.
ALMÈDE,
MENDOSE,
ALVARE, } officiers espagnols.
MONCADE,
Suite.

La scène est dans le palais de Tolède.

DON PÈDRE,

TRAGÉDIE.

ACTE PREMIER.

SCÈNE I.

TRANSTAMARE, ALMÈDE.

TRANSTAMARE.
De la cour de Vincenne aux remparts de Tolède,
Tu m'es enfin rendu, cher et prudent Almède.
Reverrai-je en ces lieux ce brave Du Guesclin?

ALMÈDE.
Il vient vous seconder.

TRANSTAMARE.
          Ce mot fait mon destin.
Pour soutenir ma cause, et me venger d'un frère,
Le secours des Français m'est encor nécessaire.
Des révolutions voici le temps fatal :
J'attends tout du roi Charle et de son général.
Qu'as-tu vu? qu'a-t-on fait? Dis-moi ce qu'on prépare
Dans la cour de Vincenne au prince Transtamare.

ALMÈDE.
Charle était incertain : j'ai long-temps attendu
L'effet d'un grand projet qu'on tenait suspendu.

Le monarque éclairé, prudent avec courage,
Chez les bouillans Français peut-être le seul sage,
A tous ses courtisans dérobant ses secrets,
A pesé mes raisons avec ses intérêts.
Enfin il vous protége; et sur le bord du Tage
Ce valeureux Guesclin, ce héros de notre âge,
Suivi de son armée, arrive sur mes pas.

TRANSTAMARE.

Je dois tout à son roi.

ALMÈDE.

Ne vous y trompez pas.
Charle, en vous soutenant au bord du précipice,
Vous tend par politique une main protectrice;
En divisant l'Espagne, afin de l'affaiblir,
Il veut frapper don Pèdre autant que vous servir :
Pour son intérêt seul il entreprend la guerre.
Don Pèdre eut pour appui la superbe Angleterre;
Le fameux Prince Noir était son protecteur :
Mais ce guerrier terrible, et de Guesclin vainqueur,
Au milieu de sa gloire achevant sa carrière,
Touche enfin, dans Bordeaux, à son heure dernière.
Son génie accablait et la France et Guesclin;
Et quand des jours si beaux touchent à leur déclin,
Ce Français, dont le bras aujourd'hui vous seconde,
Demeure avec éclat seul en spectacle au monde.
Charle a choisi ce temps. L'Anglais tombe épuisé;
L'empire a trente rois, et languit divisé;
L'Espagnol est en proie à la guerre civile;
Charle est le seul puissant; et, d'un esprit tranquille,
Ébranlant à son gré tous les autres états,

Il triomphe à Paris sans employer son bras.
TRANSTAMARE.
Qu'il exerce à loisir sa politique habile,
Qu'il soit prudent, heureux; mais qu'il me soit utile.
ALMÈDE.
Il vous promet Valence et les vastes pays
Que vous laissait un père, et qu'on vous a ravis;
Il vous promet surtout la main de Léonore,
Dont l'hymen à vos droits va réunir encore
Ceux qui lui sont transmis par les rois ses aïeux.
TRANSTAMARE.
Léonore est le bien le plus cher à mes yeux.
Mon père, tu le sais, voulut que l'hyménée
Fît revivre par moi les rois dont elle est née.
Il avait gagné Rome; elle approuvait son choix;
Et l'Espagne à genoux reconnaissait mes droits.
Dans un asile saint Léonore enfermée
Fuyait les factions de Tolède alarmée;
Elle fuyait don Pèdre... Il la fait enlever.
De mes biens, en tout temps, ardent à me priver,
Il la retient ici captive avec sa mère.
Voudrait-il seulement l'arracher à son frère?
Croit-il, de tant d'objets trop heureux séducteur,
De ce cœur simple et vrai corrompre la candeur?
Craindrait-il en secret les droits que Léonore
Au trône castillan peut conserver encore?
Prétend-il l'épouser, ou d'un nouvel amour
Étaler le scandale à son indigne cour?
Veut-il des La Cerda déshonorer la fille,
La traîner en triomphe après Laure et Padille,

Et, d'un peuple opprimé bravant les vains soupirs,
Insulter aux humains du sein de ses plaisirs?
ALMÈDE.
Les femmes, en tous lieux souveraines suprêmes,
Ont égaré des rois, et les cours sont les mêmes.
Mais peut-être Guesclin dédaignera d'entrer
Dans ces petits débats qu'il semblait ignorer.
Son esprit mâle et ferme, et même un peu sauvage,
Des faiblesses d'amour entend peu le langage.
Honoré par son roi du nom d'ambassadeur,
Il soutiendra vos droits avant que sa valeur
Se serve ici pour vous, dignement occupée,
Des dernières raisons, les canons et l'épée.
Mais jusque là don Pèdre est le maître en ces lieux.
TRANSTAMARE.
Lui, le maître! ah! bientôt tu nous connaîtras mieux.
Il veut l'être en effet; mais un pouvoir suprême
S'élève et s'affermit au dessus du roi même.
Dans son propre palais les états convoqués
Se sont en ma faveur hautement expliqués;
Le sénat castillan me promet son suffrage.
A don Pèdre égalé, je n'ai pas l'avantage
D'être né d'un hymen approuvé par la loi;
Mais tu sais qu'en Europe on a vu plus d'un roi,
Par soi-même élevé, faire oublier l'injure
Qu'une loi trop injuste a faite à la nature.
Tout est au plus heureux, et c'est la loi du sort.
Un bâtard, échappé des pirates du Nord,
A soumis l'Angleterre; et, malgré tous leurs crimes,
Ses heureux descendans sont des rois légitimes;

J'ose attendre en Espagne un aussi grand destin.
ALMÈDE.
Guesclin vous le promet; et je me flatte enfin
Que don Pèdre à vos pieds peut tomber de son trône,
Si le Français l'attaque et l'Anglais l'abandonne.
TRANSTAMARE.
Tout annonce sa chute; on a su soulever
Les esprits mécontens qu'il n'a pu captiver.
L'opinion publique est une arme puissante;
J'en aiguise les traits. La ligue menaçante
Ne voit plus dans son roi qu'un tyran criminel;
Il n'est plus désigné que du nom de cruel.
Ne me demande point si c'est avec justice :
Il faut qu'on le déteste afin qu'on le punisse.
La haine est sans scrupule : un peuple révolté
Écoute les rumeurs et non la vérité.
On avilit ses mœurs, on noircit sa conduite;
On le rend odieux à l'Europe séduite;
On le poursuit dans Rome à ce vieux tribunal
Qui, par un long abus, peut-être trop fatal,
Sur tant de souverains étend son vaste empire.
Je l'y fais condamner, et je puis te prédire
Que tu verras l'Espagne, en sa crédulité,
Exécuter l'arrêt dès qu'il sera porté.
Mais un soin plus pressant m'agite et me dévore.
A ses sacrés autels il ravit Léonore;
De cette cour profane il faut bien la sauver :
Arrachons-la des mains qui m'en osent priver.
Sans doute il s'est flatté du grand art de séduire,
De sa vaine beauté, de ce frivole empire

Qu'il eut sur tant de cœurs aisés à conquérir :
Tout cet éclat trompeur avec lui va périr.
Peut-être qu'aujourd'hui la guerre déclarée
Vers la princesse ici m'interdirait l'entrée ;
Profitons du seul jour où je puis l'enlever.
Va m'attendre au sénat : je cours t'y retrouver :
Nous y concerterons tout ce que je dois faire
Pour ravir Léonore et le trône à mon frère.
La voici : le destin favorise mes vœux.

SCÈNE II.

TRANSTAMARE, LÉONORE, ELVIRE.

LÉONORE.

Prince, en ces temps de trouble, en ces jours malheureux,
Je n'ai que ce moment pour vous parler encore.
Bientôt vous connaîtrez ce qu'était Léonore,
Quelle était sa conduite et son nouveau devoir :
Mais au palais du roi gardez de me revoir.
Je veux, je dois sauver d'une guerre intestine
Et vous et tout l'état penchant vers sa ruine.
Le roi vient sur mes pas ; j'ignore ses projets ;
Il donne, en frémissant, quelques ordres secrets :
Il vous nomme, il s'emporte ; et vous devez connaître
Quel sort on se prépare en luttant contre un maître.
Je vous en avertis : épargnez à ses yeux
D'un superbe ennemi l'aspect injurieux.
C'est ma seule prière.

TRANSTAMARE.
    Ah! qu'osez-vous me dire?

ACTE I, SCÈNE II.

LÉONORE.

Ce que je dois penser, ce que le ciel m'inspire.

TRANSTAMARE.

Quoi ! vous que le ciel même a fait naître pour moi,
Dont mon père, en mourant, me destina la foi,
Vous dont Rome et la France ont conclu l'hyménée,
Vous que l'Europe entière à moi seul a donnée,
Je ne vous reverrais que pour vous éviter !
Vous ne me parleriez que pour mieux m'écarter !

LÉONORE.

Le devoir, la raison, votre intérêt l'exige.
Tout ce que j'aperçois m'épouvante et m'afflige.
Seigneur, d'assez de sang nos champs sont inondés,
Et vous devez sentir ce que vous hasardez.

TRANSTAMARE.

Je sais bien que don Pèdre est injuste, intraitable,
Qu'il peut m'assassiner.

LÉONORE.

   Il en est incapable.
A l'insulter ainsi c'est trop vous appliquer.
Puisse enfin la nature à tous deux s'expliquer !
Elle parle par moi; seigneur, je vous conjure
De ne point faire au roi cette nouvelle injure.
Ménagez, évitez votre frère offensé,
Violent comme vous, profondément blessé :
Ne vous efforcez point de le rendre implacable ;
Laissez-moi l'apaiser.

TRANSTAMARE.

   Non : chaque mot m'accable.
Je vous parle des nœuds qui nous ont engagés ;

Et vous me répondez que vous me protégez !
Je ne vous connais plus. Que cette cour altère
Vos premiers sentimens et votre caractère !

LÉONORE.

Mes justes sentimens ne sont point démentis :
Je chérirai le sang dont nous sommes sortis ;
Et les rois nos aïeux vivront dans ma mémoire.
Pour la dernière fois, si vous daignez m'en croire,
Dans son propre palais gardez-vous d'outrager
Celui qui règne encore, et qui peut se venger.

TRANSTAMARE.

Que vous importe à vous que mon aspect l'offense ?

LÉONORE.

Je veux qu'envers un frère il use de clémence.

TRANSTAMARE.

La clémence en don Pèdre ! épargnez-vous ce soin :
De la mienne bientôt il peut avoir besoin.
Je n'en dirai pas plus ; mais, quoi que j'exécute,
Léonore est un bien qu'un tyran me dispute :
Je n'ai rien entrepris que pour vous posséder ;
Vous me verrez mourir plutôt que vous céder.
Vous me verrez, madame.

(Il sort.)

SCÈNE III.

LÉONORE, ELVIRE.

LÉONORE.

Où me suis-je engagée?

ELVIRE.

Je frémis des périls où vous êtes plongée,
Entre deux ennemis qui, s'égorgeant pour vous,
Pourront dans le combat vous percer de leurs coups.
Promise à Transtamare, à son frère donnée,
Prête à former ces nœuds d'un secret hyménée,
Dans l'orage qui gronde en ce triste séjour,
Quelle cruelle fête, et quel temps pour l'amour!

LÉONORE.

Elvire, il faut t'ouvrir mon ame toute entière.
Je voulais consacrer ma pénible carrière
Au vénérable asile où, dans mes premiers jours,
J'avais goûté la paix, loin des perfides cours.
Le sombre Transtamare, en cherchant à me plaire,
M'attachait encor plus à ma retraite austère.
D'une mère sur moi tu connais le pouvoir;
Elle a détruit ma paix, et changé mon devoir.
Dans les dissensions de l'Espagne affligée,
Au parti de don Pèdre en secret engagée,
Pleine de cet orgueil qu'elle tient de son sang,
Elle me précipite en ce suprême rang:
Elle me donne au roi. Le puissant Transtamare
Ne pardonnera point le coup qu'on lui prépare.

Je replonge l'Espagne en un trouble nouveau ;
De la guerre, en tremblant, j'allume le flambeau,
Moi, qui de tout mon sang aurais voulu l'éteindre.
Plus on croit m'élever, plus ma chute est à craindre.
Le roi, qui voit l'état contre lui conjuré,
Cache encor mon secret dans Tolède ignoré :
Notre cour le soupçonne, et paraît incertaine.
Je me vois exposée à la publique haine,
Aux fureurs des partis, aux bruits calomnieux;
Et, de quelques côtés que je tourne les yeux,
Ce trône m'épouvante.

ELVIRE.

Ou je suis abusée,
Ou votre ame à ce choix ne s'est point opposée.
Si les périls sont grands, si, dans tous les états,
Les cours ont leurs dangers, le trône a ses appas.

LÉONORE.

Jamais le rang du roi n'éblouit ma jeunesse.
Peut-être que mon cœur, avec trop de faiblesse,
Admira sa valeur et ses grands sentimens.
Je sais quel fut l'excès de ses égaremens ;
J'en frémis : mais son ame est noble et généreuse ;
Elvire, elle est sensible autant qu'impétueuse ;
Et, s'il m'aime en effet, j'ose encore espérer
Que des jours moins affreux pourront nous éclairer.
L'auguste La Cerda, dont le ciel me fit naître,
M'inspira ce projet en me donnant un maître.
Ah! si le roi voulait, si je pouvais un jour
Voir ce trône ébranlé raffermi par l'amour!
Si, comme je l'ai cru, les femmes étaient nées

ACTE I, SCÈNE IV.

Pour calmer des esprits les fougues effrénées,
Pour faire aimer la paix aux féroces humains,
Pour émousser le fer en leurs sanglantes mains !
Voilà ma passion, mon espoir et ma gloire.

ELVIRE.

Puissiez-vous remporter cette illustre victoire !
Mais elle est bien douteuse ; et je vous vois marcher
Sur des feux que la cendre à peine a pu cacher.

LÉONORE.

J'ai peu vu cette cour, Elvire, et je l'abhorre.
Quel séjour orageux ! mais il se peut encore
Que dans le cœur du roi je réveille aujourd'hui
Les premières vertus qu'on admirait en lui.
Ses maîtresses peut-être ont corrompu son ame,
Le fond en était pur.

ELVIRE.
          Il vient à vous, madame :
Osez donc parler.

SCÈNE IV.

DON PÈDRE, LÉONORE, ELVIRE.

LÉONORE.
         Sire, ou plutôt cher époux,
Souffrez que Léonore embrasse vos genoux.
                        (Il la retient.)
Ma mère est votre sang, et sa main m'a donnée
Au maître généreux qui fait ma destinée.
Vous avez exigé qu'aux yeux de votre cour
Ce grand événement se cache encore un jour ;

Mais vous m'avez promis de m'accorder la grace
Qu'implorerait de vous mon excusable audace.
Puis-je la demander?

DON PÈDRE.

N'ayez point la rigueur
De douter d'un empire établi sur mon cœur.
Votre couronnement d'un seul jour se diffère;
Il me faut ménager un sénat téméraire,
Un peuple effarouché : mais ne redoutez rien.
Parlez, qu'exigez-vous?

LÉONORE.

Votre bonheur, le mien,
Celui de la Castille; une paix nécessaire.
Seigneur, vous le savez, la princesse ma mère
M'a remise en vos mains dans un espoir si beau.
Les ans et les chagrins l'approchent du tombeau.
Je joins ici ma voix à sa voix expirante;
Comme elle, en ces momens, la patrie est mourante.
La Discorde en fureur en ces lieux alarmés
Peut se calmer encor, seigneur, si vous m'aimez.
Ne m'ouvrez point au trône un horrible passage
Parmi des flots de sang, au milieu du carnage;
Et puissent vos sujets, bénissant votre loi,
Par vous rendus heureux, vous aimer comme moi!

DON PÈDRE.

Plus que vous ne pensez votre discours me touche;
La raison, la vertu, parlent par votre bouche.
Hélas! vous êtes jeune, et vous ne savez pas
Qu'un roi qui fait le bien ne fait que des ingrats.
Allez, des factieux n'aiment jamais leur maître :

ACTE I, SCÈNE IV.

Quoi qu'il puisse arriver, je le suis, je veux l'être;
Ils subiront mes lois : mais daignez m'en donner;
Vous pouvez tout sur moi; que faut-il?

LÉONORE.

Pardonner.

DON PÈDRE.

A qui?

LÉONORE.

Puis-je le dire?

DON PÈDRE.

Eh bien?

LÉONORE.

A Transtamare.

DON PÈDRE.

Quoi! vous me prononcez le nom de ce barbare,
Du criminel objet de mon juste courroux!

LÉONORE.

Peut-être il est puni, puisque je suis à vous.
Alfonse votre père à sa main m'a promise;
Il lui donna Valence, et vous l'avez conquise.
Je lui portais pour dot d'assez vastes états :
Il les espère encore, et n'en jouira pas.
Sire, je ne veux point que la France jalouse,
Votre sénat, les grands, accusent votre épouse
D'avoir immolé tout à son ambition,
Et de n'être en vos bras que par la trahison.
De ces soupçons affreux la triste ignominie
Empoisonnerait trop ma malheureuse vie.

DON PÈDRE.

Écoutez : je vous aime; et ce sacré lien,

En vous donnant à moi, joint votre honneur au mien.
Sachez qu'il n'est ici de perfide et de traître
Que ce prince rebelle, et qui s'obstine à l'être.
Trompé par une femme, et par l'âge affaibli,
Mettant près du tombeau tous mes droits en oubli,
Alfonse, mauvais roi, non moins que mauvais père,
(Car je parle sans feinte, et ma bouche est sincère),
Alfonse, en égalant son bâtard à son fils,
Nous fit imprudemment pour jamais ennemis.
D'une province entière on fesait son partage;
La moitié de mon trône était son héritage.
Que dis-je! on vous donnait... Plus juste possesseur,
J'ai repris tous mes biens des mains du ravisseur.
Le traître, avec Guesclin vaincu dans Navarette,
Par une fausse paix réparant sa défaite,
Attire à son parti nos peuples aveuglés.
Il impose au sénat, aux états assemblés;
Faible dans les combats, puissant dans les intrigues,
Artisan ténébreux de fraudes et de brigues,
Il domine en secret dans mon propre palais.
Il croit déja régner. Ne me parlez jamais
De ce dangereux fourbe et de ce téméraire :
Cessez.

LÉONORE.

Je vous parlais, seigneur, de votre frère.

DON PÈDRE.

Mon frère! Transtamare... il doit n'être à vos yeux
Qu'un opprobre nouveau du sang de nos aïeux,
Un enfant d'adultère, un rejeton du crime :
Et l'étrange intérêt qui pour lui vous anime

ACTE I, SCÈNE IV.

Est un coup plus cruel à mon esprit blessé
Que tous ses attentats qui m'ont trop offensé.

LÉONORE.

De quoi vous plaignez-vous, quand je le sacrifie;
Quand, vous donnant mon cœur, et hasardant ma vie,
Mon sort à vos destins s'abandonne aujourd'hui?
Ma tendresse pour vous et ma pitié pour lui
A vos yeux irrités sont-elles une offense?
Je vous vois menacé des armes de la France :
Les états, le sénat, unis contre vos droits,
Ont élevé déja leur redoutable voix.
M'est-il donc défendu de craindre un tel orage?

DON PÈDRE.

Non; mais rassurez-vous du moins sur mon courage.

LÉONORE.

Vous n'en avez que trop; et, dans ces jours affreux,
Ce courage, peut-être, est funeste à tous deux.

DON PÈDRE.

Rien n'est funeste aux rois que leur propre faiblesse.

LÉONORE.

Ainsi votre refus rebute ma tendresse :
A peine l'hyménée est près de nous unir,
Je vous déplais, seigneur, en voulant vous servir.

DON PÈDRE.

Allez plaindre don Pèdre, et flatter Transtamare.

LÉONORE.

Ah! vous ne craignez point que mon esprit s'égare
Jusqu'à le comparer à don Pèdre, à mon roi.
Je vous parlais pour vous, pour l'Espagne et pour moi :
Je vois qu'il faut suspendre une plainte indiscrète;

Qu'une femme est esclave, et qu'elle n'est point faite
Pour se jeter, seigneur, entre le peuple et vous.
J'ai cru que la prière apaisait le courroux;
Qu'on pouvait opposer à vos armes sanglantes
De la compassion les armes innocentes...
Mais je dois respecter de si grands intérêts...
J'avais trop présumé... Je sors, et je me tais.
(Elle sort.)

SCÈNE V.

DON PÈDRE.

Qu'une telle démarche et m'étonne et m'offense!
Transtamare avec elle est-il d'intelligence?
M'aurait-elle trompé sous le voile imposteur
Qui fascinait mes yeux par sa fausse candeur?
Croit-elle, en abusant du pouvoir de ses charmes,
Vaincre par sa faiblesse, et m'arracher mes armes?
Est-ce amour? est-ce crainte? est-ce une trahison?
Quels nouveaux attentats confondent ma raison!
Régné-je, juste ciel! et respiré-je encore?
Tout m'abandonnerait... et jusqu'à Léonore...
Non... je ne le crois point... mais mon cœur est percé.
 Monarque malheureux, amant trop offensé,
Oppose à tant d'assauts un cœur inébranlable;
Mais surtout garde-toi de la trouver coupable.

FIN DU PREMIER ACTE.

ACTE SECOND.

SCÈNE I.

LÉONORE, ELVIRE.

LÉONORE.

Je n'avais pas connu, jusqu'à ce triste jour,
Le danger d'être simple et d'ignorer la cour.
Je vois trop qu'en effet il est des conjonctures
Où les cœurs les plus droits, les vertus les plus pures,
Ne servent qu'à produire un indigne soupçon.
Dans ces temps malheureux tout se tourne en poison.
Au fond de mes déserts pourquoi m'a-t-on cherchée?
Au séjour de la paix pourquoi suis-je arrachée?
Ah! si l'on connaissait le néant des grandeurs,
Leurs tristes vanités, leurs fantômes trompeurs,
Qu'on en détesterait le brillant esclavage!

ELVIRE.

Ne pensez qu'à don Pèdre, au nœud qui vous engage.
Songez que, dans ces temps de trouble et de terreur,
De lui seul, après tout, dépend votre bonheur.

LÉONORE.

Le bonheur! ah! quel mot ta bouche me prononce!
Le bonheur! à nos yeux l'illusion l'annonce,
L'illusion l'emporte, et s'enfuit loin de nous.
Mon malheur, chère Elvire, est d'aimer mon époux :

Il m'entraîne en tombant, il me rend la victime
D'un peuple qui le hait, d'un sénat qui l'opprime,
De Transtamare enfin, dont la témérité
Ose me reprocher une infidélité;
Comme si, de mon cœur s'étant rendu le maître,
Par ma lâche inconstance il eût cessé de l'être,
Et si, déja formée aux vices de la cour,
Je trahissais ma foi par un nouvel amour!
C'est là surtout, c'est là l'insupportable injure
Dont j'ai le plus senti la profonde blessure.

SCÈNE II.

LÉONORE, ELVIRE, TRANSTAMARE; suite.

TRANSTAMARE.

Oui, je vous poursuivrai dans ces murs odieux,
Souillés par mes tyrans, et pleins de nos aïeux;
Ces lieux où des états l'autorité sacrée
A toute heure à mes pas donne une libre entrée;
Où ce roi croit dicter ses ordres absolus,
Que déja dans Tolède on ne reconnaît plus.
C'est dans le sénat même assis pour le détruire,
C'est au temple, en un mot, que je veux vous conduire;
C'est là qu'est votre honneur et votre sûreté;
C'est là que votre amant vous rend la liberté.

LÉONORE.

De tant de violence indignée et surprise,
Fidèle à mes devoirs, à mon maître soumise,
Mais écoutant encore un reste de pitié

Que cet excès d'audace a mal justifié,
Je voulais vous servir, vous rapprocher d'un frère,
Rappeler de la paix quelque ombre passagère.
De ces vœux mal conçus mon cœur fut occupé;
Mais tous deux à l'envi vous l'avez détrompé.
Dans ces tristes momens, tout ce que je puis dire,
C'est que mon sang, mon Dieu, ce jour que je respire,
Ce palais où je suis, tout m'impose la loi
De chérir ma patrie, et d'obéir au roi.

TRANSTAMARE.

Il n'est point votre roi; vous êtes mon épouse;
Vous n'échapperez point à ma fureur jalouse.
Oui, vous m'appartenez : la pompe des autels,
L'appareil des flambeaux, les sermens solennels
N'ajoutent qu'un vain faste aux promesses sacrées
Par un père et par vous dès l'enfance jurées.
Ces nœuds, ces premiers nœuds dont nous sommes liés
N'ont point été par vous encor désavoués :
Rome les consacra; rien ne peut les dissoudre :
N'attirez point sur vous les éclats de sa foudre.
Quoi! l'air empoisonné que nous respirons tous
A-t-il dans ce palais pénétré jusqu'à vous?
Pourriez-vous préférer à ce nœud respectable
La vanité trompeuse et l'orgueil méprisable
De captiver un roi dont tant d'autres beautés
Partageaient follement les infidélités?
Vous n'avilirez point le sang qui vous fit naître,
Jusqu'à leur disputer la conquête d'un traître,
D'un monarque flétri par d'indignes amours,
Et qui, si l'on en croit de fidèles discours,

Jaloux sans être tendre, a, dans sa frénésie,
De sa femme au tombeau précipité la vie.
LÉONORE.
Quoi! vous cherchez sans cesse à le calomnier!
TRANSTAMARE.
Et vous vous abaissez à le justifier!
Tremblez de partager le poids insupportable
Dont la haine publique a chargé ce coupable.
Il faut me suivre; il faut dans les bras du sénat...
LÉONORE.
Si vous entrepreniez cet horrible attentat,
Si vous osiez jamais...

SCÈNE III.

LÉONORE, TRANSTAMARE, *sur le devant avec sa suite;* DON PÈDRE, *dans le fond, avec la sienne;* MENDOSE.

DON PÈDRE, *à Mendose, dans l'enfoncement.*
Tu vois ce téméraire,
Qui jusqu'en ma maison vient braver ma colère;
Ce protégé de Charle. Il vient à ses vainqueurs
Apporter des Français les insolentes mœurs...
Aux yeux de la princesse il ose ici paraître!
Sans frein, sans retenue, il marche, il parle en maître...
(à Transtamare.)
Comte, un tel entretien ne vous est point permis.
Dans la foule des grands, à votre rang admis,
Vous pourrez, dans les jours de pompe solennelle,

ACTE II, SCÈNE III.

Vous présenter de loin, prosterné devant elle.
Entrez dans le sénat, prenez place aux états;
La loi vous le permet; je ne vous y crains pas;
Vous y pouvez tramer vos cabales secrètes;
Mais respectez ces lieux, et songez qui vous êtes.

TRANSTAMARE.

Le fils du dernier roi prend plus de liberté;
Il s'explique en tous lieux; il peut être écouté;
Il peut offrir sans crainte un pur et noble hommage.
Rome, le roi de France, et des grands le suffrage,
Ont quelque poids encore, et pourront balancer
Tout ce qu'à ma poursuite on voudrait opposer.
Léonore est à moi, sa main fut mon partage.

DON PÈDRE.

Et moi, je vous défends d'y penser davantage.

TRANSTAMARE.

Vous me le défendez?

DON PÈDRE.

Oui.

TRANSTAMARE.

De mes ennemis
Les ordres quelquefois m'ont trouvé peu soumis.

DON PÈDRE.

Mais quelquefois aussi, malgré Rome et la France,
En Castille on punit la désobéissance.

TRANSTAMARE.

Le sénat et mon bras m'affranchissent assez
De ce grand châtiment dont vous me menacez.

DON PÈDRE.

Ils vous ont mal servi dans les champs de la gloire :

Vous devriez du moins en garder la mémoire.
TRANSTAMARE.
Les temps sont bien changés. Vos maîtres et les miens,
Les états, le sénat, tous les vrais citoyens,
Ont enfin rappelé la liberté publique :
On ne redoute plus ce pouvoir tyrannique,
Ce monstre, votre idole, horreur du genre humain,
Que votre orgueil trompé veut rétablir en vain.
Vous n'êtes plus qu'un homme avec un titre auguste,
Premier sujet des lois, et forcé d'être juste.
DON PÈDRE.
Eh bien, crains ma justice, et tremble en tes desseins.
TRANSTAMARE.
S'il en est une au ciel, c'est pour vous que je crains :
Gardez-vous de lasser sa longue patience.
DON PÈDRE, *tirant à moitié son épée.*
Tu mets à bout la mienne avec tant d'insolence.
Perfide! défends-toi contre ce fer vengeur.
TRANSTAMARE, *mettant aussi la main à l'épée.*
Sire, oseriez-vous bien me faire cet honneur?
LÉONORE, *se jetant entre eux, tandis que Mendose et Almède les séparent.*
Arrêtez, inhumains; cessez, barbares frères!
Cieux toujours offensés! destins toujours contraires!
Verrai-je en tous les temps ces deux infortunés
Prêts à souiller leurs mains du sang dont ils sont nés?
N'entendront-ils jamais la voix de la nature?
DON PÈDRE.
Ah! je n'attendais pas cette nouvelle injure,
Et que, pour dernier trait, Léonore aujourd'hui

ACTE II, SCÈNE III. 43

Pût, en nous égalant, me confondre avec lui.
C'en est trop.

LÉONORE.

Quoi ! c'est vous qui m'accusez encore !

DON PÈDRE.

Et vous me trahiriez ! vous, dis-je, Léonore !

LÉONORE.

Et vous me reprochez, dans ce désordre affreux,
De vouloir épargner un crime à tous les deux !
Vous me connaissez mal : apprenez l'un et l'autre
Quels sont mes sentimens, et mon sort, et le vôtre.
Transtamare, sachez que vous n'aurez enfin,
Quand vous seriez mon roi, ni mon cœur ni ma main.
Sire, tombe sur moi la justice éternelle,
Si jusqu'à mon trépas je ne vous suis fidèle !
Mais la guerre civile est horrible à mes yeux ;
Et je ne puis me voir entre deux furieux,
Misérable sujet de discorde et de haine,
Toujours dans la terreur, et toujours incertaine
Si le seul de vous deux qui doit régner sur moi
Ne me fait pas l'affront de douter de ma foi.
Vous m'arrachiez, seigneur, au solitaire asile
Où mon cœur, loin de vous, était du moins tranquille.
Je me vois exilée en ce cruel séjour,
Dans cet antre sanglant que vous nommez la cour.
Je la fuis : je retourne à la tombe sacrée
Où j'étais morte au monde, et du monde ignorée.
Qu'une autre se complaise à nourrir dans les cœurs
Les tourmens de l'amour, et toutes ses fureurs ;
A mêler sans effroi ses langueurs tyranniques

Aux tumultes sanglans des discordes publiques ;
Qu'elle se fasse un jeu du malheur des humains,
Et des feux de la guerre attisés par ses mains ;
Qu'elle y mette à son gré sa gloire et son mérite :
Cette gloire exécrable est tout ce que j'évite.
Mon cœur, qui la déteste, est encore étonné
D'avoir fui cette paix pour qui seule il est né ;
Cette paix qu'on regrette au milieu des orages.
Je vais, loin de Tolède et de ces grands naufrages,
M'ensevelir, vous plaindre, et servir à genoux
Un maître plus puissant et plus clément que vous.
(Elle sort.)

SCÈNE IV.

DON PÈDRE, TRANSTAMARE; suite.

DON PÈDRE.

Elle échappe à ma vue, elle fuit, et sans peine !
J'ai soupçonné son cœur, j'ai mérité sa haine.
(à sa suite.)
Léonore... Courez, qu'on vole sur ses pas ;
Mes amis, suivez-la ; qu'on ne la quitte pas ;
Veillez avec les miens sur elle et sur sa mère...
  Toi, qui t'oses parer du saint nom de mon frère,
Va, rends grace à ce sang par toi déshonoré,
Rends grace à mes sermens : j'ai promis, j'ai juré
De respecter ici la liberté publique.
Tu m'osais reprocher un pouvoir tyrannique !
Tu vis, c'en est assez pour me justifier ;
Tu vis, et je suis roi... Garde-toi d'oublier

ACTE II, SCÈNE V.

Qu'il me reste en Espagne encor quelque puissance.
Cabale avec les tiens dans Rome et dans la France,
Intrigue en ton sénat, soulève les états :
Va ; mais attends le prix de tes noirs attentats.

TRANSTAMARE, *en sortant avec sa suite.*

Sire, j'attends beaucoup de la clémence auguste
Du frère le plus tendre, et du roi le plus juste.

SCÈNE V.

DON PÈDRE, MENDOSE.

DON PÈDRE.

Tremblez, tyrans des rois ; le châtiment vous suit.
Que dis-je ! malheureux ! à quoi suis-je réduit !
J'ai laissé de ses pleurs Léonore abreuvée,
Ainsi que mes sujets, contre moi soulevée.
Quoi ! toujours de mes mains j'ourdirai mes malheurs !
C'était donc mon destin d'éloigner tous les cœurs !
J'ai d'une tendre épouse affligé l'innocence ;
Mon peuple m'abandonne, et le Français s'avance.
Près de faire une reine, et d'aller aux combats,
A tant de soins pressans mon cœur ne suffit pas.
Allons... il faut porter le fardeau qui m'accable.

MENDOSE.

Sire, vous permettez qu'un ami véritable
(Je hasarde ce nom, si rare auprès des rois),
Libre en ses sentimens, s'ouvre à vous quelquefois.
Vos soldats, il est vrai, s'approchent de Tolède ;
Mais les grands, le sénat, que Transtamare obsède,

Les organes des lois, du peuple révérés,
De la religion les ministres sacrés,
Tout s'unit, tout menace; un dernier coup s'apprête.
Déja même Guesclin, dirigeant la tempête,
Marche aux rives du Tage, et vient y rallumer
La foudre qui s'y forme et va tout consumer.
Peut-être il serait temps qu'un peu de politique
Tempérât prudemment ce courage héroïque;
Que vous attendissiez, chaque jour offensé,
Le moment de punir sans avoir menacé.
De vos fiers ennemis nourrissant l'insolence,
Vous les avertissez de se mettre en défense.
De Léonore ici je ne vous parle pas:
L'amour, bien mieux que moi, finira vos débats.
Vous êtes violent, mais tendre, mais sincère;
Seigneur, un mot de vous calmera sa colère.
Mais, quand le péril presse et peut vous accabler,
Avec vos oppresseurs il faut dissimuler.

DON PÈDRE.

A ma franchise, ami, cet art est trop contraire;
C'est la vertu du lâche... Ah! d'un maître sévère,
D'un cruel, d'un tyran, s'ils m'ont donné le nom,
Je veux le mériter à leur confusion.
Trop heureux les humains dont les ames dociles
Se livrent mollement aux passions tranquilles!
Ma vie est un orage; et, dans les flots plongé,
Je me plais dans l'abyme où je suis submergé.
Rien ne me changera, rien ne pourra m'abattre.

MENDOSE.

Mon prince, à vos côtés vous m'avez vu combattre,

ACTE II, SCÈNE V.

Vous m'y verrez mourir. Mais portez vos regards
Sur ces gouffres profonds ouverts de toutes parts;
Voyez de vos rivaux la fatale industrie,
Par des bruits mensongers séduisant la patrie,
S'appliquant sans relâche à vous rendre odieux,
Tromper l'Europe entière, et croire armer les cieux;
Des superstitions faire parler l'idole;
Vous poursuivre à Paris, vous perdre au Capitole :
Et par le seul mépris vous avez repoussé
Tous ces traits qu'on vous lance, et qui vous ont blessé!
Vous laissez l'imposture, attaquant votre gloire,
Jusque dans l'avenir flétrir votre mémoire!

DON PÈDRE.

Ah! dure iniquité des jugemens humains!
Fantômes élevés par des caprices vains!
J'ai dédaigné toujours votre vile fumée;
Je foule aux pieds l'erreur qui fait la renommée.
On ne m'a vu jamais fatiguer mes esprits
A chercher un suffrage à Rome ou dans Paris.
J'ai vaincu, j'ai bravé la rumeur populaire :
Je ne me sens point né pour flatter le vulgaire.
Ou tombons, ou régnons. L'heureux est respecté;
Le vainqueur devient cher à la postérité;
Et les infortunés sont condamnés par elle.
Rome de Transtamare embrasse la querelle;
Rome sera pour moi quand j'aurai combattu,
Quand on verra ce traître, à mes pieds abattu,
Me rendre, en expirant, ma puissance usurpée.
Je ne veux plus de droits que ceux de mon épée...
Mais quel jour! Léonore... Il devait être heureux...

Pour son couronnement quel appareil affreux !
Que ce triomphe, hélas ! peut devenir horrible !
Je me fesais, cruelle ! un plaisir trop sensible
De détruire un rival au fond de votre cœur ;
C'est là que j'aspirais à régner en vainqueur...
On m'ose disputer mon trône et Léonore !
Allons, ils sont à moi : je les possède encore.

SCÈNE VI.

DON PÈDRE, MENDOSE, ALVARE.

ALVARE.
Le sénat castillan vous demande, seigneur.
DON PÈDRE.
Il me demande? moi !
ALVARE.
Nous attendons l'honneur
De vous voir présider à l'auguste assemblée
Par qui l'Espagne enfin se verra mieux réglée.
Le prince votre frère a déja préparé
L'édit qui sous vos yeux doit être déclaré.
DON PÈDRE.
Qui? mon frère !
ALVARE.
Au sénat que faut-il que j'annonce?
DON PÈDRE.
Je suis son roi. Sortez... et voilà ma réponse.
ALVARE.
Vous apprendrez la leur.

SCÈNE VII.

DON PÈDRE, MENDOSE, MONCADE; SUITE.

DON PÈDRE, *à sa suite.*

Eh bien! vous le voyez,
Les ordres de mes rois me sont signifiés;
Transtamare les signe; il commande, il est maître;
On me traite en sujet... Je serais fait pour l'être,
Pour servir enchaîné, si le même moment
Qui voit de tels affronts ne voit leur châtiment.

(à Moncade.)

Chef de ma garde! à moi... Je connais ton audace.
Serviras-tu ton roi qu'on trahit, qu'on menace,
Qu'on ose mépriser?

MONCADE.

Comme vous j'en rougis :
Mon cœur est indigné. Commandez, j'obéis.

DON PÈDRE.

Ne ménageons plus rien. Fais saisir Transtamare,
Et le perfide Almède, et l'insolent Alvare :
Tu seras soutenu. Mes valeureux soldats
Aux portes de Tolède avancent à grands pas.
Étonnons par ce coup ces graves téméraires
Qui détruisent l'Espagne et s'en disent les pères.
Leur siége est-il un temple? et, grace aux préjugés,
Est-ce le Capitole où les rois sont jugés?
Nous verrons aujourd'hui leur audace abaissée:

Va, d'autres intérêts occupent ma pensée.
Exécute mon ordre au milieu du sénat
Où le traître à présent règne avec tant d'éclat.

MONCADE.

Cette entreprise est juste aussi bien que hardie,
Et je vais l'accomplir au péril de ma vie.
Mais craignez de vous perdre.

DON PÈDRE.

A ce point confondu,
Si je ne risque tout, crois-moi, tout est perdu.

MENDOSE.

Arrêtez un moment... daignez songer encore
Que vous bravez des lois qu'à Tolède on adore.

DON PÈDRE.

Moi! je respecterais ces gothiques ramas
De priviléges vains que je ne connais pas,
Éternels alimens de troubles, de scandales,
Que l'on ose appeler nos lois fondamentales;
Ces tyrans féodaux, ces barons sourcilleux,
Sous leurs rustiques toits indigens orgueilleux;
Tous ces nobles nouveaux, ce sénat anarchique,
Érigeant la licence en liberté publique;
Ces états désunis dans leurs vastes projets,
Sous les débris du trône écrasant les sujets!
Ils aiment Transtamare, ils flattent son audace;
Ils voudraient l'opprimer s'il régnait en ma place.
Je les punirai tous. Les armes d'un sénat
N'ont pas beaucoup de force en un jour de combat.

ACTE II, SCÈNE VII.

MENDOSE.

Souvent le fanatisme inspire un grand courage.

DON PÈDRE.

Ah! l'honneur et l'amour en donnent davantage.

FIN DU SECOND ACTE.

ACTE TROISIÈME.

SCÈNE I.

DON PÈDRE, MENDOSE.

MENDOSE.
Il est entre vos mains surpris et désarmé.
Disposez de ce tigre avec peine enfermé,
Prêt à dévorer tout si l'on brise sa chaîne.
Des grands de la Castille une troupe hautaine
Rassemble avec éclat ce cortége nombreux
D'écuyers, de vassaux qu'ils traînent après eux;
Restes encor puissans de cette barbarie
Qui vint des flancs du Nord inonder ma patrie.
Ils se sont réunis à ce grand tribunal
Qui pense que leur prince est au plus leur égal :
Ils soulèvent Tolède à leur voix trop docile.
DON PÈDRE.
Je le sais... Mes soldats sont enfin dans la ville.
MENDOSE.
Le tonnerre à la main nous pouvons l'embraser,
Frapper les citoyens, mais non les apaiser.
Animé par les grands, tout un peuple en alarmes
Porte aux murs du palais des flambeaux et des armes;
Jusqu'en votre maison je vois autour de vous
Des courtisans ingrats vous servant à genoux,

Mais, servant encor plus la cabale des traîtres,
Préférer Transtamare au pur sang de leurs maîtres :
La triste vérité ne peut se déguiser.

DON PÈDRE.

J'aime qu'on me la dise, et sais la mépriser.
Que m'importent ces flots dont l'inutile rage
Se dissipe en grondant, et se brise au rivage ?
Que m'importent ces cris des vulgaires humains ?
La seule Léonore est tout ce que je crains.
Léonore... Crois-tu que son ame offensée,
Rendue à mon amour, ait pu dans sa pensée
Étouffer pour jamais le cuisant souvenir
D'un affront dont sa haine aurait dû me punir ?

MENDOSE.

Vous l'avez assez vu, son retour est sincère.

DON PÈDRE.

Son ingénuité, qui dut toujours me plaire,
Laisse échapper des traits d'une mâle fierté
Qui joint un grand courage à sa simplicité.

MENDOSE.

Sa conduite envers vous était d'une ame pure.
Vertueuse sans art, ignorant l'imposture,
Voulant que ce grand jour fût un jour de bienfaits,
Au sein de la discorde elle a cherché la paix.
Ce cœur qui n'est pas né pour des temps si coupables
Se figurait des biens qui sont impraticables :
Sa vertu la trompait. Je vois avec douleur
Que tout corrompt ici votre commun bonheur.
Quel parti prenez-vous ? et que devra-t-on faire
De cet inébranlable et terrible adversaire

Qui dans sa prison même ose encor vous braver?

DON PÈDRE.

Léonore... à ce point as-tu su captiver
Un cœur si détrompé, si las de tant de chaînes,
Dont le poids trop chéri fit ma honte et mes peines?
J'abjurais les amours et leurs folles erreurs.
Quoi! dans ces jours de sang, et parmi tant d'horreurs,
Cette candeur naïve et sa noble innocence
Sur mon ame étonnée ont donc plus de puissance
Que n'en eurent jamais ces fatales beautés
Qui subjuguaient mes sens de leurs fers enchantés,
Et, des séductions déployant l'artifice,
Égaraient ma raison soumise à leur caprice!
Padille m'enchaînait et me rendait cruel;
Pour venger ses appas je devins criminel.
Ces temps étaient affreux. Léonore adorée
M'inspire une vertu que j'avais ignorée;
Elle grave en mon cœur, heureux de lui céder,
Tout ce que tu m'as dit sans me persuader:
Je crois entendre un dieu qui s'explique par elle;
Et son ame à mes sens donne une ame nouvelle.

MENDOSE.

Si vous aviez plus tôt formé ces chastes nœuds,
Votre règne, sans doute, eût été plus heureux.
On a vu quelquefois, par des vertus tranquilles,
Une reine écarter les discordes civiles.
Padille les fit naître, et j'ose présumer
Que Léonore seule aurait pu les calmer.
C'est don Pèdre, c'est vous, et non le roi, qu'elle aime;
Les autres n'ont chéri que la grandeur suprême.

Elle revient vers vous, et je cours de ce pas
Contenir, si je puis, le peuple et les soldats,
A vos ordres sacrés toujours prêt à me rendre.
DON PÈDRE.
Je te joindrai bientôt, cher ami ; va m'attendre.

SCÈNE II.

DON PÈDRE, LÉONORE.

DON PÈDRE.
Vous pardonnez enfin ; vos mains daignent orner
Ce sceptre que l'Espagne avait dû vous donner.
Compagne de mes jours trop orageux, trop sombres,
Vous seule éclaircirez la noirceur de leurs ombres.
Les farouches esprits, que je n'ai pu gagner,
Haïront moins don Pèdre en vous voyant régner.
Dans ces cœurs soulevés, dans celui de leur maître,
Le calme qui nous fuit pourra bientôt renaître.
Je suis loin maintenant d'offrir à vos désirs
D'une brillante cour la pompe et les plaisirs :
Vous ne les cherchez pas. Le trône où je vous place
Est entouré du crime, assiégé par l'audace ;
Mais, s'il touche à sa chute, il sera relevé,
Et dans un sang impur heureusement lavé :
Écrasant sous vos pieds la ligue terrassée,
Il reprendra par vous sa splendeur éclipsée.
LÉONORE.
Vous connaissez mon cœur ; il n'a rien de caché.
Lorsque j'ai vu le vôtre à la fin détaché

Des indignes objets de votre amour volage,
J'ai sans peine à mon prince offert un pur hommage.
Vainement votre père, expirant dans mes bras,
Et prétendant régner au delà du trépas,
Pour son fils Transtamare aveugle en sa tendresse,
Avait en sa faveur exigé ma promesse :
Bientôt par ma raison son ordre fut trahi ;
Et plus je vous ai vu, plus j'ai mal obéi.
Enfin j'aimais don Pèdre en fuyant sa couronne,
Et je ne pense pas que son cœur me soupçonne
D'avoir pu désirer cette triste grandeur,
Qui sans vous aujourd'hui ne me ferait qu'horreur.
Mais si de mon hymen la fête est différée,
Si je ne règne pas, je suis déshonorée.
Vous pouvez, par mépris pour la commune erreur,
Braver la voix publique ; et je la crains, seigneur.
Je veux qu'on me respecte, et qu'après vos faiblesses
On ne me compte pas au rang de vos maîtresses :
Ma gloire s'en irrite ; et, dans ces tristes jours,
La retraite ou le trône était mon seul recours ;
Votre épouse à vos yeux se sent trop outragée.

DON PÈDRE.

Avant la fin du jour vous en serez vengée.

LÉONORE.

Je ne prétends pas l'être. Écoutez seulement
Tous les justes sujets de mon ressentiment.
J'ai peu du cœur humain la fatale science ;
Mais j'ouvre enfin les yeux : ma prompte expérience
M'apprend ce qu'on éprouve à la suite des rois.
Je vois comme on s'empresse à condamner leur choix ;

On accuse de tout quiconque a pu leur plaire.
De l'estrade des grands descendant au vulgaire,
Le mensonge sans frein, sans pudeur, sans raison,
S'accroît de bouche en bouche, et s'enfle de poison.
C'est moi, si l'on en croit votre cour téméraire,
C'est moi dont l'artifice a perdu votre frère;
C'est moi qui l'ai plongé dans la captivité
Pour garder ma conquête avec impunité.
Vous dirai-je encor plus? une troupe effrénée,
Qui devrait souhaiter, bénir mon hyménée,
D'une voix mensongère insulte à nos amours:
Mon oreille a frémi de leurs affreux discours.
Je vois lancer sur vous des regards de colère:
On déteste le roi qu'on dut chérir en père.
Pouvez-vous endurer tant d'horribles clameurs,
De menaces, de cris, et surtout tant de pleurs?
Pour la dernière fois écartez de ma vue
Ce spectacle odieux qui m'indigne et me tue.
Faut-il passer mes jours à gémir, à trembler?
Détournez ces fléaux unis pour m'accabler.
Il en est encor temps. Le Castillan rebelle,
Pour peu qu'il soit flatté, par orgueil est fidèle.
Ah! si vous opposiez au glaive des Français
Le plus beau bouclier, l'amour de vos sujets!
En spectacle à l'Espagne, en butte à tant d'envie,
Je ne puis supporter l'horreur d'être haïe.
Je crains, en vous parlant, de réveiller en vous
L'affreuse impression d'un sentiment jaloux.
Je puis aller trop loin; je m'emporte; mais j'aime.
Consultez votre gloire, et jugez-vous vous-même.

DON PÈDRE.
J'ai pesé chaque mot, et je prends mon parti.
(à sa suite.)
Déchaînez Transtamare, et qu'on l'amène ici.
LÉONORE.
Prenez garde, cher prince, arrêtez... Sa présence
Peut vous porter encore à trop de violence.
Craignez.
DON PÈDRE.
C'est trop de crainte; et vous vous abusez.
LÉONORE.
J'en ressens, il est vrai... C'est vous qui la causez.

SCÈNE III.

DON PÈDRE, LÉONORE, TRANSTAMARE;
SUITE.

DON PÈDRE.
Approche, malheureux, dont la rage ennemie
Attaqua tant de fois mon honneur et ma vie.
Esclave des Français, qui t'es cru mon égal,
Audacieux amant, qui t'es cru mon rival,
Ton œil se baisse enfin, ta fierté me redoute;
Tu mérites la mort, tu l'attends... mais écoute.
 Tu connais cet usage en Espagne établi,
Qu'aucun roi de mon sang n'ose mettre en oubli :
A son couronnement, une nouvelle reine,
Opposant sa clémence à la justice humaine,
Peut sauver à son gré l'un de ces criminels
Que, pour être en exemple au reste des mortels,

ACTE III, SCÈNE III.

L'équité vengeresse au supplice abandonne :
Voici ta reine enfin.

TRANSTAMARE.

Léonore!

DON PÈDRE.

Elle ordonne
Que, malgré tes forfaits, malgré toutes les lois,
Et malgré l'intérêt des peuples et des rois,
Ton monarque outragé daigne te laisser vivre :
J'y consens... Vous, soldats, soyez prêts à le suivre.
Vous conduirez ses pas, dès ce même moment,
Jusqu'aux lieux destinés pour son bannissement.
Veillez toujours sur lui, mais sans lui faire outrage,
Sans me faire rougir de mon juste avantage.
Tout indigne qu'il est du sang dont il est né,
Ménagez de mon père un reste infortuné...
En est-ce assez, madame? êtes-vous satisfaite?

LÉONORE.

Il faudra qu'à vos pieds ce fier sénat se jette.
Continuez, seigneur, à mêler hautement
Une sage clémence au juste châtiment.
Le sénat apprendra bientôt à vous connaître;
Il saura révérer, et même aimer un maître;
Vous le verrez tomber aux genoux de son roi.

TRANSTAMARE.

Léonore, on vous trompe; et le sénat et moi
Nous ne descendons point encore à ces bassesses.
Vous pouvez, d'un tyran ménageant les tendresses,
Céder à cet éclat si trompeur et si vain
D'un sceptre malheureux qui tombe de sa main.

Il peut, dans les débris d'un reste de puissance,
M'insulter un moment par sa fausse clémence,
Me bannir d'un palais qui peut-être aujourd'hui
Va se voir habité par d'autres que par lui.
Il a dû se hâter. Jouissez, infidèle,
D'un moment de grandeur où le sort vous appelle.
Cet éclat vous aveugle; il passe, il vous conduit
Dans le fond de l'abyme où votre erreur vous suit.

DON PÈDRE.

Qu'on le remène; allez : qu'il parte, et qu'on le suive.

SCÈNE IV.

DON PÈDRE, LÉONORE, MONCADE, TRANSTAMARE; suite.

MONCADE.

Seigneur, en ce moment, Guesclin lui-même arrive.

LÉONORE.

O ciel!

TRANSTAMARE, *en se retournant vers don Pèdre.*
   Je suis vengé plus tôt que tu ne crois :
Va, je ne compte plus don Pèdre au rang des rois.
Frappe avant de tomber; verse le sang d'un frère;
Tu n'as que cet instant pour servir ta colère.
Ton heure approche, frappe : oses-tu?

DON PÈDRE.
       C'est en vain
Que tu cherches l'honneur de périr de ma main :
Tu n'en étais pas digne, et ton destin s'apprête;

ACTE III, SCÈNE IV.

C'est le glaive des lois que je tiens sur ta tête.
(On emmène Transtamare.) (à Moncade.)
Qu'on l'entraîne......... Et Guesclin?

MONCADE.

Il est près des remparts;
Le peuple impatient vole à ses étendards;
Il invoque Guesclin comme un dieu tutélaire.

LÉONORE.

Quoi! je vous implorais pour votre indigne frère!
Mes soins trop imprudens voulaient vous réunir!
Je devais vous prier, seigneur, de le punir.
Que faire, cher époux, dans ce péril extrême?

DON PÈDRE.

Que faire? le braver, couronner ce que j'aime,
Marcher aux ennemis, et, dès ce même jour,
Au prix de tout mon sang mériter votre amour.

MONCADE.

Un chevalier français en ces murs le devance,
Et pour son général il demande audience...

DON PÈDRE.

Cette offre me surprend, je ne puis le céler:
Quoi! lorsqu'il faut combattre, un Français veut parler?

MONCADE.

Il est ambassadeur et général d'armée.

DON PÈDRE.

Si j'en crois tous les bruits dont l'Espagne est semée,
Il est plus fier qu'habile; et, dans cet entretien,
L'orgueil de ce Breton pourrait choquer le mien.
Je connais sa valeur, et j'en prends peu d'alarmes:
En Castille, avec lui, j'ai mesuré mes armes;

Il doit s'en souvenir; mais, puisqu'il veut me voir,
Je suis prêt en tout temps à le bien recevoir,
Soit au palais des rois, soit aux champs de la gloire.
(à Léonore.)
Enfin, je vais chercher la mort ou la victoire :
Mais, avant le combat, hâtez-vous d'accepter
Le bandeau qu'après moi votre front doit porter.
Je pouvais, j'aurais dû, dans cette auguste fête,
De mon lâche ennemi vous présenter la tête;
Sur son corps tout sanglant recevoir votre main;
Mais je ne serai pas ce don Pèdre inhumain,
Dont on croit pour jamais flétrir la renommée :
Et, du pied de l'autel, je vole à mon armée,
Montrer aux nations que j'ai su mériter
Ce trône et cette main qu'on m'ose disputer.

FIN DU TROISIÈME ACTE.

ACTE QUATRIÈME.

SCÈNE I.

DON PÈDRE, MENDOSE.

MENDOSE.
Quoi! vous vous exposiez à ce nouveau danger!
Quoi! don Pèdre, autrefois si prompt à se venger,
De ce grand ennemi n'a pas proscrit la tête!

DON PÈDRE.
Léonore a parlé, ma vengeance s'arrête.
Elle n'a pas voulu qu'aux marches de l'autel
Notre hymen fût souillé du sang d'un criminel.
Sans elle, cher ami, j'aurais été barbare;
J'aurais de ma main même immolé Transtamare :
Je l'aurais dû... n'importe.

MENDOSE.
     Et voilà ces Français,
Dont le premier exploit et le premier succès
Sont de vous enlever, par un sanglant outrage,
Ce prisonnier d'état qui vous servait d'otage!
Jugez de quel espoir le sénat est flatté;
Comme il est insolent avec sécurité;
Comme, au nom de Guesclin, sa voix impérieuse
Conduit d'un peuple vain la fougue impétueuse!
Tandis que Léonore a du bandeau royal

(Présent si digne d'elle, et peut-être fatal),
Orné son front modeste où la vertu réside,
D'arrogans factieux une troupe perfide
Abjurait votre empire, et, presque sous vos yeux,
Élevait Transtamare au rang de vos aïeux.
A peine ce Guesclin touchait à nos rivages,
Tous les grands à l'envi, lui portant leurs hommages,
Accouraient dans son camp, le nommaient à grands cris
L'ange de la Castille envoyé de Paris.
Il commande, il s'érige un tribunal suprême
Où lui seul va juger la Castille et vous-même.
Scipion fut moins fier et moins audacieux
Quand il nous apporta ses aigles et ses dieux.
Mais ce qui me surprend, c'est qu'agissant en maître
Il prétende apaiser les troubles qu'il fait naître;
Qu'il vienne en ce palais, vous ayant insulté;
Et qu'armé contre vous il propose un traité.

DON PÈDRE.

Il ne fait qu'obéir au roi qui me l'envoie.
L'orgueil de ce Guesclin se montre et se déploie,
Comme un ressort puissant avec art préparé
Qu'un maître industrieux fait mouvoir à son gré.
Dans l'Europe aujourd'hui tu sais comme on les nomme;
Charle a le nom de sage, et Guesclin de grand homme.
Et qui suis-je auprès d'eux, moi qui fus leur vainqueur?
Je pourrais des Français punir l'ambassadeur,
Qui, m'osant outrager, à ma foi se confie.
Plus d'un roi s'est vengé par une perfidie;
Et les succès heureux de ces grands coups d'état
Souvent à leurs auteurs ont donné quelque éclat:

Leurs flatteurs ont vanté cette infame prudence.
Ami, je ne veux point d'une telle vengeance.
Dans mes emportemens et dans mes passions,
Je respecte plus qu'eux les droits des nations.
J'ai déja sur Guesclin ce premier avantage;
Et nous verrons bientôt s'il l'emporte en courage.
Un Français peut me vaincre, et non m'humilier.
Je suis roi, cher ami, mais je suis chevalier;
Et si la politique est l'art que je méprise,
On rendra pour le moins justice à ma franchise.
Mais surtout Léonore est-elle en sûreté?

MENDOSE.

Vous avez donné l'ordre, il est exécuté.
La garde castillane est rangée auprès d'elle,
Prête à fondre avec moi sur le parti rebelle;
Aux portes du palais les Africains placés,
En défendent l'approche aux mutins dispersés;
Vos soldats sont postés dans la ville sanglante;
Toute l'armée enfin frémit, impatiente,
Demande le combat, brûle de vous venger
Du lâche Transtamare, et d'un fier étranger.

DON PÈDRE.

Je n'ai point envoyé Transtamare au supplice...
Mon épée est plus noble, et m'en fera justice.
Sous les yeux de Guesclin je vais le prévenir :
Va, c'est dans les combats qu'il est beau de punir...
Je regrette, il est vrai, dans cette juste guerre,
Ce fameux prince Noir, ce dieu de l'Angleterre,
Ce vainqueur de deux rois, qui meurt, et qui gémit,
Après tant de combats, d'expirer dans son lit.

C'eût été pour ma gloire un moment plein de charmes,
De le revoir ici compagnon de mes armes.
Je pleure ce grand homme; et don Pèdre aujourd'hui,
Heureux ou malheureux, sera digne de lui...
 Mais je vois s'avancer une foule étrangère,
Qui se joint, sous mes yeux, aux drapeaux de l'Ibère,
Et qui semble annoncer un ministre de paix :
C'est Guesclin qui s'avance au gré de mes souhaits.
Ami, près de ton roi prends la première place.
Voyons quelle est son offre et quelle est son audace.

SCÈNE II.

DON PÈDRE *se place sur son trône*, MENDOSE *à côté de lui, avec quelques* GRANDS *d'Espagne;* GUESCLIN, *après avoir salué le roi, qui se lève, s'assied vis-à-vis de lui. Les* GARDES *sont derrière le trône du roi, et des* OFFICIERS FRANÇAIS *derrière la chaise de Guesclin.*

GUESCLIN.

Sire, avec sûreté je me présente à vous,
Au nom d'un roi puissant, de son honneur jaloux,
Qui d'un vaste royaume est aujourd'hui le père,
Qui l'est de ses voisins, qui l'est de votre frère,
Et dont la généreuse et prudente équité
N'a fait verser de sang que par nécessité.
J'apporte, au nom de Charle, ou la paix ou la guerre.
Faut-il ensanglanter, faut-il calmer la terre?
C'est à vous de choisir : je viens prendre vos lois.

DON PÈDRE.

Vous-même expliquez-vous, déterminez mon choix.
Mais dans votre conduite on pourrait méconnaître
Cette rare équité de votre auguste maître,
Qui, sans m'en avertir, dévastant mes états,
Me demande la paix par vingt mille soldats.
Sont-ce là les traités qu'à Vincenne on prépare?
(Il se lève; Guesclin se lève aussi.)
De quel droit osez-vous m'enlever Transtamare?

GUESCLIN.

Du droit que vous aviez de le charger de fers.
Vous l'avez opprimé, seigneur, et je le sers.

DON PÈDRE.

De tous nos différens vous êtes donc l'arbitre?

GUESCLIN.

Mon roi l'est.

DON PÈDRE.

Je voudrais qu'il méritât ce titre;
Mais vous, qui vous fait juge entre mon peuple et moi?

GUESCLIN.

Je vous l'ai déja dit : votre allié, mon roi,
Que votre père Alfonse, en fermant la paupière,
Chargea d'exécuter sa volonté dernière;
Le vainqueur des Anglais, sur le trône affermi;
Et quand vous le voudrez, en un mot, votre ami.

DON PÈDRE.

De l'amitié des rois l'univers se défie;
Elle est souvent perfide, elle est souvent trahie.
Mais quel prix y met-il?

GUESCLIN.
La justice, seigneur.
DON PÈDRE.
Ces grands mots consacrés de justice, d'honneur,
Ont des sens différens qu'on a peine à comprendre.
GUESCLIN.
J'en serai l'interprète, et vous allez m'entendre.
Rendez à votre frère, injustement proscrit,
Léonore et les biens qu'un père lui promit,
Tous ses droits reconnus d'un sénat toujours juste,
Dans Rome confirmés par un pouvoir auguste;
Des états castillans n'usurpez point les droits;
Pour qu'on vous obéisse, obéissez aux lois:
C'est là ce qu'à ma cour on déclare équitable;
Et Charle est à ce prix votre ami véritable.
DON PÈDRE.
Instruit de ses desseins, et non pas effrayé,
Je préfère sa haine à sa fausse amitié.
S'il feint de protéger l'enfant de l'adultère,
Le rebelle insolent qu'il appelle mon frère,
Je sais qu'il n'a donné ces secours dangereux
Que pour mieux s'agrandir en nous perdant tous deux.
Divisez pour régner, voilà sa politique:
Mais il en est une autre où don Pèdre s'applique;
C'est de vaincre; et Guesclin ne doit pas l'ignorer.
Agent de Transtamare, osez-vous déclarer
Que vous lui destinez la main de Léonore...
Léonore est ma femme... Apprenez plus encore:
Sachez que votre roi, qui semble m'accabler,
Des secrets de mon lit ne doit point se mêler;

ACTE IV, SCÈNE II.

Que de l'hymen des rois Rome n'est point le juge.
Je demeure surpris que, pour dernier refuge,
Au tribunal de Rome on ose en appeler,
Et qu'un guerrier français s'abaisse à m'en parler.
Oubliez-vous, monsieur, qu'on vous a vu vous-même,
Vous, qui me vantez Rome, et son pouvoir suprême,
Extorquer ses tributs, rançonner ses états,
Et forcer son pontife à payer vos soldats?

GUESCLIN.

On dit qu'en tous les temps ma cour a su connaître
Et séparer les droits du monarque et du prêtre :
Mais, peu fait pour toucher ces ressorts délicats,
Je combats pour mon prince, et je ne l'instruis pas.
Qu'on ait lancé sur vous ce qu'on nomme anathème,
Que l'épouse d'un frère ou vous craigne ou vous aime,
Je n'examine point ces intrigues des cours,
Ces abus des autels, encor moins vos amours.
Vous ne voyez en moi qu'un organe fidèle
D'un roi l'ami de Rome, et qui s'arme pour elle.
On va verser le sang, et l'on peut l'épargner:
Fléchissez, croyez-moi, si vous voulez régner.

DON PÈDRE.

J'entends; vous exigez ma prompte déférence
A ces rescrits de Rome émanés de la France.
Charle adore à genoux ces étonnans décrets,
Ou les foule à ses pieds, suivant ses intérêts;
L'orgueil me les apporte au nom de l'artifice!
Vous m'offrez un pardon, pourvu que j'obéisse!
Écoutez... Si j'allais, du même zèle épris,
Envoyer une armée aux remparts de Paris;

Si l'un de mes soldats disait à votre maître:
« Sire, cédez le trône où Dieu vous a fait naître,
« Cédez le digne objet pour qui seul vous vivez;
« Et de tous ces trésors à vos mains enlevés
« Enrichissez un traître, un fils d'une étrangère,
« Indigne de la France, indigne de son père;
« Gardez-vous de donner vos ordres absolus
« Pour former des soldats, pour lever des tributs;
« Attendez humblement qu'un pontife l'ordonne;
« Remettez au sénat les droits de la couronne;
« Et don Pèdre à ce prix veut bien vous protéger... »
Votre maître, à ce point se sentant outrager,
Pourrait-il écouter sans un peu de colère
Ce discours insultant d'un soldat téméraire?

GUESCLIN.

Je veux bien avouer que votre ambassadeur
S'expliquerait fort mal avec tant de hauteur:
Rien ne justifierait l'orgueil et l'imprudence
De donner des leçons et des lois à la France.
Charles s'en tient, seigneur, à la foi des traités.
Songez aux derniers mots par Alfonse dictés;
Ils ont rendu mon roi le tuteur et le père
De celui que don Pèdre eût dû traiter en frère.

DON PÈDRE.

Le tuteur d'un rebelle! ah, noble chevalier!
Qu'il vous coûte en secret de le justifier!
J'en appelle à vous-même, à l'honneur, à la gloire.
Votre prince est-il juste?

GUESCLIN.

        Un sujet doit le croire.

ACTE IV, SCÈNE II.

Je suis son général, et le sers contre tous,
Comme je servirais si j'étais né sous vous.
Je vous ai déclaré les arrêts qu'il prononce;
Je n'y veux rien changer, et j'attends la réponse;
Donnez-la sans réserve : il faut vous consulter.
Je viens pour vous combattre, et non pour disputer.
Vous m'appelez soldat; et je le suis sans doute.
Ce n'est plus qu'en soldat que Guesclin vous écoute.
Cédez, ou prononcez votre dernier refus.

DON PÈDRE.

Vous l'aviez dû prévoir; et vous n'en doutez plus :
Je vous refuse tout, excepté mon estime.
Je considère en vous le guerrier magnanime,
Qui combat pour son roi par zèle et par honneur;
Mais je ne puis en vous souffrir l'ambassadeur.
Portez à vos Français les ordres despotiques
De ce roi renommé parmi les politiques,
Qui, du fond de Vincenne, à l'abri des dangers,
Sème en paix la discorde entre les étrangers.
Sa sourde ambition, qu'on appelle prudence,
Croit sur mon infortune établir sa puissance.
Il viole chez moi les droits des souverains,
Qu'il a dans ses états soutenus par vos mains.
Pour vous, noble instrument de sa froide injustice,
Vous, dont il acheta le sang et le service,
Vous, chevalier breton, qui m'osez présenter
Un combat généreux qu'il n'oserait tenter,
Votre valeur me plaît, quoique très indiscrète;
Mais ressouvenez-vous des champs de Navarette.

DON PÈDRE,

GUESCLIN.

Sire, le prince anglais, je ne puis le nier,
Vainquit à Navarette, et m'y fit prisonnier;
Je ne l'oublierai point. Une telle infortune
A de meilleurs guerriers en tout temps fut commune;
Et je ne viens ici que pour la réparer.

DON PÈDRE.

Dans les champs de l'honneur hâtez-vous donc d'entrer.
Toujours prêt, comme vous, d'en ouvrir la barrière,
Et de recommencer cette noble carrière,
Je vous donne le choix et des lieux et du temps;
La route a dû lasser vos braves combattans.
En quel jour, en quel lieu voulez-vous la bataille * ?

GUESCLIN.

Dès ce moment, seigneur, et sous cette muraille.
A vous voir d'assez près j'ai su les préparer :
Et cet honneur si grand ne peut se différer.

DON PÈDRE.

Marchons, et laissons là ces disputes frivoles;
Venez revoir encor les lances espagnoles.
Mais, jusqu'à ce moment de nous deux souhaité,
Usez ici des droits de l'hospitalité...
Cher Mendose, ayez soin qu'une de vos escortes

---

* C'était encore l'usage en ce temps-là. Le dernier exemple qu'on en connaisse fut celui de la bataille d'Azincourt, où les généraux français envoyèrent demander le jour et le lieu au roi d'Angleterre. Cet usage venait des peuples du nord; il y était très ancien. Bijorix, roi ou général des Cimbres, demanda le jour et le lieu de la bataille à Marius, qui, craignant qu'un refus ne parût aux Barbares une marque de timidité et n'augmentât leur courage, lui assigna le surlendemain, et la plaine de Verceil.

ACTE IV, SCÈNE II.

Le guide avec honneur au delà de nos portes.
(à Guesclin.)
Acceptez mon épée.

GUESCLIN.

Une telle faveur
Est pour un chevalier le comble de l'honneur.
Plût au ciel que je pusse avec quelque justice,
Sire, ne la tirer que pour votre service !

FIN DU QUATRIÈME ACTE.

ACTE CINQUIÈME.

SCÈNE I.

LÉONORE, ELVIRE.

LÉONORE.

Succomberai-je enfin sous tant de coups du sort?
Une mère à mes yeux dans les bras de la mort...
Un époux que j'adore, et que sa destinée
Fait voler au combat du lit de l'hyménée...
Un peuple gémissant, dont les cris insensés
M'imputent tous les maux sur l'Espagne amassés...
De Transtamare enfin la détestable audace,
Dont le fer me poursuit, dont l'amour me menace...
Ai-je une ame assez forte, un cœur assez altier,
Pour contempler mes maux et pour les défier?
Avant que l'infortune accablât ma jeunesse,
Je ne me connaissais qu'en sentant ma faiblesse.
Peut-être qu'éprouvé par la calamité,
Mon esprit s'affermit contre l'adversité.
Il me semble du moins, au fort de cet orage,
Que plus j'aime don Pèdre et plus j'ai de courage.

ELVIRE.

Notre sexe, madame, en montre quelquefois
Plus que ces chevaliers vantés par leurs exploits.
Surtout l'amour en donne, et d'une ame timide

ACTE V, SCÈNE I.

Ce maître impérieux fait une ame intrépide :
Il développe en nous d'étonnantes vertus
Dont les germes cachés nous étaient inconnus.
L'amour élève l'ame; et, faibles que nous sommes,
Nous avons su donner des exemples aux hommes.

LÉONORE.

Ah! je me trompe, Elvire; un noir abattement
A cette fermeté succède à tout moment...
Don Pèdre! cher époux! que n'ai-je pu te suivre,
Et tomber avec toi si tu cesses de vivre!

ELVIRE.

A vaincre Transtamare il est accoutumé :
Que votre cœur sensible, un moment alarmé,
Reprenne son courage et sa mâle assurance.

LÉONORE.

Oui, don Pèdre, il est vrai, me rend mon espérance.
Mais Guesclin!

ELVIRE.

Vous pourriez redouter sa valeur!

LÉONORE.

Je brave Transtamare et crains son protecteur.
Si don Pèdre est vaincu, sa mort est assurée.
Je le connais trop bien : sa main désespérée
Cherchera, je le vois, la mort de rang en rang,
Déchirera son sein, s'entr'ouvrira le flanc,
Plutôt que de tomber dans les mains d'un rebelle.

ELVIRE.

Détournez loin de vous cette image cruelle.
Reine, le ciel est juste; il ne donnera pas
Cet exemple exécrable à tous les potentats,

Qu'un traître, un révolté, l'enfant de l'adultère,
Opprime impunément son monarque et son frère.

LÉONORE.

Quoique le ciel soit juste, il permet bien souvent
Que l'iniquité règne et marche en triomphant;
Et si, pour nous venger, Elvire, il ne nous reste
Que le recours du faible au jugement céleste,
Et l'espoir incertain qu'enfin dans l'avenir,
Quand nous ne serons plus, le ciel saura punir,
Cet avenir caché, si loin de notre vue,
Nous console bien peu quand le présent nous tue.
Pardonne, je m'égare; et le trouble et l'effroi,
Plus forts que la raison, m'entraînent malgré moi.
Tu vois avec pitié ce passage rapide
De l'excès du courage au désespoir timide.
Telle est donc la nature... Il me faut donc lutter
Contre tous ses assauts... et je veux l'emporter !

N'entends-tu pas de loin la trompette guerrière,
Les cris des malheureux roulans dans la poussière,
Des peuples, des soldats les confuses clameurs,
Et les chants d'allégresse et les cris des vainqueurs...
Le tumulte redouble, et l'on me laisse, Elvire...
Je ne me soutiens plus... On vient à moi... J'expire.

ELVIRE.

C'est Mendose; c'est lui, c'est l'ami de son roi :
Il paraît consterné.

SCÈNE II.

LÉONORE, MENDOSE, ELVIRE.

MENDOSE.

Fiez-vous à ma foi,
Venez, reine, cédez à nos destins contraires ;
Fuyez, s'il en est temps, du palais de vos pères :
Il doit vous faire horreur.

LÉONORE.

Ah ! c'en est fait enfin !
Transtamare est vainqueur ?

MENDOSE.

Non, c'est le seul Guesclin :
C'est Guesclin, dont le bras et le puissant génie
Ont soumis la Castille à la France ennemie.
Henri de Transtamare, indigne d'être heureux,
Ne fait qu'en abuser... et par un crime affreux...

LÉONORE.

Quel crime ? ah ! juste Dieu !
(Elle tombe dans son fauteuil.

MENDOSE.

Si l'excès du courage
Suffisait dans les camps pour donner l'avantage,
Le roi, n'en doutez point, aurait vu sous ses pieds
Ses vainqueurs dans la poudre expirer foudroyés.
Mais il a négligé ce grand art de la guerre,
Que le héros français apprit de l'Angleterre.
Guesclin avec le temps s'est formé dans cet art

Qui conduit la valeur et commande au hasard.
Don Pèdre était guerrier, et Guesclin capitaine.
Hélas! dispensez-moi, trop malheureuse reine,
Du récit douloureux d'un combat inégal,
Dont le triste succès, à nos neveux fatal,
Fesant passer le sceptre en une autre famille,
A changé pour jamais le sort de la Castille.
Par sa valeur trompé, don Pèdre s'est perdu;
Sous son coursier mourant ce héros abattu,
A bientôt du roi Jean subi la destinée.
Il tombe, on le saisit.

LÉONORE.

Exécrable journée!
Tu n'es pas à ton comble! Il vit du moins?

(Elle se relève.)

MENDOSE.

Hélas!
Le généreux Guesclin le reçoit dans ses bras,
Il étanche son sang, il le plaint, le console,
Le sert avec respect, engage sa parole
Qu'il sera des vainqueurs en tout temps honoré
Comme un prince absolu de sa cour entouré.
Alors il le présente à l'heureux Transtamare...
Dieu vengeur! qui l'eût cru... le lâche, le barbare,
Ivre de son bonheur, aveugle en son courroux,
A tiré son poignard, a frappé votre époux;
Il foule aux pieds ce corps étendu sur le sable...
Fuyez, dis-je, évitez l'aspect épouvantable
De ce lâche ennemi, né pour vous opprimer,
De ce monstre assassin qui vous osait aimer.

LÉONORE.

Moi fuir... et dans quels lieux... O cher et saint asile,
Où je devais mourir oubliée et tranquille,
Recevras-tu ma cendre?

MENDOSE.

On peut à vos vainqueurs
Dérober leur victime et leur cacher vos pleurs.
Tout blessé que je suis, le courage et le zèle
Donnent à la faiblesse une force nouvelle.

LÉONORE.

C'en est trop... Cher Mendose... ayez soin de vos jours.

MENDOSE.

Le temps presse, acceptez mes fidèles secours;
Regagnons vos états, ces biens de vos ancêtres.

LÉONORE.

Moi, des biens! des états... je n'ai plus que des maîtres...
Mène-moi chez ma mère, au fond de ce palais,
Que j'expire avec elle, et que je meure en paix...
Ah! don Pèdre...

(Elle retombe.)

SCÈNE III.

LÉONORE, MENDOSE, TRANSTAMARE,
ELVIRE; SUITE.

TRANSTAMARE.

Arrêtez. Qu'on garde l'infidèle,
Qu'on arrête Mendose, et qu'on veille autour d'elle...
Madame, c'est ici que je viens rappeler
Des sermens qu'un tyran vous a fait violer.

Vous n'êtes plus soumise au joug honteux d'un traître,
Qui, perfide envers moi, vous obligeait à l'être.
J'ajoute la Castille à tant d'autres états
Envahis par don Pèdre et gagnés par mon bras :
Le diadème et vous, vous êtes ma conquête.
Vainqueur de mon tyran, ma main est toujours prête
A mettre à vos genoux trois sceptres réunis,
Qu'aujourd'hui la valeur et le sort m'ont remis.
Rome me les donnait par ses décrets augustes,
Que le succès confirme et rend encor plus justes.
J'ai pour moi le sénat, le pontife, les grands,
Le jugement de Dieu qui punit les tyrans...
C'est lui qui me conduit au trône de Castille ;
C'est lui qui de nos rois met en mes mains la fille,
Qui rend à Léonore un légitime époux,
Et qui sanctifiera les droits que j'ai sur vous.
J'ai honte en ce moment de vous aimer encore ;
Mais, puisqu'un ennemi m'enleva Léonore,
Je reprends tous mes droits que vous avez trahis.
Lorsque j'ai combattu, vous en étiez le prix.
Vous avez tant changé dans ce jour mémorable,
Qu'un changement de plus ne vous rend point coupable.
Partagez ma fortune, ou servez sous mes lois.

LÉONORE, *se soulevant sur le siége où elle est penchée.*

Entre ces deux partis il est un autre choix
Qui demande peut-être un peu plus de courage...
Il pourrait effrayer et mon sexe et mon âge...
Il est coupable... affreux... mais vous m'y réduisez...
Le voici.

(*Elle se tue.*)

SCÈNE IV.

LÉONORE, *renversée dans un fauteuil;* ELVIRE, *la soutenant;* TRANSTAMARE *et* ALMÈDE, *auprès d'elle;* GUESCLIN *et la* SUITE *au fond du théâtre.*

GUESCLIN, *entrant au moment où Léonore parlait.*
  Ciel! mes yeux seraient-ils abusés?
Don Pèdre assassiné! Léonore expirante!
   TRANSTAMARE, *courant à Léonore.*
Tu meurs... ô jour sanglant d'horreur et d'épouvante!
    LÉONORE.
Laisse-moi, malheureux! que t'importent mes jours?
Va, je hais ta pitié, j'abhorre ton secours...
  (Elle fait effort pour prononcer ces deux vers.)
A ta seule clémence, ô Dieu! je m'abandonne;
Pardonne-moi ma mort, c'est lui qui me la donne.
    TRANSTAMARE.
Où suis-je et qu'ai-je fait?
    GUESCLIN.
      Deux crimes que le ciel
Aurait dû prévenir d'un supplice éternel...
Enfin vous règnerez, barbare que vous êtes,
Vous jouirez en paix des horreurs que vous faites;
Vous aurez des flatteurs à vous plaire assidus,
Des suppôts du mensonge à vos ordres vendus,
Qui tous, dissimulant une action si noire,
Se déshonoreront pour sauver votre gloire :
Moi, qui n'ai jamais su ni feindre ni plier,

Je vous dégrade ici du rang de chevalier :
Vous en êtes indigne ; et ce coup détestable
Envers l'honneur et moi vous a fait trop coupable.
Tyran, songez-vous bien qu'un frère infortuné,
Assassiné par vous, vous avait pardonné ?
Je retourne à Paris faire rougir mon maître
Qui vous a protégé, ne pouvant vous connaître ;
Et je vous punirais si j'osais prévenir
Les ordres de mon roi qu'il me faut obtenir,
Si je pouvais agir par ma propre conduite,
Si je livrais mon cœur au courroux qui l'irrite.
Puisse Dieu, par pitié pour vos tristes sujets,
Vous donner des remords égaux à vos forfaits !
Puissiez-vous expier le sang de votre frère !
Mais, puisque vous régnez, mon cœur en désespère.

TRANSTAMARE.

Je m'en dis encor plus... Au crime abandonné...
Léonore, et mon frère, et Dieu, m'ont condamné.

FIN DE DON PÈDRE

IRÈNE,

TRAGÉDIE EN CINQ ACTES,

Représentée pour la première fois le 16 mars 1778.

LETTRE DE M. DE VOLTAIRE

A L'ACADÉMIE FRANÇAISE.

1778.

Messieurs,

Daignez recevoir le dernier hommage de ma voix mourante, avec les remerciemens tendres et respectueux que je dois à vos extrêmes bontés.

Si votre compagnie fut nécessaire à la France par son institution, dans un temps où nous n'avions aucun ouvrage de génie écrit d'un style pur et noble, elle est plus nécessaire que jamais dans la multitude des productions que fait naître aujourd'hui le goût généralement répandu de la littérature.

Il n'est permis à aucun membre de l'Académie de la Crusca de prendre ce titre à la tête de son livre, si l'Académie ne l'a déclaré écrit avec la pureté de la langue toscane. Autrefois, quand j'osais cultiver, quoique faiblement, l'art des Sophocle, je consultais toujours M. l'abbé d'Olivet, notre confrère, qui, sans me nommer, vous proposait mes doutes; et lorsque je commentai le grand Corneille, j'envoyai toutes mes remarques à M. Duclos, qui vous les communiqua. Vous les examinâtes; et cette édition de Corneille semble être aujourd'hui regardée comme un livre classique, pour les remarques que je n'ai données que sur votre décision.

Je prends aujourd'hui la liberté de vous demander des leçons sur les fautes où je suis tombé dans la tragédie d'*Irène*. Je n'en fais tirer quelques exemplaires que pour avoir l'honneur de vous consulter, et pour suivre les avis de ceux d'entre vous qui voudront bien m'en donner. La vieillesse passe pour incorrigible; et moi, messieurs, je crois qu'on doit penser à se corriger à cent ans. On ne peut se donner du génie à aucun âge, mais on peut réparer ses fautes à tout âge. Peut-être cette méthode est la seule qui puisse préserver la langue française de la corruption qui semble, dit-on, la menacer.

Racine, celui de nos poëtes qui approcha le plus de la perfection, ne donna jamais au public aucun ouvrage sans avoir écouté les conseils de Boileau et de Patru : aussi c'est ce véritablement grand homme qui nous enseigna par son exemple l'art difficile de s'exprimer toujours naturellement, malgré la gêne prodigieuse de la rime; de faire parler le cœur avec esprit sans la moindre ombre d'affectation; d'employer toujours le mot propre, souvent inconnu au public étonné de l'entendre. *Invenit verba quibus deberent loqui*, dit si bien Pétrone : il inventa l'art de s'exprimer.

Il mit dans la poésie dramatique cette élégance, cette harmonie continue qui nous manquait absolument, ce charme secret et inexprimable, égal à celui du quatrième livre de Virgile, cette douceur enchanteresse qui fait que, quand vous lisez au hasard dix ou douze vers d'une de ses pièces, un attrait irrésistible vous force de lire tout le reste.

C'est lui qui a proscrit chez tous les gens de goût, et malheureusement chez eux seuls, ces idées gigantesques et vides de sens, ces apostrophes continuelles aux dieux, quand on ne sait pas faire parler les hommes; ces lieux communs d'une politique ridiculement atroce, débités dans un style sauvage; ces épithètes fausses et inutiles; ces idées obscures, plus obscurément rendues; ce style aussi dur que négligé, incorrect et barbare; enfin tout ce que j'ai vu applaudi par un parterre composé alors de jeunes gens dont le goût n'était pas encore formé.

Je ne parle pas de l'artifice imperceptible des poëmes de Racine, de son grand art de conduire une tragédie, de renouer l'intérêt par des moyens délicats, de tirer un acte entier d'un seul sentiment; je ne parle que de l'art d'écrire. C'est sur cet art si nécessaire, si facile aux yeux de l'ignorance, si difficile au génie même, que le législateur Boileau a donné ce précepte :

> Et que tout ce qu'il dit, facile à retenir,
> De son ouvrage en vous laisse un long souvenir.

Voilà ce qui est arrivé toujours au seul Racine, depuis *Andromaque* jusqu'au chef-d'œuvre d'*Athalie* [1].

J'ai remarqué ailleurs que, dans les livres de toute espèce, dans les sermons même, dans les oraisons funèbres, les orateurs ont souvent employé les tours de phrase de cet élégant écrivain, ses expressions pittoresques, *verba quibus deberent loqui*. Cheminais, Massillon, ont été célèbres, l'un pendant quelque temps; l'autre pour toujours, par l'imitation du style de Racine. Ils se servaient de ses armes pour combattre en public un genre de littérature dont ils étaient idolâtres en secret. Ce peintre charmant de la vertu, cet aimable Fénelon, votre autre confrère, tant persécuté pour des disputes aujourd'hui méprisées, et si cher à la postérité par ses persécutions mêmes, forma sa prose élégante sur la poésie de Racine, ne pouvant l'imiter en vers; car les vers sont une langue qu'il est donné à très peu d'esprits de posséder; et quand les plus éloquens et les plus savans hommes, les sublimes Bossuet, les touchans Fénelon, les érudits Huet, ont voulu faire des vers français, ils sont tombés de la hauteur où les plaçait leur génie ou leur science dans cette triste classe qui est au dessous de la médiocrité.

[1] Le père Brumoy, dans son Discours sur le parallèle des théâtres, a dit de nos spectateurs : « Ce n'est que le sang-froid qui applaudit la beauté « des vers. » Si ce savant avait connu notre public, il aurait vu que tantôt il applaudit de sang-froid des maximes vraies ou fausses, tantôt il applaudit avec transport des tirades de déclamation, soit pleines de beautés, soit pleines de ridicules, n'importe ; et qu'il est toujours insensible à des vers qui ne sont que bien faits et raisonnables.

Je demandai un jour à un homme qui avait fréquenté assidûment cette

Mais les ouvrages de prose dans lesquels on a le mieux imité le style de Racine sont ce que nous avons de meilleur

cave obscure appelée *parterre*, comment il avait pu applaudir à ces vers si étranges et si déplacés :

> César, car le destin, que dans tes fers je brave,
> Me fait ta prisonnière, et non pas ton esclave;
> Et tu ne prétends pas qu'il m'abatte le cœur
> Jusqu'à te rendre hommage, et te nommer seigneur...

Comme si le mot *seigneur* était sur notre théâtre autre chose qu'un terme de politesse, et comme si la jeune Cornélie avait pu s'avilir en parlant décemment à César! Pourquoi, lui dis-je, avez-vous tant battu des mains à ces étonnantes paroles :

> Rome le veut ainsi : son adorable front
> Aurait de quoi rougir d'un trop honteux affront,
> De voir en même jour, après tant de conquêtes,
> Sous un indigne fer ses deux plus nobles têtes.
> Son grand cœur, qu'à tes lois en vain tu crois soumis,
> En veut au criminel plus qu'à ses ennemis,
> Et tiendrait à malheur le bien de se voir libre,
> Si l'attentat du Nil affranchissait le Tibre.
> Comme autre qu'un Romain n'a pu l'assujétir,
> Autre aussi qu'un Romain ne l'en doit garantir.
> Tu tomberais ici sans être sa victime:
> Au lieu d'un châtiment, ta mort serait un crime;
> Et, sans que tes pareils en conçussent d'effroi,
> L'exemple que tu dois périrait avec toi.
> Venge-la de l'Égypte à son appui fatale,
> Et je la vengerai, si je puis, de Pharsale.
> Va, ne perds point de temps, il presse. Adieu ; tu peux
> Te vanter qu'une fois j'ai fait pour toi des vœux.

Vous sentez bien aujourd'hui qu'il n'est guère convenable qu'une jeune femme, absolument dépendante de César, protégée, secourue, vengée par lui, et qui doit être à ses pieds, le menace en antithèses si recherchées, et dans un style si obscur, de le faire condamner à la mort pour servir d'exemple, et finisse enfin par lui dire : « Adieu, César; tu peux te vanter « que j'ai fait pour toi des vœux une fois en ma vie. » Avez-vous pu seulement entendre ce froid raisonnement, aussi faux qu'alambiqué : « Comme autre qu'un Romain n'a pu asservir Rome, autre qu'un Romain « ne l'en peut garantir? »

Il n'y a point d'homme un peu accoutumé aux affaires de ce monde qui ne sente combien de tels vers sont contraires à toutes les bienséances, à la nature, à la raison, et même aux règles de la poésie, qui veulent que tout soit clair, et que rien ne soit forcé dans l'expression.

Dites-moi donc par quel prestige vous avez applaudi sans cesse des tirades aussi embrouillées, aussi obscures, aussi déplacées ? Mais dites-

A L'ACADÉMIE FRANÇAISE.

dans notre langue. Point de vrai succès aujourd'hui sans cette correction, sans cette pureté qui seule met le génie dans tout

moi surtout pourquoi vous n'avez jamais marqué par la moindre acclamation votre juste contentement des véritables beaux vers que débite Andromaque dans une situation encore plus douloureuse que celle de Cornélie :

> Je confie à tes soins mon unique trésor.
> Si tu vivais pour moi, vis pour le fils d'Hector...
> Fais connaître à mon fils les héros de sa race ;
> Autant que tu pourras conduis-le sur leur trace :
> Dis-lui par quels exploits leurs noms ont éclaté ;
> Plutôt ce qu'ils ont fait que ce qu'ils ont été...
> Qu'il ait de ses aïeux un souvenir modeste :
> Il est du sang d'Hector, mais il en est le reste ;
> Et pour ce reste enfin, j'ai moi-même, en un jour,
> Sacrifié mon sang, ma haine et mon amour.

Les hommes de cabinet qui réfléchissent, les femmes, qui ont une sensibilité si fine et si juste, les gens de lettres les plus gâtés par un vain savoir, les barbares mêmes des écoles, tous s'accordent à reconnaître l'extrême beauté de ces vers si simples d'*Andromaque*. Cependant pourquoi cette beauté n'a-t-elle jamais été applaudie par le parterre ?

Cet homme de bon sens et de bonne foi me répondit : Quand nous battions des mains au clinquant de Cornélie, nous étions des écoliers élevés par des pédans, toujours idolâtres du faux merveilleux en tout genre. Nous admirions les vers ampoulés, comme nous étions saisis de vénération à l'aspect du saint Christophe de Notre-Dame. Il nous fallait du gigantesque. A la fin nous nous aperçûmes, à la vérité, que ces figures colossales étaient bien mal dessinées ; mais enfin elles étaient colossales, et cela suffisait à notre mauvais goût.

Les vers que vous me citez de Racine étaient parfaitement écrits ; ils respiraient la bienséance, la vérité, la modestie, la mollesse élégante : nous le sentions ; mais la modestie et la bienséance ne transportent jamais l'ame. Donnez-moi une grosse actrice d'une physionomie frappante, qui ait une voix forte, qui soit bien impérieuse, bien insolente, qui parle à César comme à un petit garçon, qui accompagne ses discours injurieux d'un geste méprisant, et qui surtout termine son couplet par un grand éclat de voix, nous applaudirons encore ; et si vous êtes dans le parterre, vous battrez peut-être des mains avec nous : tant l'homme est subjugué par ses organes et par l'exemple !

De pareils prestiges peuvent durer un siècle entier ; et l'aveuglement le plus absurde a quelquefois duré plus d'un siècle.

Quant à certaines prétendues tragédies écrites en vers allobroges ou vandales, que la cour et la ville ont élevées jusqu'au ciel avec des transports inouïs, et qui sont ensuite oubliées pour jamais, il ne faut regarder ce délire que comme une maladie passagère qui attaque une nation, et qui se guérit enfin de soi-même.

son jour, et sans laquelle ce génie ne déploierait qu'une force monstrueuse, tombant à chaque pas dans une faiblesse plus monstrueuse encore, et du haut des nues dans la fange.

Vous entretenez le feu sacré, messieurs; c'est par vos soins que, depuis quelques années, les compositions pour les prix décernés par vous sont enfin devenues de véritables pièces d'éloquence. Le goût de la saine littérature s'est tellement déployé, qu'on a vu quelquefois trois ou quatre ouvrages suspendre vos jugemens, et partager vos suffrages ainsi que ceux du public.

Je sens combien il est peu convenable, à mon âge de quatre-vingt-quatre ans, d'oser arrêter un moment vos regards sur un des fruits dégénérés de ma vieillesse. La tragédie d'*Irène* ne peut être digne de vous ni du Théâtre français; elle n'a d'autre mérite que la fidélité aux règles données aux Grecs par le digne précepteur d'Alexandre, et adoptées chez les Français par le génie de Corneille, le père de notre théâtre.

A ce grand nom de Corneille, messieurs, permettez que je joigne ma faible voix à vos décisions souveraines sur l'éclat éternel qu'il sut donner à cette langue française peu connue avant lui, et devenue après lui la langue de l'Europe.

Vous éclairâtes mes doutes, et vous confirmâtes mon opinion il y a deux ans, en voulant bien lire dans une de vos assemblées publiques la lettre [1] que j'avais eu l'honneur de vous écrire sur Corneille et sur Shakespeare. Je rougis de joindre ensemble ces deux noms; mais j'apprends qu'on renouvelle au milieu de Paris cette incroyable dispute. On s'appuie de l'opinion de madame Montague, estimable citoyenne de Londres, qui montre pour sa patrie une passion si pardonnable. Elle préfère Shakespeare aux auteurs d'*Iphigénie* et d'*Athalie*, de *Polyeucte* et de *Cinna*. Elle a fait un livre entier pour lui assurer cette supériorité; et ce livre est écrit avec la sorte d'enthousiasme que la nation anglaise retrouve dans quelques beaux morceaux de Shakespeare, échappés à

[1] *Voyez* les *Mélanges littéraires.*

la grossièreté de son siècle. Elle met Shakespeare au dessus de tout, en faveur de ces morceaux qui sont en effet naturels et énergiques, quoique défigurés presque toujours par une familiarité basse. Mais est-il permis de préférer deux vers d'Ennius à tout Virgile, ou de Lycophron à tout Homère?

On a représenté, messieurs, les chefs-d'œuvre de la France devant toutes les cours, et dans les académies d'Italie. On les joue depuis les rivages de la mer Glaciale jusqu'à la mer qui sépare l'Europe de l'Afrique. Qu'on fasse le même honneur à une seule pièce de Shakespeare, et alors nous pourrons disputer.

Qu'un Chinois vienne nous dire : « Nos tragédies composées
« sous la dynastie des Yven font encore nos délices après cinq
« cents années. Nous avons sur le théâtre des scènes en prose,
« d'autres en vers rimés, d'autres en vers non rimés. Les dis-
« cours de politique et les grands sentimens y sont interrompus
« par des chansons, comme dans votre *Athalie*. Nous avons
« de plus des sorciers qui descendent des airs sur un manche
« à balai, des vendeurs d'orviétan, et des Gilles, qui, au milieu
« d'un entretien sérieux, viennent faire leurs grimaces, de
« peur que vous ne preniez à la pièce un intérêt trop tendre
« qui pourrait vous attrister. Nous fesons paraître des save-
« tiers avec des mandarins, et des fossoyeurs avec des princes,
« pour rappeler aux hommes leur égalité primitive. Nos tra-
« gédies n'ont ni exposition, ni nœud, ni dénoûment. Une
« de nos pièces dure cinq cents années, et un paysan qui est
« né au premier acte est pendu au dernier. Tous nos princes
« parlent en crocheteurs, et nos crocheteurs quelquefois en
« princes. Nos reines y prononcent des mots de turpitude qui
« n'échapperaient pas à des revendeuses entre les bras des
« derniers des hommes, etc. etc. »

Je leur dirais : Messieurs, jouez ces pièces à Nankin, mais ne vous avisez pas de les représenter aujourd'hui à Paris ou à Florence, quoiqu'on nous en donne quelquefois à Paris qui ont un plus grand défaut, celui d'être froides.

Madame Montague relève avec justice quelques défauts de la belle tragédie de *Cinna* et ceux de *Rodogune*. Tout n'est pas toujours ni bien dessiné ni bien exprimé dans ces fameuses pièces, je l'avoue : je suis même obligé de vous dire, messieurs, que cette dame spirituelle et éclairée ne reprend qu'une petite partie des fautes remarquées par moi-même, lorsque je vous consultai sur le Commentaire de Corneille. Je me suis entièrement rencontré avec elle dans les justes critiques que j'ai été obligé d'en faire : mais c'est toujours en admirant son génie que j'ai remarqué ses écarts; et quelle différence entre les défauts de Corneille dans ses bonnes pièces, et ceux de Shakespeare dans tous ses ouvrages!

Que peut-on reprocher à Corneille dans les tragédies de ce génie sublime qui sont restées à l'Europe (car il ne faut pas parler des autres)? c'est d'avoir pris quelquefois de l'enflure pour de la grandeur; de s'être permis quelques raisonnemens que la tragédie ne peut admettre; de s'être asservi dans presque toutes ses pièces à l'usage de son temps; d'introduire au milieu des intérêts politiques, toujours froids, des amours plus insipides.

On peut le plaindre de n'avoir point traité de vraies passions, excepté dans la pièce espagnole du *Cid*, pièce dans laquelle il eut encore l'étonnant mérite de corriger son modèle en trente endroits, dans un temps où les bienséances théâtrales n'étaient pas encore connues en France. On le condamne surtout pour avoir trop négligé sa langue. Alors toutes les critiques faites par des hommes d'esprit sur un grand homme sont épuisées; et l'on joue *Cinna* et *Polyeucte* devant l'impératrice des Romains, devant celle de Russie, devant le doge et les sénateurs de Venise, comme devant le roi et la reine de France.

Que reproche-t-on à Shakespeare? vous le savez, messieurs : tout ce que vous venez de voir vanté par les Chinois. Ce sont, comme dit M. de Fontenelle dans ses *Mondes*, presque d'autres principes de raisonnement. Mais ce qui est bien étrange, c'est qu'alors le théâtre espagnol, qui infectait l'Europe, en était le législateur. Lope de Vega avouait cet opprobre; mais Shakespeare n'eut pas le courage de l'avouer. Que devaient faire les Anglais? ce qu'on a fait en France, se corriger.

Madame Montague condamne dans la perfection de Racine cet amour continuel qui est toujours la base du peu de tragédies que nous avons de lui, excepté dans *Esther* et dans *Athalie*. Il est beau, sans doute, à une dame de réprouver cette passion universelle qui fait régner son sexe ; mais qu'elle examine cette *Bérénice* tant condamnée par nous-mêmes pour n'être qu'une idylle amoureuse; que le principal personnage de cette idylle soit représenté par une actrice telle que mademoiselle Gaussin, alors je réponds que madame Montague versera des larmes. J'ai vu le roi de Prusse attendri à une simple lecture de *Bérénice*, qu'on fesait devant lui en prononçant les vers comme on doit les prononcer, ce qui est bien rare. Quel charme tira des larmes des yeux de ce héros philosophe? la seule magie du style de ce vrai poëte, *qui invenit verba quibus deberent loqui*.

Les censures de réflexion n'ôtent jamais le plaisir du sentiment. Que la sévérité blâme Racine tant qu'elle voudra, le cœur vous ramènera toujours à ses pièces. Ceux qui connaissent les difficultés extrêmes et la délicatesse de la langue française voudront toujours lire et entendre les vers de cet homme inimitable, à qui le nom de grand n'a manqué que parce qu'il n'avait point de frère dont il fallût le distinguer. Si on lui reproche d'être le poëte de l'amour, il faut donc condamner le quatrième livre de l'*Énéide*. On ne trouve pas quelquefois assez de force dans ses caractères et dans son style; c'est ce qu'on a dit de Virgile; mais on admire dans l'un et dans l'autre une élégance continue.

Madame Montague s'efforce d'être touchée des beautés d'Euripide, pour tâcher d'être insensible aux perfections de Racine. Je la plaindrais beaucoup si elle avait le malheur de ne pas pleurer au rôle inimitable de la Phèdre française, et de n'être pas hors d'elle-même à toute la tragédie d'*Iphigénie*. Elle paraît estimer beaucoup Brumoy, parce que Brumoy, en qualité de traducteur d'Euripide, semble donner au poëte grec la préférence sur le poëte français. Mais si elle savait que Brumoy traduit le grec très infidèlement ; si elle savait que, *vous y serez, ma fille*, n'est pas dans Euripide ; si elle savait que Clytemnestre embrasse les genoux d'Achille dans la pièce grecque comme dans la française (quoique Brumoy ose supposer le contraire); enfin, si son oreille était accoutumée à cette mélodie enchanteresse qu'on ne trouve, parmi tous les tragiques de l'Europe, que chez Racine seul, alors madame Montague changerait de sentiment.

« L'Achille de Racine, dit-elle, ressemble à un jeune amant
« qui a du courage : et pourtant l'*Iphigénie* est une des meilleures
« tragédies françaises. » Je lui dirais : Et pourtant, madame, elle est un chef-d'œuvre qui honorera éternellement ce beau siècle de Louis XIV, ce siècle notre gloire, notre modèle et notre désespoir. Si nous avons été indignés contre madame de Sévigné, qui écrivait si bien et qui jugeait si mal ; si nous sommes révoltés de cet esprit misérable de parti, de cette aveugle prévention qui lui fait dire que « la mode d'aimer
« Racine passera comme la mode du café ; » jugez, madame, combien nous devons être affligés qu'une personne aussi instruite que vous ne rende pas justice à l'extrême mérite d'un si grand homme. Je vous le dis les yeux encore mouillés des larmes d'admiration et d'attendrissement que la centième lecture d'*Iphigénie* vient de m'arracher.

Je dois ajouter à cet extrême mérite d'émouvoir pendant cinq actes, le mérite plus rare et moins senti de vaincre pendant cinq actes la difficulté de la rime et de la mesure, au point de ne pas laisser échapper une seule ligne, un seul mot qui sente la moindre gêne, quoiqu'on ait été continuellement gêné. C'est à ce coin que sont marqués le peu de bons vers que nous avons dans notre langue. Madame Montague compte pour rien cette difficulté surmontée. Mais, madame, oubliez-vous qu'il n'y a jamais eu sur la terre aucun art, aucun amusement même où le prix ne fût attaché à la difficulté? Ne cherchait-on pas dans la plus haute antiquité à rendre difficile l'explication de ces énigmes que les rois se proposaient les uns aux autres? N'y a-t-il pas eu de très grandes difficultés à vaincre dans tous les jeux de la Grèce, depuis le disque jusqu'à la course des chars? Nos tournois, nos carrousels étaient-ils si faciles? Que dis-je! aujourd'hui, dans la molle oisiveté où tous les grands perdent leurs journées, depuis Pétersbourg jusqu'à Madrid, le seul attrait qui les pique dans leurs misérables jeux de cartes, n'est-ce pas la difficulté de la combinaison, sans quoi leur ame languirait assoupie?

Il est donc bien étrange, et j'ose dire bien barbare, de vouloir ôter à la poésie ce qui la distingue du discours ordinaire. Les vers blancs n'ont été inventés que par la paresse et l'impuissance de faire des vers rimés, comme le célèbre Pope me l'a avoué vingt fois. Insérer dans une tragédie des scènes entières en prose, c'est l'aveu d'une impuissance encore plus honteuse.

Il est bien certain que les Grecs ne placèrent les Muses sur le haut du Parnasse que pour marquer le mérite et le plaisir de pouvoir aborder jusqu'à elles à travers des obstacles. Ne supprimez donc point ces obstacles, madame; laissez subsister les barrières qui séparent la bonne compagnie des vendeurs d'orviétan et de leurs Gilles; souffrez que Pope imite les véritables génies italiens, les Arioste, les Tasse, qui se sont soumis à la gêne de la rime pour la vaincre.

Enfin, quand Boileau a prononcé,

> Et que tout ce qu'il dit, facile à retenir,
> De son ouvrage en vous laisse un long souvenir,

n'a-t-il pas entendu que la rime imprimait plus aisément les pensées dans la mémoire?

Je ne me flatte pas que mon discours et ma sensibilité passent dans le cœur de madame Montague, et que je sois destiné à convertir *divisos orbe Britannos*. Mais pourquoi faire une querelle nationale d'un objet de littérature? Les Anglais n'ont-ils pas assez de dissensions chez eux, et n'avons-nous pas assez de tracasseries chez nous? ou plutôt l'une et l'autre nation n'ont-elles pas eu assez de grands hommes dans tous les genres pour ne se rien envier, pour ne se rien reprocher?

Hélas! messieurs, permettez-moi de vous répéter que j'ai passé une partie de ma vie à faire connaître en France les passages les plus frappans des auteurs qui ont eu de la réputation chez les autres nations. Je fus le premier qui tirai un peu d'or de la fange où le génie de Shakespeare avait été plongé par son siècle. J'ai rendu justice à l'Anglais Shakespeare, comme à l'Espagnol Caldéron, et je n'ai jamais écouté le préjugé national. J'ose dire que c'est de ma seule patrie que j'ai appris à regarder les autres peuples d'un œil impartial. Les véritables gens de lettres en France n'ont jamais connu cette rivalité hautaine et pédantesque, cet amour-propre révoltant qui se déguise sous l'amour de son pays, et qui ne préfère les heureux génies de ses anciens concitoyens à tout mérite étranger que pour s'envelopper dans leur gloire.

Quels éloges n'avons-nous pas prodigués aux Bacon, aux Kepler, aux Copernic, sans même y mêler d'abord aucune émulation! Que n'avons-nous pas dit du grand Galilée, le restaurateur et la victime de la raison en Italie, ce premier maître de la philosophie, que Descartes eut le malheur de ne citer jamais!

Nous sommes tous à présent les disciples de Newton : nous le remercions d'avoir seul trouvé et prouvé le vrai système du monde, d'avoir seul enseigné au genre humain à voir la lumière; et nous lui pardonnons d'avoir commenté les visions de Daniel et l'Apocalypse.

Nous admirons dans Locke la seule métaphysique qui ait

A L'ACADÉMIE FRANÇAISE.

paru dans le monde depuis que Platon la chercha, et nous n'avons rien à pardonner à Locke. N'en ferions-nous pas autant pour Shakespeare, s'il avait ressuscité l'art des Sophocle, comme madame Montague, ou son traducteur, ose le prétendre? Ne verrions-nous pas M. de La Harpe, qui combat pour le bon goût avec les armes de la raison, élever sa voix en faveur de cet homme singulier? Que fait-il au contraire? il a eu la patience de prouver dans son judicieux journal ce que tout le monde sent, que Shakespeare est un sauvage avec des étincelles de génie qui brillent dans une nuit horrible.

Que l'Angleterre se contente de ses grands hommes en tant de genres; elle a assez de gloire : la patrie du prince Noir et de Newton peut se passer du mérite des Sophocle, des Zeuxis, des Phidias, des Timothée, qui lui manquent encore.

Je finis ma carrière en souhaitant que celles de nos grands hommes en tout genre soient toujours remplies par des successeurs dignes d'eux; que les siècles à venir égalent le grand siècle de Louis XIV, et qu'ils ne dégénèrent pas en croyant le surpasser.

Je suis avec un profond respect,

MESSIEURS,

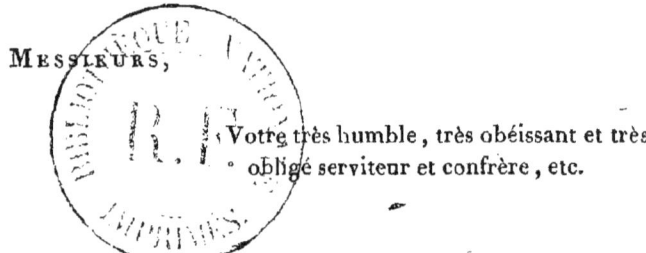

Votre très humble, très obéissant et très obligé serviteur et confrère, etc.

PERSONNAGES.

NICÉPHORE, empereur de Constantinople.
IRÈNE, femme de Nicéphore.
ALEXIS COMNÈNE, prince de Grèce.
LÉONCE, père d'Irène.
MEMNON, attaché au prince Alexis.
ZOÉ, favorite, suivante d'Irène.
UN OFFICIER DE L'EMPEREUR.
GARDES.

La scène est dans un salon de l'ancien palais de Constantin.

IRÈNE,

TRAGÉDIE.

ACTE PREMIER.

SCÈNE I.

IRÈNE, ZOÉ.

IRÈNE.

Quel changement nouveau, quelle sombre terreur,
Ont écarté de nous la cour et l'empereur ?
Au palais des Sept-Tours une garde inconnue
Dans un silence morne étonne ici ma vue;
En un vaste désert on a changé la cour.

ZOÉ.

Aux murs de Constantin trop souvent un beau jour
Est suivi des horreurs du plus funeste orage.
La cour n'est pas long-temps le bruyant assemblage
De tous nos vains plaisirs l'un à l'autre enchaînés,
Trompeurs soulagemens des cœurs infortunés;
De la foule importune il faut qu'on se retire.
Nos états assemblés pour corriger l'empire,
Pour le perdre peut-être, et ces fiers musulmans,
Ces Scythes vagabonds débordés dans nos champs,
Mille ennemis cachés qu'on nous fait craindre encore,
Sans doute en ce moment occupent Nicéphore.

IRÈNE.

De ses chagrins secrets, qu'il veut dissimuler,
Je connais trop la cause; elle va m'accabler.
Je sais par quels soupçons sa dureté jalouse
Dans son inquiétude outrage son épouse.
Il écoute en secret ces obscurs imposteurs,
D'un esprit défiant détestables flatteurs,
Trafiquant du mensonge et de la calomnie,
Et couvrant la vertu de leur ignominie.
Quel emploi pour César! et quels soins douloureux!
Je le plains, je gémis... Il fait deux malheureux...
Ah! que n'ai-je embrassé cette retraite austère
Où depuis mon hymen s'est enfermé mon père!
Il a fui pour jamais l'illusion des cours,
L'espoir qui nous séduit, qui nous trompe toujours,
La crainte qui nous glace, et la peine cruelle
De se faire à soi-même une guerre éternelle.
Que ne foulais-je aux pieds ma funeste grandeur!
Je montai sur le trône au faîte du malheur;
Aux yeux des nations victime couronnée,
Je pleure devant toi ma haute destinée,
Et je pleure surtout ce fatal souvenir
Que mon devoir condamne, et qu'il me faut bannir.
Ici l'air qu'on respire empoisonne ma vie.

ZOÉ.

De Nicéphore au moins la sombre jalousie
Par d'indiscrets éclats n'a point manifesté
Le sentiment honteux dont il est tourmenté :
Il le cache au vulgaire, à sa cour, à lui-même;
Il sait vous respecter, et peut-être il vous aime.

Vous cherchez à nourrir une injuste douleur.
Que craignez-vous*a*?

IRÈNE.

Le ciel, Alexis, et mon cœur.

ZOÉ.

Mais Alexis Comnène aux champs de la Tauride
Tout entier à la gloire, au devoir qui le guide,
Sert l'empereur et vous sans vous inquiéter,
Fidèle à ses sermens jusqu'à vous éviter.

IRÈNE.

Je sais que ce héros ne cherche que la gloire :
Je ne saurais m'en plaindre.

ZOÉ.

Il a par la victoire
Raffermi cet empire ébranlé dès long-temps.

IRÈNE.

Ah! j'ai trop admiré ses exploits éclatans :
Sa gloire de si loin m'a trop intéressée.
César aura surpris au fond de ma pensée
Quelques vœux indiscrets que je n'ai pu cacher,
Et qu'un époux, un maître a droit de reprocher.
C'était pour Alexis que le ciel me fit naître :
Des antiques Césars nous avons reçu l'être;
Et dès notre berceau l'un à l'autre promis,
C'est dans ces mêmes lieux que nous fûmes unis :
C'est avec Alexis que je fus élevée;
Ma foi lui fut acquise et lui fut enlevée.
L'intérêt de l'état, ce prétexte inventé
Pour trahir sa promesse avec impunité,
Ce fantôme effrayant subjugua ma famille;

Ma mère à son orgueil sacrifia sa fille.
Du bandeau des Césars on crut cacher mes pleurs,
On para mes chagrins de l'éclat des grandeurs.
Il me fallut éteindre, en ma douleur profonde,
Un feu plus cher pour moi que l'empire du monde;
Au maître de mon cœur il fallut m'arracher;
De moi-même en pleurant j'osai me détacher.
De la religion le pouvoir invincible
Secourut ma faiblesse en ce combat pénible;
Et de ce grand secours apprenant à m'armer,
Je fis l'affreux serment de ne jamais aimer.
Je le tiendrai... Ce mot te fait assez comprendre
A quels déchiremens ce cœur devait s'attendre.
Mon père à cet orage ayant pu m'exposer
M'aurait par ses vertus appris à l'apaiser:
Il a quitté la cour, il a fui Nicéphore;
Il m'abandonne en proie au monde qu'il abhorre,
Et je n'ai que toi seule à qui je puis ouvrir
Ce cœur faible et blessé que rien ne peut guérir.
Mais on ouvre au palais... je vois Memnon paraître.

SCÈNE II.

IRÈNE, ZOÉ, MEMNON.

IRÈNE.

Eh bien, en liberté puis-je voir votre maître?
Memnon, puis-je à mon tour être admise aujourd'hui
Parmi les courtisans qu'il approche de lui?

MEMNON.

Madame, j'avouerai qu'il veut à votre vue

Dérober les chagrins de son ame abattue.
Je ne suis point compté parmi les courtisans,
De ses desseins secrets superbes confidens :
Du conseil de César on me ferme l'entrée.
Commandant de sa garde à la porte Sacrée,
Militaire oublié par ses maîtres altiers,
Relégué dans mon poste ainsi que mes guerriers,
J'ai seulement appris que le brave Comnène
A quitté dès long-temps les bords du Borysthène,
Qu'il vogue vers Byzance, et que César troublé
Écoute en frémissant son conseil assemblé.

IRÈNE.

Alexis, dites-vous ?

MEMNON.

Il revole au Bosphore.

IRÈNE.

Il pourrait à ce point offenser Nicéphore !
Revenir sans son ordre !

MEMNON.

On l'assure, et la cour
S'alarme, se divise, et tremble à son retour [b].
Il a brisé, dit-on, l'honorable esclavage
Où l'empereur jaloux retenait son courage ;
Il vient jouir ici des honneurs et des droits
Que lui donnent son rang, sa naissance et nos lois.
C'est tout ce que j'apprends par ces rumeurs soudaines
Qui font naître en ces lieux tant d'espérances vaines,
Et qui, de bouche en bouche armant les factions,
Vont préparer Byzance aux révolutions.
Pour moi, je sais assez quel parti je dois prendre,

Quel maître je dois suivre, et qui je dois défendre :
Je ne consulte point nos ministres, nos grands,
Leurs intérêts cachés, leurs partis différens,
Leurs fausses amitiés, leurs indiscrètes haines.
Attaché sans réserve au pur sang des Comnènes,
Je le sers, et surtout dans ces extrémités,
Memnon sera fidèle au sang dont vous sortez.
Le temps ne permet pas d'en dire davantage...
Souffrez que je revole où mon devoir m'engage.
(Il sort.)

SCÈNE III.

IRÈNE, ZOÉ.

IRÈNE.

Qu'a-t-il osé me dire? et quel nouveau danger,
Quel malheur imprévu vient encor m'affliger?
Il ne s'explique point : je crains de le comprendre.

ZOÉ.

Memnon n'est qu'un guerrier prompt à tout entre-
Je le connais; le sang d'assez près nous unit. [prendre:
Contre nos courtisans exhalant son dépit,
Il détesta toujours leur frivole insolence,
Leurs animosités qui partagent Byzance,
Leurs tristes vanités que suit le déshonneur;
Mais son esprit altier hait surtout l'empereur.
D'Alexis, en secret, son cœur est idolâtre,
Et, s'il en était cru, Byzance est un théâtre
Qui produirait bientôt quelqu'un de ces revers
Dont le sanglant spectacle ébranla l'univers.
Ne vous étonnez point quand sa sombre colère

S'échappe en vous parlant, et peint son caractère.
IRÈNE.
Mais Alexis revient... César est irrité :
Le courtisan surpris murmure épouvanté.
Les états convoqués dans Byzance incertaine,
Fatiguant dès long-temps la grandeur souveraine,
Troublent l'empire entier par leurs divisions.
Tout un peuple s'enflamme au feu des factions...
Des discours de Memnon que veux-tu que j'espère?
Il commande au palais une garde étrangère :
D'Alexis, en secret, est-il le confident?
Que je crains d'Alexis le retour imprudent,
Les desseins du sénat, des peuples le délire,
Et l'orage naissant qui gronde sur l'empire !
Que je me crains surtout dans ma juste douleur !
Je consulte en tremblant le secret de mon cœur :
Peut-être il me prépare un avenir terrible :
Le ciel, en le formant, l'a rendu trop sensible.
Si jamais Alexis en ce funeste lieu,
Trahissant ses sermens... Que vois-je? juste dieu !

SCÈNE IV.

IRÈNE, ALEXIS, ZOÉ.

ALEXIS.
Daignez souffrir ma vue, et bannissez vos craintes...
Je ne viens point troubler par d'inutiles plaintes
Un cœur à qui le mien se doit sacrifier,
Et rappeler des temps qu'il nous faut oublier.
Le destin me ravit la grandeur souveraine ;

Il m'a fait plus d'outrage, il m'a privé d'Irène...
Dans l'Orient soumis mes services rendus
M'auraient pu mériter les biens que j'ai perdus;
Mais lorsque sur le trône on plaça Nicéphore,
La gloire en ma faveur ne parlait point encore;
Et n'ayant pour appui que nos communs aïeux,
Je n'avais rien tenté qui pût m'approcher d'eux.
Aujourd'hui Trébisonde entre nos mains remise,
Les Scythes repoussés, la Tauride conquise,
Sont les droits qui vers vous m'ont enfin rappelé.
Le prix de mes travaux était d'être exilé!
Le suis-je encor par vous? n'osez-vous reconnaître
Dans le sang dont je suis le sang qui vous fit naître?

IRÈNE.

Prince, que dites-vous? dans quel temps, dans quels
Par ce retour fatal étonnez-vous mes yeux?   [lieux,
Vous connaissez trop bien quel joug m'a captivée,
La barrière éternelle entre nous élevée,
Nos devoirs, nos sermens, et surtout cette loi
Qui ne vous permet plus de vous montrer à moi.
Pour calmer de César l'injuste défiance,
Il vous aurait suffi d'éviter ma présence.
Vous n'avez pas prévu ce que vous hasardez.
Vous me faites frémir : seigneur, vous vous perdez.

ALEXIS.

Si je craignais pour vous, je serais plus coupable;
Ma présence à César serait plus redoutable.
Quoi donc! suis-je à Byzance? est-ce vous que je vois?
Est-ce un sultan jaloux qui vous tient sous ses lois?
Êtes-vous dans la Grèce une esclave d'Asie,

ACTE I, SCÈNE IV.

Qu'un despote, un barbare achète en Circassie,
Qu'on rejette en prison sous des monstres cruels,
A jamais invisible au reste des mortels?
César a-t-il changé, dans sa sombre rudesse,
L'esprit de l'Occident et les mœurs de la Grèce?

IRÈNE.

Du jour où Nicéphore ici reçut ma foi,
Vous le savez assez, tout est changé pour moi.

ALEXIS.

Hors mon cœur; le destin le forma pour Irène :
Il brave des Césars la puissance et la haine.
Il ne craindrait que vous! Quoi! vos derniers sujets
Vers leur impératrice auront un libre accès!
Tout mortel jouira du bonheur de sa vue!
Nicéphore à moi seul l'aurait-il défendue?
Et suis-je un criminel à ses regards jaloux
Dès qu'on l'a fait césar, et qu'il est votre époux?
Enorgueilli surtout de cet hymen auguste,
L'excès de son bonheur le rend-il plus injuste?

IRÈNE.

Il est mon souverain.

ALEXIS.

Non : il n'était pas né
Pour me ravir le bien qui m'était destiné :
Il n'en était pas digne; et le sang des Comnènes
Ne vous fut point transmis pour servir dans ses chaînes.
Qu'il gouverne, s'il peut, de ses sévères mains
Cet empire, autrefois l'empire des Romains,
Qu'aux campagnes de Thrace, aux mers de Trébisonde,
Transporta Constantin pour le malheur du monde,

Et que j'ai défendu moins pour lui que pour vous.
Qu'il règne, s'il le faut; je n'en suis point jaloux :
Je le suis de vous seule, et jamais mon courage
Ne lui pardonnera votre indigne esclavage.
Vous cachez des malheurs dont vos pleurs sont garans;
Et les usurpateurs sont toujours des tyrans.
Mais si le ciel est juste, il se souvient peut-être
Qu'il devait à l'empire un moins barbare maître.

IRÈNE.

Trop vains regrets! je suis esclave de ma foi.
Seigneur, je l'ai donnée, elle n'est plus à moi.

ALEXIS.

Ah! vous me la deviez.

IRÈNE.

Et c'est à vous de croire
Qu'il ne m'est pas permis d'en garder la mémoire.
Je fais des vœux pour vous, et vous m'épouvantez.

SCÈNE V.

IRÈNE, ALEXIS, ZOÉ, UN GARDE.

LE GARDE.

Seigneur, César vous mande.

ALEXIS.

Il me verra : sortez.

(à Irène.)

Il me verra, madame; une telle entrevue
Ne doit point alarmer votre ame combattue.
Ne craignez rien pour lui, ne craignez rien de moi;

ACTE I, SCÈNE VI.

A son rang comme au mien je sais ce que je doi.
Rentrez dans vos foyers tranquille et rassurée.

(Il sort.)

SCÈNE VI.

IRÈNE, ZOÉ.

IRÈNE.

De quel saisissement mon ame est pénétrée !
Que je sens à la fois de faiblesse et d'horreur !
Chaque mot qu'il m'a dit me remplit de terreur.
Que veut-il ? Va, Zoé, commande que sur l'heure
On parcoure en secret cette triste demeure,
Ces sept affreuses tours qui, depuis Constantin,
Ont de tant de héros vu l'horrible destin.
Interroge Memnon; prends pitié de ma crainte.

ZOÉ.

J'irai, j'observerai cette terrible enceinte.
Mais je tremble pour vous : un maître soupçonneux
Vous condamne peut-être, et vous proscrit tous deux.
Parmi tant de dangers que prétendez-vous faire ?

IRÈNE.

Garder à mon époux ma foi pure et sincère;
Vaincre un fatal amour, si son feu rallumé
Renaissait dans ce cœur autrefois enflammé;
Demeurer de mes sens maîtresse souveraine,
Si la force est possible à la faiblesse humaine;
Ne point combattre en vain mon devoir et mon sort,
Et ne déshonorer ni mes jours ni ma mort.

FIN DU PREMIER ACTE.

ACTE SECOND.

SCÈNE I.

ALEXIS, MEMNON.

MEMNON.

Oui, vous êtes mandé; mais César délibère.
Dans son inquiétude il consulte, il diffère,
Avec ses vils flatteurs en secret enfermé.
Le retour d'un héros l'a sans doute alarmé ;
Mais nous avons le temps de nous parler encore.
Ce salon qui conduit à ceux de Nicéphore
Mène aussi chez Irène, et je commande ici.
Sur tous vos partisans n'ayez aucun souci;
Je les ai préparés. Si cette cour inique
Osait lever sur vous le glaive despotique,
Comptez sur vos amis : vous verrez devant eux
Fuir ce pompeux ramas d'esclaves orgueilleux.
Au premier mouvement, notre vaillante escorte
Du rempart des Sept-Tours ira saisir la porte;
Et les autres, armés sous un habit de paix,
Inconnus à César, emplissent ce palais.
Nicéphore vous craint depuis qu'il vous offense.
Dans ce château funeste il met sa confiance :
Là, dans un plein repos, d'un mot, ou d'un coup d'œil,
Il condamne à l'exil, aux tourmens, au cercueil.
Il ose me compter parmi les mercenaires,

ACTE II, SCÈNE I.

De son caprice affreux ministres sanguinaires :
Il se trompe... Seigneur, quel secret embarras,
Quand j'ai tout disposé, semble arrêter vos pas ?

ALEXIS.

Le remords... Il faut bien que mon cœur te l'avoue.
Quelques exploits heureux dont l'Europe me loue,
Ma naissance, mon rang, la faveur du sénat,
Tout me criait : Venez, montrez-vous à l'état.
Cette voix m'excitait. Le dépit qui me presse,
Ma passion fatale, entraînaient ma jeunesse ;
Je venais opposer la gloire à la grandeur,
Partager les esprits et braver l'empereur...
J'arrive, et j'entrevois ma carrière nouvelle.
Me faut-il arborer l'étendard d'un rebelle ?
La honte est attachée à ce nom dangereux.
Me verrai-je emporté plus loin que je ne veux ?

MEMNON.

La honte ! elle est pour vous de servir sous un maître.

ALEXIS.

J'ose être son rival : je crains le nom de traître.

MEMNON.

Soyez son ennemi dans les champs de l'honneur,
Disputez-lui l'empire, et soyez son vainqueur.

ALEXIS.

Crois-tu que le Bosphore, et la superbe Thrace,
Et ces Grecs inconstans serviraient tant d'audace ?
Je sais que les états sont pleins de sénateurs
Attachés à ma race, et dont j'aurais les cœurs :
Ils pourraient soutenir ma sanglante querelle :
Mais le peuple ?

MEMNON.

Il vous aime : au trône il vous appelle.
Sa fougue est passagère, elle éclate à grand bruit;
Un instant la fait naître, un instant la détruit.
J'enflamme cette ardeur; et j'ose encor vous dire
Que je vous répondrais des cœurs de tout l'empire.
Paraissez seulement, mon prince, et vous ferez
Du sénat et du peuple autant de conjurés.
Dans ce palais sanglant, séjour des homicides,
Les révolutions furent toujours rapides.
Vingt fois il a suffi, pour changer tout l'état,
De la voix d'un pontife, ou du cri d'un soldat.
Ces soudains changemens sont des coups de tonnerre
Qui dans des jours sereins éclatent sur la terre.
Plus ils sont imprévus, moins on peut échapper
A ces traits dévorans dont on se sent frapper.
Nous avons vu passer ces ombres fugitives,
Fantômes d'empereurs élevés sur nos rives,
Tombant du haut du trône en l'éternel oubli,
Où leur nom d'un moment se perd enseveli.
Il est temps qu'à Byzance on reconnaisse un homme
Digne des vrais Césars et des beaux jours de Rome.
Byzance offre à vos mains le souverain pouvoir.
Ceux que j'y vis régner n'ont eu qu'à le vouloir :
Portés dans l'hippodrome, ils n'avaient qu'à paraître
Décorés de la pourpre et du sceptre d'un maître;
Au temple de Sophie un prêtre les sacrait,
Et Byzance à genoux soudain les adorait.
Ils avaient moins que vous d'amis et de courage;
Ils avaient moins de droits : tentez le même ouvrage;

Recueillez les débris de leurs sceptres brisés ;
Vous régnez aujourd'hui, seigneur, si vous l'osez [d].

ALEXIS.

Ami, tu me connais : j'ose tout pour Irène :
Seule elle m'a banni, seule elle me ramène ;
Seule sur mon esprit encore irrésolu
Irène a conservé son pouvoir absolu.
Rien ne me retient plus : on la menace, et j'aime.

MEMNON.

Je me trompe, seigneur, ou l'empereur lui-même
Vient vous dicter ses lois dans ce lieu retiré.
L'attendrez-vous encore ?

ALEXIS.

Oui, je lui répondrai.

MEMNON.

Déja paraît sa garde : elle m'est confiée.
Si de votre ennemi la haine étudiée
A conçu contre vous quelques secrets desseins,
Nous servons sous Comnène, et nous sommes Romains.
Je vous laisse avec lui.

(Il se retire dans le fond, et se met à la tête de la garde.)

SCÈNE II.

NICÉPHORE, *suivi de deux officiers;* ALEXIS,
MEMNON; GARDES, *au fond.*

NICÉPHORE.

Prince, votre présence
A jeté dans ma cour un peu de défiance.
Aux bords du Pont-Euxin vous m'avez bien servi ;

Mais quand César commande, il doit être obéi.
D'un regard attentif ici l'on vous contemple :
Vous donnez à ce peuple un dangereux exemple.
Vous ne deviez paraître aux murs de Constantin
Que sur un ordre exprès émané de ma main.

ALEXIS.

Je ne le croyais pas... Les états de l'empire
Connaissent peu ces lois que vous voulez prescrire;
Et j'ai pu, sans faillir, remplir la volonté
D'un corps auguste et saint, et par vous respecté.

NICÉPHORE.

Je le protégerai tant qu'il sera fidèle;
Soyez-le, croyez-moi; mais puisqu'il vous rappelle,
C'est moi qui vous renvoie aux bords du Pont-Euxin.
Sortez dès ce moment des murs de Constantin.
Vous n'avez plus d'excuse : et si vers le Bosphore
L'astre du jour qui luit vous revoyait encore,
Vous n'êtes plus pour moi qu'un sujet révolté.
Vous ne le serez pas avec impunité...
Voilà ce que César a prétendu vous dire.

ALEXIS.

Les grands de qui la voix vous a donné l'empire,
Qui m'ont fait de l'état le premier après vous,
Seigneur, pourront fléchir ce violent courroux.
Ils connaissent mon nom, mon rang et mon service;
Et vous-même avec eux vous me rendrez justice.
Vous me laisserez vivre entre ces murs sacrés
Que de vos ennemis mon bras a délivrés;
Vous ne m'ôterez point un droit inviolable
Que la loi de l'état ne ravit qu'au coupable.

ACTE II, SCÈNE II.

NICÉPHORE.

Vous osez le prétendre?

ALEXIS.

Un simple citoyen
L'oserait, le devrait; et mon droit est le sien,
Celui de tout mortel dont le sort qui m'outrage
N'a point marqué le front du sceau de l'esclavage :
C'est le droit d'Alexis; et je crois qu'il est dû
Au sang qu'il a pour vous tant de fois répandu,
Au sang dont sa valeur a payé votre gloire,
Et qui peut égaler (sans trop m'en faire accroire)
Le sang de Nicéphore autrefois inconnu,
Au rang de mes aïeux aujourd'hui parvenu.

NICÉPHORE.

Je connais votre race, et plus, votre arrogance.
Pour la dernière fois redoutez ma vengeance.
N'obéirez-vous point?

ALEXIS.

Non, seigneur.

NICÉPHORE.

C'est assez.
(Il appelle Memnon à lui par un signe, et lui donne un billet dans le fond du théâtre.)
Servez l'empire et moi, vous qui m'obéissez.

(Il sort.)

SCÈNE III.

ALEXIS, MEMNON.

MEMNON.

Moi, servir Nicéphore !
ALEXIS, *après avoir observé le lieu où il se trouve.*
Il faut d'abord m'apprendre
Ce que dit ce billet que l'on vient de te rendre.

MEMNON.

Voyez.
ALEXIS, *après avoir lu une partie du billet de sang-*
froid.

Dans son conseil l'arrêt était porté !
Et j'aurais dû m'attendre à cette atrocité !
Il se flattait qu'en maître il condamnait Comnène.
Il a signé ma mort.

MEMNON.

Il a signé la sienne.
D'esclaves entouré, ce tyran ténébreux,
Ce despote aveuglé m'a cru lâche comme eux :
Tant ce palais funeste a produit l'habitude
Et de la barbarie et de la servitude !
Tant sur leur trône affreux nos césars chancelans
Pensent régner sans lois, et parler en sultans !
Mais achevez, lisez cet ordre impitoyable.

ALEXIS, *relisant.*

Plus que je ne pensais ce despote est coupable :
Irène prisonnière ! est-il bien vrai, Memnon ?

MEMNON.
Le tombeau, pour les grands, est près de la prison.
ALEXIS.
O ciel... De tes projets Irène est-elle instruite?
MEMNON.
Elle en peut soupçonner et la cause et la suite:
Le reste est inconnu.
ALEXIS.
Gardons de l'affliger,
Et surtout, cher ami, cachons-lui son danger.
L'entreprise bientôt doit être découverte;
Mais c'est quand on saura ma victoire ou ma perte.
MEMNON.
Nos amis vont se joindre à ces braves soldats.
ALEXIS.
Sont-ils prêts à marcher?
MEMNON.
Seigneur, n'en doutez pas:
Leur troupe en ce moment va s'ouvrir un passage.
Croyez que l'amitié, le zèle et le courage
Sont d'un plus grand service, en ces périls pressans,
Que tous ces bataillons payés par des tyrans.
Je les vois avancer vers la porte Sacrée;
L'empereur va lui-même en défendre l'entrée;
Du peuple soulevé j'entends déja les cris.
ALEXIS.
Nous n'avons qu'un moment; je règne, ou je péris:
Le sort en est jeté. Prévenons Nicéphore.
(aux soldats.)
Venez, braves amis, dont mon destin m'honore;

Sous Memnon et sous moi vous avez combattu;
Combattez pour Irène, et vengez sa vertu.
Irène m'appartient; je ne puis la reprendre
Que dans des flots de sang et sous des murs en cendre :
Marchons sans balancer.

SCÈNE IV.

ALEXIS, IRÈNE, MEMNON.

IRÈNE.

Où courez-vous? ô ciel!
Alexis! arrêtez : que faites-vous? cruel!
Demeurez; rendez-vous à mes soins légitimes;
Prévenez votre perte; épargnez-vous des crimes.
Au seul nom de révolte on me glace d'effroi :
On me parle du sang qui va couler pour moi.
Il ne m'est plus permis, dans ma douleur muette,
De dévorer mes pleurs au fond de ma retraite.
Mon père, en ce moment, par le peuple excité,
Revient vers ce palais qu'il avait déserté;
Le pontife le suit; et, dans son ministère,
Du Dieu que l'on outrage atteste la colère.
Ils vous cherchent tous deux dans ces périls pressans.
Seigneur, écoutez-les.

ALEXIS.

Irène, il n'est plus temps :
La querelle est trop grande, elle est trop engagée.
Je les écouterai quand vous serez vengée.

SCÈNE V.
IRÈNE.

Il me fuit! que deviens-je? ô ciel! et quel moment!
Mon époux va périr ou frapper mon amant!
Je me jette en tes bras, ô Dieu qui m'as fait naître!
Toi qui fis mon destin, qui me donnas pour maître
Un mortel respectable et qui reçut ma foi,
Que je devais aimer, s'il se peut, malgré moi!
J'écoutai ma raison; mais mon ame infidèle,
En voulant t'obéir, se souleva contre elle.
Conduis mes pas, soutiens cette faible raison;
Rends la vie à ce cœur qui meurt de son poison;
Rends la paix à l'empire aussi-bien qu'à moi-même.
Conserve mon époux; commande que je l'aime.
Le cœur dépend de toi : les malheureux humains
Sont les vils instrumens de tes divines mains.
Dans ce désordre affreux veille sur Nicéphore :
Et, quand pour mon époux mon désespoir t'implore,
Si d'autres sentimens me sont encor permis,
Dieu, qui sais pardonner, veille sur Alexis [e]!

SCÈNE VI.
IRÈNE, ZOÉ.

ZOÉ.

Ils sont aux mains; rentrez.

IRÈNE.

Et mon père?

ZOÉ.
                              Il arrive;
Il fend les flots du peuple, et la foule craintive
De femmes, de vieillards, d'enfans, qui dans leurs bras
Poussent au ciel des cris que le ciel n'entend pas.
Le pontife sacré, par un secours utile,
Aux blessés, aux mourans, en vain donne un asile:
Les vainqueurs acharnés immolent sur l'autel
Les vaincus échappés à ce combat cruel.
Ne vous exposez point à ce peuple en furie.
Je vois tomber Byzance, et périr la patrie
Que nos tremblantes mains ne peuvent relever;
Mais ne vous perdez pas en voulant la sauver:
Attendez du combat au moins quelque nouvelle.

IRÈNE.
Non, Zoé; le ciel veut que je tombe avec elle:
Non, je ne dois point vivre en nos murs embrasés,
Au milieu des tombeaux que mes mains ont creusés.

FIN DU SECOND ACTE.

ACTE TROISIÈME.

SCÈNE I.

IRÈNE, ZOÉ.

ZOÉ.

Votre unique parti, madame, était d'attendre
L'irrévocable arrêt que le destin va rendre :
Une Scythe aurait pu, dans les rangs des soldats,
Appeler les dangers, et chercher le trépas;
Sous le ciel rigoureux de leurs climats sauvages,
La dureté des mœurs a produit ces usages.
La nature a pour nous établi d'autres lois :
Soumettons-nous au sort; et, quel que soit son choix,
Acceptons, s'il le faut, le maître qu'il nous donne.
Alexis, en naissant, touchait à la couronne;
Sa valeur la mérite; il porte à ce combat
Ce grand cœur et ce bras qui défendit l'état;
Surtout en sa faveur il a la voix publique.
Autant qu'elle déteste un pouvoir tyrannique,
Autant elle chérit un héros opprimé.
Il vaincra, puisqu'on l'aime.

IRÈNE.

                      Eh ! que sert d'être aimé?
On est plus malheureux. Je sens trop que moi-même
Je crains de rechercher s'il est vrai que je l'aime,

D'interroger mon cœur, et d'oser seulement
Demander du combat quel est l'événement,
Quel sang a pu couler, quelles sont les victimes,
Combien dans ce palais j'ai rassemblé de crimes.
Ils sont tous mon ouvrage!

ZOÉ.

     A vos justes douleurs
Voulez-vous du remords ajouter les terreurs?
Votre père a quitté la retraite sacrée
Où sa triste vertu se cachait ignorée :
C'est pour vous qu'il revoit ces dangereux mortels
Dont il fuyait l'approche à l'ombre des autels.
Il était mort au monde; il rentre, pour sa fille,
Dans ce même palais où régna sa famille.
Vous trouverez en lui les consolations
Que le destin refuse à vos afflictions :
Jetez-vous dans ses bras.

IRÈNE.

     M'en trouvera-t-il digne?
Aurai-je mérité que cet effort insigne
Le ramène à sa fille en ce cruel séjour,
Qu'il affronte pour moi les horreurs de la cour?

SCÈNE II.

IRÈNE, LÉONCE, ZOÉ.

IRÈNE.

Est-ce vous qu'en ces lieux mon désespoir contemple?
Soutien des malheureux, mon père! mon exemple!

Quoi! vous quittez pour moi le séjour de la paix!
Hélas! qu'avez-vous vu dans celui des forfaits?
LÉONCE.
Les murs de Constantin sont un champ de carnage.
J'ignore, grace aux cieux, quel étonnant orage,
Quels intérêts de cour, et quelles factions
Ont enfanté soudain ces désolations.
On m'apprend qu'Alexis, armé contre son maître,
Avec les conjurés avait osé paraître.
L'un dit qu'il a reçu la mort qu'il méritait;
L'autre, que devant lui son empereur fuyait:
On croit César blessé; le combat dure encore
Des portes des Sept-Tours au canal du Bosphore:
Le tumulte, la mort, le crime est dans ces lieux:
Je viens vous arracher de ces murs odieux.
Si vous avez perdu dans ce combat funeste
Un empire, un époux, que la vertu vous reste.
J'ai vu trop de Césars, en ce sanglant séjour,
De ce trône avili renversés tour à tour...
Celui de Dieu, ma fille, est seul inébranlable.
IRÈNE.
On vient mettre le comble à l'horreur qui m'accable;
Et voilà des guerriers qui m'annoncent mon sort.

SCÈNE III.

IRÈNE, LÉONCE, ZOÉ, MEMNON; SUITE.

MEMNON.

Il n'est plus de tyran : c'en est fait, il est mort;
Je l'ai vu. C'est en vain qu'étouffant sa colère,
Et tenant sous ses pieds ce fatal adversaire,
Son vainqueur Alexis a voulu l'épargner :
Les peuples dans son sang brûlaient de se baigner.
(s'approchant.)
Madame, Alexis règne; à mes vœux tout conspire;
Un seul jour a changé le destin de l'empire.
Tandis que la victoire en nos heureux remparts
Relève par ses mains le trône des Césars,
Qu'il rappelle la paix, à vos pieds il m'envoie,
Interprète et témoin de la publique joie.
Pardonnez si sa bouche, en ce même moment,
Ne vous annonce pas ce grand événement;
Si le soin d'arrêter le sang et le carnage
Loin de vos yeux encore occupe son courage;
S'il n'a pu rapporter à vos sacrés genoux
Des lauriers que ses mains n'ont cueillis que pour vous.
Je vole à l'hippodrome, au temple de Sophie,
Aux états assemblés pour sauver la patrie.
Nous allons tous nommer du saint nom d'empereur
Le héros de Byzance et son libérateur.

(Il sort.)

SCÈNE IV.

IRÈNE, LÉONCE, ZOÉ.

IRÈNE.

Que dois-je faire ? ô Dieu !

LÉONCE.

Croire un père et le suivre.
Dans ce séjour de sang vous ne pouvez plus vivre
Sans vous rendre exécrable à la postérité.
Je sais que Nicéphore eut trop de dureté;
Mais il fut votre époux : respectez sa mémoire...
Les devoirs d'une femme, et surtout votre gloire.
Je ne vous dirai point qu'il n'appartient qu'à vous
De venger par le sang le sang de votre époux;
Ce n'est qu'un droit barbare, un pouvoir qui se fonde
Sur les faux préjugés du faux honneur du monde :
Mais c'est un crime affreux, qui ne peut s'expier,
D'être d'intelligence avec le meurtrier.
Contemplez votre état : d'un côté se présente
Un jeune audacieux de qui la main sanglante
Vient d'immoler son maître à son ambition;
De l'autre est le devoir et la religion,
Le véritable honneur, la vertu, Dieu lui-même.
Je ne vous parle point d'un père qui vous aime;
C'est vous que j'en veux croire; écoutez votre cœur.

IRÈNE.

J'écoute vos conseils; ils sont justes, seigneur;
Ils sont sacrés : je sais qu'un respectable usage
Prescrit la solitude à mon fatal veuvage.

Dans votre asile saint je dois chercher la paix
Qu'en ce palais sanglant je ne connus jamais :
J'ai trop besoin de fuir et ce monde que j'aime,
Et son prestige horrible... et de me fuir moi-même.
LÉONCE.
Venez donc, cher appui de ma caducité ;
Oubliez avec moi tout ce que j'ai quitté :
Croyez qu'il est encore, au sein de la retraite,
Des consolations pour une ame inquiète.
J'y trouvai cette paix que vous cherchiez en vain ;
Je vous y conduirai ; j'en connais le chemin :
Je vais tout préparer... Jurez à votre père,
Par le Dieu qui m'amène et dont l'œil vous éclaire,
Que vous accomplirez dans ces tristes remparts
Les devoirs imposés aux veuves des Césars.
IRÈNE.
Ces devoirs, il est vrai, peuvent sembler austères :
Mais, s'ils sont rigoureux, ils me sont nécessaires.
LÉONCE.
Qu'Alexis pour jamais soit oublié de nous.
IRÈNE.
Quand je dois l'oublier, pourquoi m'en parlez-vous ?
Je sais que j'aurais dû vous demander pour grace
Ces fers que vous m'offrez, et qu'il faut que j'embrasse.
Après l'orage affreux que je viens d'essuyer,
Dans le port avec vous il faut tout oublier.
J'ai haï ce palais, lorsqu'une cour flatteuse
M'offrait de vains plaisirs et me croyait heureuse :
Quand il est teint de sang, je le dois détester.
Eh ! quel regret, seigneur, aurais-je à le quitter ?

Dieu me l'a commandé par l'organe d'un père ;
Je lui vais obéir, je vais vous satisfaire ;
J'en fais entre vos mains un serment solennel...
Je descends de ce trône, et je marche à l'autel.

LÉONCE.

Adieu : souvenez-vous de ce serment terrible.

(Il sort.)

SCÈNE V.

IRÈNE, ZOÉ.

ZOÉ.

Quel est ce joug nouveau qu'à votre cœur sensible
Un père impose encore en ce jour effrayant ?

IRÈNE.

Oui, je le veux remplir ce rigoureux serment ;
Oui, je veux consommer mon fatal sacrifice.
Je change de prison, je change de supplice.
Toi qui, toujours présente à mes tourmens divers,
Au trouble de mon cœur, au fardeau de mes fers,
Partageas tant d'ennuis et de douleurs secrètes,
Oseras-tu me suivre au fond de ces retraites
Où mes jours malheureux vont être ensevelis ?

ZOÉ.

Les miens dans tous les temps vous sont assujétis.
Je vois que notre sexe est né pour l'esclavage ;
Sur le trône, en tout temps, ce fut votre partage :
Ces momens si brillans, si courts et si trompeurs,
Qu'on nommait vos beaux jours, étaient de longs mal-
Souveraine de nom, vous serviez sous un maître ; [heurs.

Et quand vous êtes libre, et que vous devez l'être,
Le dangereux fardeau de votre dignité
Vous replonge à l'instant dans la captivité!
Les usages, les lois, l'opinion publique,
Le devoir, tout vous tient sous un joug tyrannique.

IRÈNE.

Je porterai ma chaîne... Il ne m'est plus permis
D'oser m'intéresser aux destins d'Alexis :
Je ne puis respirer le même air qu'il respire.
Qu'il soit à d'autres yeux le sauveur de l'empire,
Qu'on chérisse dans lui le plus grand des Césars,
Il n'est qu'un criminel à mes tristes regards ;
Il n'est qu'un parricide ; et mon ame est forcée
A chasser Alexis de ma triste pensée.
Si, dans la solitude où je vais renfermer
Des sentimens secrets trop prompts à m'alarmer,
Je me ressouvenais qu'Alexis fut aimable...
Qu'il était un héros... je serais trop coupable.
Va, ma chère Zoé, va presser mon départ ;
Sauve-moi d'un séjour que j'ai quitté trop tard :
Je vais trouver soudain le pontife et mon père,
Et je marche sans crainte au jour pur qui m'éclaire.

(en voyant Alexis.)

Ciel !

SCÈNE VI.

IRÈNE, ALEXIS; GARDES, *qui se retirent après avoir mis un trophée aux pieds d'Irène.*

ALEXIS.
Je mets à vos pieds, en ce jour de terreur,
Tout ce que je vous dois, un empire et mon cœur.
Je n'ai point disputé cet empire funeste ;
Il n'était rien sans vous : la justice céleste
N'en devait dépouiller d'indignes souverains
Que pour le rétablir par vos augustes mains.
Régnez, puisque je règne, et que ce jour commence
Mon bonheur et le vôtre, et celui de Byzance.

IRÈNE.
Quel bonheur effroyable! Ah, prince! oubliez-vous
Que vous êtes couvert du sang de mon époux?

ALEXIS.
Oui, je veux de la terre effacer sa mémoire[g] ;
Que son nom soit perdu dans l'éclat de ma gloire;
Que l'empire romain, dans sa félicité,
Ignore s'il régna, s'il a jamais été.
Je sais que ces grands coups, la première journée,
Font murmurer la Grèce et l'Asie étonnée ;
Il s'élève soudain des censeurs, des rivaux :
Bientôt on s'accoutume à ses maîtres nouveaux ;
On finit par aimer leur puissance établie :
Qu'on sache gouverner, madame, et tout s'oublie.
Après quelques momens d'une juste rigueur,

Que l'intérêt public exige d'un vainqueur,
Ramenez les beaux jours où l'heureuse Livie
Fit adorer Auguste à la terre asservie.

IRÈNE.

Alexis! Alexis! ne nous abusons pas :
Les forfaits et la mort ont marché sur nos pas;
Le sang crie, il s'élève, il demande justice.
Meurtrier de César, suis-je votre complice?

ALEXIS.

Ce sang sauvait le vôtre, et vous m'en punissez!
Qui? moi! je suis coupable à vos yeux offensés!
Un despote jaloux, un maître impitoyable,
Grace au seul nom d'époux, est pour vous respectable!
Ses jours vous sont sacrés! et votre défenseur
N'était donc qu'un rebelle et n'est qu'un ravisseur!
Contre votre tyran quand j'osais vous défendre,
A votre ingratitude aurais-je dû m'attendre?

IRÈNE.

Je n'étais point ingrate : un jour vous apprendrez
Les malheureux combats de mes sens déchirés;
Vous plaindrez une femme en qui, dès son enfance,
Son cœur et ses parens formèrent l'espérance
De couler de ses ans l'inaltérable cours
Sous les lois, sous les yeux du héros de nos jours;
Vous saurez qu'il en coûte alors qu'on sacrifie
A des devoirs sacrés le bonheur de sa vie.

ALEXIS.

Quoi! vous pleurez! Irène! et vous m'abandonnez!

IRÈNE.

A nous fuir pour jamais nous sommes condamnés.

ACTE III, SCÈNE VI.

ALEXIS.

Eh! qui donc nous condamne? une loi fanatique!
Un respect insensé pour un usage antique,
Embrassé par un peuple amoureux des erreurs,
Méprisé des Césars, et surtout des vainqueurs!

IRÈNE.

Nicéphore au tombeau me retient asservie,
Et sa mort nous sépare encor plus que sa vie.

ALEXIS.

Chère et fatale Irène, arbitre de mon sort,
Vous vengez Nicéphore et me donnez la mort.

IRÈNE.

Vivez, régnez sans moi, rendez heureux l'empire :
Le destin vous seconde; il veut qu'une autre expire.

ALEXIS.

Et vous daignez parler avec tant de bonté!
Et vous vous obstinez à tant de cruauté!
Que m'offrirait de pis la haine et la colère ?
Serez-vous à vous-même à tout moment contraire ?
Un père, je le vois, vous contraint de me fuir :
A quel autre auriez-vous promis de vous trahir ?

IRÈNE.

A moi-même, Alexis.

ALEXIS.

Non, je ne le puis croire,
Vous n'avez point cherché cette affreuse victoire;
Vous ne renoncez point au sang dont vous sortez,
A vos sujets soumis, à vos prospérités,
Pour aller enfermer cette tête adorée
Dans le réduit obscur d'une prison sacrée.

Votre père vous trompe : une imprudente erreur,
Après l'avoir séduit, a séduit votre cœur.
C'est un nouveau tyran dont la main vous opprime :
Il s'immola lui-même, et vous fait sa victime.
N'a-t-il fui les humains que pour les tourmenter?
Sort-il de son tombeau pour nous persécuter?
Plus cruel envers vous que Nicéphore même,
Veut-il assassiner une fille qu'il aime?
Je cours à lui, madame, et je ne prétends pas
Qu'il donne contre moi des lois dans mes états.
S'il méprise la cour, et si son cœur l'abhorre,
Je ne souffrirai pas qu'il la gouverne encore,
Et que de son esprit l'imprudente rigueur
Persécute son sang, son maître et son vengeur.

SCÈNE VII.

IRÈNE, ALEXIS, ZOÉ.

ZOÉ.

Madame, on vous attend : Léonce votre père,
Le ministre du Dieu qui règne au sanctuaire,
Sont prêts à vous conduire, hélas! selon vos vœux,
A cet auguste asile... heureux ou malheureux.

IRÈNE.

Tout est prêt : je vous suis...

ALEXIS.

                    Et moi je vous devance,
Je vais de ces ingrats réprimer l'insolence,
M'assurer à leurs yeux du prix de mes travaux,
Et deux fois en un jour vaincre tous mes rivaux.

SCÈNE VIII.

IRÈNE.

Que vais-je devenir? comment échapperai-je
Au précipice horrible, au redoutable piége
Où mes pas égarés sont conduits malgré moi?
Mon amant a tué mon époux et mon roi;
Et sur son corps sanglant cette main forcenée
Ose allumer pour moi les flambeaux d'hyménée!
Il veut que cette bouche, aux marches de l'autel,
Jure à son meurtrier un amour éternel!
Oui, grand Dieu, je l'aimais; et mon ame égarée
De ce poison fatal est encore enivrée.
Que voulez-vous de moi, dangereux Alexis?
Amant que j'abandonne, amant que je chéris,
Me forcez-vous au crime? et voulez-vous encore
Être plus mon tyran que ne fut Nicéphore?

FIN DU TROISIÈME ACTE.

ACTE QUATRIÈME.

SCÈNE I.
IRÈNE, ZOÉ.

ZOÉ.
Quoi! vous n'avez osé, timide et confondue,
D'un père et d'un amant soutenir l'entrevue!
Ah, madame! en secret auriez-vous pu sentir
De ce départ fatal un juste repentir?

IRÈNE.
Moi!

ZOÉ.
Souvent le danger dont on bravait l'image,
Au moment qu'il approche, étonne le courage :
La nature s'effraie, et nos secrets penchans
Se réveillent dans nous, plus forts et plus puissans.

IRÈNE.
Non, je n'ai point changé; je suis toujours la même,
Je m'abandonne entière à mon père qui m'aime.
Il est vrai, je n'ai pu, dans ce fatal moment,
Soutenir les regards d'un père et d'un amant;
Je ne pouvais parler : tremblante, évanouie,
Le jour se refusait à ma vue obscurcie;
Mon sang s'était glacé; sans force et sans secours,
Je touchais à l'instant qui finissait mes jours.
Rendrai-je grace aux mains dont je suis secourue?

ACTE IV, SCÈNE I.

Soutiendrai-je la vie, hélas! qu'on m'a rendue?
Si Léonce paraît, je sens couler mes pleurs;
Si je vois Alexis, je frémis et je meurs;
Et je voudrais cacher à toute la nature
Mes sentimens, ma crainte, et les maux que j'endure.
Ah! que fait Alexis?

ZOÉ.

Il veut en souverain
Vous replacer au trône et vous donner sa main.
A Léonce, au pontife, il s'expliquait en maître;
Dans ses emportemens j'ai peine à le connaître :
Il ne souffrira point que vous osiez jamais
Disposer de vous-même, et sortir du palais.

IRÈNE.

Ciel, qui lis dans mon cœur, qui vois mon sacrifice,
Tu ne souffriras pas que je sois sa complice!

ZOÉ.

Que vous êtes en proie à de tristes combats!

IRÈNE.

Tu les connais; plains-moi, ne me condamne pas.
Tout ce que peut tenter une faible mortelle,
Pour se punir soi-même, et pour régner sur elle,
Je l'ai fait, tu le sais; je porte encor mes pleurs
Au Dieu dont la bonté change, dit-on, les cœurs.
Il n'a point exaucé mes plaintes assidues;
Il repousse mes mains vers son trône étendues;
Il s'éloigne.

ZOÉ.

Et pourtant, libre dans vos ennuis,
Vous fuyez votre amant.

IRÈNE.
Peut-être je ne puis.
ZOÉ.
Je vous vois résister au feu qui vous dévore.
IRÈNE.
En voulant l'étouffer l'allumerais-je encore?
ZOÉ.
Alexis ne veut vivre et régner que pour vous.
IRÈNE.
Non, jamais Alexis ne sera mon époux.
ZOÉ.
Eh bien! si dans la Grèce un usage barbare,
Contraire à ceux de Rome, indignement sépare
Du reste des humains les veuves des Césars,
Si ce dur préjugé règne dans nos remparts,
Cette loi rigoureuse, est-ce un ordre suprême
Que du haut de son trône ait prononcé Dieu même?
Contre vous de sa foudre a-t-il voulu s'armer?
IRÈNE.
Oui : tu vois quel mortel il me défend d'aimer.
ZOÉ.
Ainsi, loin du palais où vous fûtes nourrie,
Vous allez, belle Irène, enterrer votre vie!
IRÈNE.
Je ne sais où je vais... Humains! faibles humains!
Réglons-nous notre sort? est-il entre nos mains *4*?

SCÈNE II.

IRÈNE, LÉONCE, ZOÉ.

LÉONCE.
Ma fille, il faut me suivre, et fuir en diligence
Ce séjour odieux fatal à l'innocence.
Cessez de redouter, en marchant sur mes pas,
Les efforts des tyrans qu'un père ne craint pas :
Contre ces noms fameux d'auguste et d'invincible,
Un mot, au nom du ciel, est une arme terrible ;
Et la religion, qui leur commande à tous,
Leur met un frein sacré qu'ils mordent à genoux.
Mon cilice, qu'un prince avec dédain contemple,
L'emporte sur sa pourpre, et lui commande au temple.
Vos honneurs, avec moi plus sûrs et plus constans,
Des volages humains seront indépendans ;
Ils n'auront pas besoin de frapper le vulgaire
Par l'éclat emprunté d'une pompe étrangère,
Vous avez trop appris qu'elle est à dédaigner :
C'est loin du trône enfin que vous allez régner.

IRÈNE.
Je vous l'ai déja dit, sans regret je le quitte.
Le nouveau César vient ; je pars, et je l'évite.
(Elle sort.)

LÉONCE.
Je ne vous quitte pas.

SCÈNE III.

ALEXIS, LÉONCE.

ALEXIS.

C'en est trop; arrêtez :
Pour la dernière fois, père injuste, écoutez ;
Écoutez votre maître à qui le sang vous lie,
Et qui pour votre fille a prodigué sa vie,
Celui qui d'un tyran vous a tous délivrés,
Ce vainqueur malheureux que vous désespérez.
Le souverain sacré des autels de Sophie,
Dont la cabale altière à la vôtre est unie,
Contre moi vous seconde, et croit impunément
Ravir, au nom du ciel, Irène à son amant.
Je vous ai tous servis, vous, Irène et Byzance ;
Votre fille en était la juste récompense,
Le seul prix qu'on devait à mon bras, à ma foi,
Le seul objet enfin qui soit digne de moi.
Mon cœur vous est ouvert, et vous savez si j'aime.
Vous venez m'enlever la moitié de moi-même,
Vous qui, dès le berceau nous unissant tous deux,
D'une main paternelle aviez formé nos nœuds ;
Vous, par qui tant de fois elle me fut promise,
Vous me la ravissez lorsque je l'ai conquise¹,
Lorsque je l'ai sauvée, et vous, et tout l'état !
Mortel trop vertueux, vous n'êtes qu'un ingrat.
Vous m'osez proposer que mon cœur s'en détache !
Rendez-la-moi, cruel, ou que je vous l'arrache :

Embrassez un fils tendre, et né pour vous chérir,
Ou craignez un vengeur armé pour vous punir.

LÉONCE.

Ne soyez l'un ni l'autre, et tâchez d'être juste.
Rapidement porté jusqu'à ce trône auguste,
Méritez vos succès... Écoutez-moi, seigneur :
Je ne puis ni flatter ni craindre un empereur ;
Je n'ai point déserté ma retraite profonde
Pour livrer mes vieux ans aux intrigues du monde,
Aux passions des grands, à leurs vœux emportés :
Je ne puis qu'annoncer de dures vérités ;
Qui ne sert que son Dieu n'en a point d'autre à dire :
Je vous parle en son nom comme au nom de l'empire.
Vous êtes aveuglé ; je dois vous découvrir
Le crime et les dangers où vous voulez courir.
Sachez que sur la terre il n'est point de contrée,
De nation féroce et du monde abhorrée,
De climat si sauvage, où jamais un mortel
D'un pareil sacrilége osât souiller l'autel.
Écoutez Dieu qui parle et la terre qui crie :
« Tes mains à ton monarque ont arraché la vie ;
« N'épouse point sa veuve. » Ou si de cette voix
Vous osez dédaigner les éternelles lois,
Allez ravir ma fille, et cherchez à lui plaire,
Teint du sang d'un époux et de celui d'un père :
Frappez...

ALEXIS, *en se détournant.*

Je ne le puis... et, malgré mon courroux,
Ce cœur que vous percez s'est attendri sur vous.
La dureté du vôtre est-elle inaltérable ?

Ne verrez-vous dans moi qu'un ennemi coupable?
Et regretterez-vous votre persécuteur
Pour élever la voix contre un libérateur [k]?
Tendre père d'Irène! hélas! soyez mon père;
D'un juge sans pitié quittez le caractère;
Ne sacrifiez point et votre fille et moi
Aux superstitions qui vous servent de loi;
N'en faites point une arme odieuse et cruelle,
Et ne l'enfoncez point d'une main paternelle
Dans ce cœur malheureux qui veut vous révérer,
Et que votre vertu se plaît à déchirer.
Tant de sévérité n'est point dans la nature:
D'un affreux préjugé laissez là l'imposture;
Cessez...

LÉONCE.

Dans quelle erreur votre esprit est plongé?
La voix de l'univers est-elle un préjugé?

ALEXIS.

Vous disputez, Léonce, et moi je suis sensible.

LÉONCE.

Je le suis comme vous... le ciel est inflexible.

ALEXIS.

Vous le faites parler; vous me forcez, cruel,
A combattre à la fois et mon père et le ciel.
Plus de sang va couler pour cette injuste Irène
Que n'en a répandu l'ambition romaine:
La main qui vous sauva n'a plus qu'à se venger.
Je détruirai ce temple où l'on m'ose outrager;
Je briserai l'autel défendu par vous-même,
Cet autel en tout temps rival du diadème,

ACTE IV, SCÈNE III.

Ce fatal instrument de tant de passions,
Chargé par nos aïeux de l'or des nations,
Cimenté de leur sang, entouré de rapines.
Vous me verrez, ingrat, sur ces vastes ruines,
De l'hymen qu'on réprouve allumer les flambeaux
Au milieu des débris, du sang et des tombeaux.

LÉONCE.

Voilà donc les horreurs où la grandeur suprême,
Alors qu'elle est sans frein, s'abandonne elle-même !
Je vous plains de régner.

ALEXIS.

Je me suis emporté ;
Je le sens, j'en rougis : mais votre cruauté,
Tranquille en me frappant, barbare avec étude,
Insulte avec plus d'art, et porte un coup plus rude.
Retirez-vous ; fuyez.

LÉONCE.

J'attendrai donc, seigneur,
Que l'équité m'appelle et parle à votre cœur.

ALEXIS.

Non, vous n'attendrez point : décidez tout à l'heure
S'il faut que je me venge, ou s'il faut que je meure.

LÉONCE.

Voilà mon sang, vous dis-je, et je l'offre à vos coups.
Respectez mon devoir ; il est plus fort que vous.

(Il sort.)

SCÈNE IV.

ALEXIS.

Que son sort est heureux! assis sur le rivage,
Il regarde en pitié ce turbulent orage
Qui de mon triste règne a commencé le cours.
Irène a fait le charme et l'horreur de mes jours :
Sa faiblesse m'immole aux erreurs de son père,
Aux discours insensés d'un aveugle vulgaire.
Ceux en qui j'espérais sont tous mes ennemis.
J'aime, je suis César, et rien ne m'est soumis !
Quoi! je puis sans rougir, dans les champs du carnage,
Lorsqu'un Scythe, un Germain succombe à mon courage
Sur son corps tout sanglant qu'on apporte à mes yeux,
Enlever son épouse à l'aspect de ses dieux,
Sans qu'un prêtre, un soldat, ose lever la tête !
Aucun n'ose douter du droit de ma conquête;
Et mes concitoyens me défendront d'aimer
La veuve d'un tyran qui voulut l'opprimer[1]!
Entrons.

SCÈNE V.

ALEXIS, ZOÉ.

ALEXIS.
Eh bien! Zoé, que venez-vous m'apprendre?
ZOÉ.
Dans son appartement gardez-vous de vous rendre.
Léonce et le pontife épouvantent son cœur;

Leur voix sainte et funeste y porte la terreur :
Gémissante à leurs pieds, tremblante, évanouie,
Nos tristes soins à peine ont rappelé sa vie.
Des murs de ce palais ils osent l'arracher ;
Une triste retraite à jamais va cacher
Du reste de la terre Irène abandonnée :
Des veuves des Césars telle est la destinée.
On ne verrait en vous qu'un tyran furieux,
Un soldat sacrilége, un ennemi des cieux,
Si, voulant abolir ces usages sinistres,
De la religion vous braviez les ministres.
L'impératrice en pleurs vous conjure à genoux
De ne point écouter un imprudent courroux,
De la laisser remplir ces devoirs déplorables
Que des maîtres sacrés jugent inviolables.

ALEXIS.

Des maîtres où je suis!.. j'ai cru n'en avoir plus.
A moi, gardes, venez.

SCÈNE VI.

ALEXIS, ZOÉ, MEMNON; GARDES.

ALEXIS.

Mes ordres absolus
Sont que de cette enceinte aucun mortel ne sorte :
Qu'on soit armé partout ; qu'on veille à cette porte.
Allez. On apprendra qui doit donner la loi,
Qui de nous est césar, ou le pontife, ou moi.
Chère Zoé, rentrez : avertissez Irène
Qu'on lui doit obéir, et qu'elle s'en souvienne.

(à Memnon.)
Ami, c'est avec toi qu'aujourd'hui j'entreprends
De briser en un jour tous les fers des tyrans :
Nicéphore est tombé; chassons ceux qui nous restent,
Ces tyrans des esprits que mes chagrins détestent.
Que le père d'Irène, au palais arrêté,
Ait enfin moins d'audace et moins d'autorité;
Qu'éloigné de sa fille, et réduit au silence,
Il ne séduise plus les peuples de Byzance;
Que cet ardent pontife au palais soit gardé;
Un autre plus soumis par mon ordre est mandé,
Qui sera plus docile à ma voix souveraine.
Constantin, Théodose, en ont trouvé sans peine :
Plus criminels que moi dans ce triste séjour,
Les cruels n'avaient pas l'excuse de l'amour.

MEMNON *m*.

César, y pensez-vous? ce vieillard intraitable,
Opiniâtre, altier, est pourtant respectable.
Il est de ces vertus que, forcés d'estimer,
Même en les détestant, nous tremblons d'opprimer.
Eh! ne craignez-vous point par cette violence
De faire au cœur d'Irène une mortelle offense?

ALEXIS.

Non; j'y suis résolu... Je vous dois ma grandeur,
Et mon trône, et ma gloire... Il manque le bonheur.
Je succombe, en régnant, au destin qui m'outrage :
Secondez mes transports; achevez votre ouvrage.

FIN DU QUATRIÈME ACTE.

ACTE CINQUIÈME.

SCÈNE I.

ALEXIS, MEMNON.

MEMNON.
Oui, quelquefois, sans doute, il est plus difficile
De s'assurer chez soi d'un sort pur et tranquille,
Que de trouver la gloire au milieu des combats
Qui dépendent de nous moins que de nos soldats.
Je vous l'ai dit : Irène, en sa juste colère,
Ne pardonnera point l'attentat sur son père.

ALEXIS.
Mais quoi! laisser près d'elle un maître impérieux
Qui lui reprochera le pouvoir de ses yeux;
Qui, lui fesant surtout un crime de me plaire,
Et tournant à son gré ce cœur souple et sincère,
Gouvernant sa faiblesse, et trompant sa candeur,
Va changer par degrés sa tendresse en horreur!
Je veux régner sur elle ainsi que sur Byzance,
La couvrir des rayons de ma toute-puissance;
Et que ce maître altier, qui veut donner la loi,
Soit aux pieds de sa fille, et la serve avec moi.

MEMNON.
Vous vous trompiez, César; j'ai prévu vos alarmes;
Vous avez contre vous tourné vos propres armes.
C'en est fait; je vous plains.

ALEXIS.

Tu m'as donc obéi?

MEMNON.

C'était avec regret ; mais je vous ai servi :
J'ai saisi ce vieillard ; et César qui soupire
Des faiblesses d'amour m'apprend quel est l'empire.
Mais, après cette injure auriez-vous espéré
De ramener à vous un esprit ulcéré?
Eh ! pourquoi consulter, dans de telles alarmes,
Un vieux soldat blanchi dans les horreurs des armes?

ALEXIS.

Ah! cher et sage ami, que tes yeux éclairés
Ont bien prévu l'effet de mes vœux égarés !
Que tu connais ce cœur si contraire à soi-même,
Esclave révolté qui perd tout ce qu'il aime,
Aveugle en son courroux, prompt à se démentir,
Né pour les passions et pour le repentir !

(Memnon sort.)

SCÈNE II.

ALEXIS, ZOÉ.

ALEXIS.

Venez, venez, Zoé, vous que chérit Irène ;
Jugez si mon amour a mérité sa haine,
Si je voulais en maître, en vainqueur, en césar,
Montrer l'auguste Irène enchaînée à mon char.
Je n'ordonnerai point qu'une odieuse fête
Au temple du Bosphore avec éclat s'apprête ;
Je n'insulterai point à ces préventions

Que le temps enracine au cœur des nations :
Je prétends préparer cet hymen où j'aspire
Loin d'un peuple importun qu'un vain spectacle attire.
Vous connaissez l'autel qu'éleva dans ces lieux
Avec simplicité la main de nos aïeux :
N'admettant pour garans de la foi qu'on se donne,
Que deux amis, un prêtre, et le ciel qui pardonne,
C'est là que devant Dieu je promettrai mon cœur.
Est-il indigne d'elle? inspire-t-il l'horreur?
Dites-moi par pitié si son ame agitée
Aux offres que je fais recule épouvantée ;
Si mon profond respect ne peut que l'indigner ;
Enfin si je l'offense en la fesant régner.

ZOÉ.

Ce matin, je l'avoue, en proie à ses alarmes,
Votre nom prononcé fesait couler ses larmes :
Mais depuis que Léonce ici vous a parlé,
L'œil fixe, le front pâle, et l'esprit accablé,
Elle garde avec nous un farouche silence ;
Son cœur ne nous fait plus la triste confidence
De ce remords puissant qui combat ses désirs ;
Ses yeux n'ont plus de pleurs, et sa voix de soupirs.
De son dernier affront profondément frappée,
De Léonce et de vous toute entière occupée,
A nos empressemens elle n'a répondu
Que d'un regard mourant, d'un visage éperdu ;
Ne pouvant repousser de sa sombre pensée
Le douloureux fardeau qui la tient oppressée.

ALEXIS.

Hélas! elle vous aime, et sans doute me craint.

Si dans mon désespoir votre amitié me plaint,
Si vous pouvez beaucoup sur ce cœur noble et tendre,
Résolvez-la du moins à me voir, à m'entendre,
A ne point rejeter les vœux humiliés
D'un empereur soumis et tremblant à ses pieds.
Le vainqueur de César est l'esclave d'Irène;
Elle étend à son choix ou resserre sa chaîne :
Qu'elle dise un seul mot.

ZOÉ.

Jusques en ce séjour
Je la vois avancer par ce secret détour.

ALEXIS.

C'est elle-même, ô ciel!

ZOÉ.

A la terre attachée,
Sa vue à notre aspect s'égare effarouchée :
Elle avance vers vous, mais sans vous regarder;
Je ne sais quelle horreur semble la posséder.

ALEXIS.

Irène, est-ce bien vous? Quoi! loin de me répondre,
A peine d'un regard elle veut me confondre!

SCÈNE III.

ALEXIS, IRÈNE, ZOÉ.

IRÈNE.

(Un des soldats qui l'accompagnent lui approche un fauteuil.)

Un siége... je succombe. En ces lieux écartés
Attendez-moi, soldats... Alexis, écoutez.

(d'une voix égale, entrecoupée, mais ferme autant que douloureuse.)
Sachant ce que je souffre, et voyant ce que j'ose,
D'un pareil entretien vous pénétrez la cause,
Et l'on saura bientôt si j'ai dû vous parler:
D'un reproche assez grand je puis vous accabler;
Mais l'excès du malheur affaiblit la colère.
Teint du sang d'un époux vous m'enlevez un père;
Vous cherchez contre vous encore à soulever
Cet empire et ce ciel que vous osez braver.
Je vois l'emportement de votre affreux délire
Avec cette pitié qu'un frénétique inspire;
Et je ne viens à vous que pour vous retirer
Du fond de cet abyme où je vous vois entrer.
Je plaignais de vos sens l'aveuglement funeste:
On ne peut le guérir... un seul parti me reste.
Allez trouver mon père, implorez son pardon;
Revenez avec lui : peut-être la raison,
Le devoir, l'amitié, l'intérêt qui nous lie,
La voix du sang qui parle à son ame attendrie,
Rapprocheront trois cœurs qui ne s'accordaient pas.
Un moment peut finir tant de tristes combats.
Allez : ramenez-moi le vertueux Léonce;
Sur mon sort avec vous que sa bouche prononce:
Puis-je y compter?

ALEXIS.

J'y cours, sans rien examiner.
Ah! si j'osais penser qu'on pût me pardonner,
Je mourrais à vos pieds de l'excès de ma joie.
Je vole aveuglément où votre ordre m'envoie;
Je vais tout réparer : oui, malgré ses rigueurs,

Je veux qu'avec ma main sa main sèche vos pleurs.
Irène, croyez-moi ; ma vie est destinée
A vous faire oublier cette affreuse journée :
Votre père adouci ne reverra dans moi
Qu'un fils tendre et soumis, digne de votre foi.
Si trop de sang pour vous fut versé dans la Thrace,
Mes bienfaits répandus en couvriront la trace ;
Si j'offensai Léonce, il verra tout l'état
Expier avec moi cet indigne attentat.
Vous régnerez tous deux : ma tendresse n'aspire
Qu'à laisser dans ses mains les rênes de l'empire [n].
J'en jure les héros dont nous tenons le jour,
Et ce ciel qui m'entend, et vous, et mon amour.

IRÈNE, *en s'attendrissant et en retenant ses larmes.*

Allez ; ayez pitié de cette infortunée :
Le ciel vous l'arracha ; pour vous elle était née.
Allez, prince.

ALEXIS.

Ah ! grand Dieu, témoin de ses bontés,
Je serai digne enfin de mon bonheur !

IRÈNE.

Partez.

(Il sort.)

(en pleurant.)

Suivez ses pas, Zoé, si fidèle et si chère.

SCÈNE IV.

IRÈNE, *se levant.*

Qu'ai-je dit? qu'ai-je fait? et qu'est-ce que j'espère?
Je ne me connais plus... Tandis qu'il me parlait,
Au seul son de sa voix tout mon cœur s'échappait :
Chaque mot, chaque instant portait dans ma blessure
Des poisons dévorans dont frémit la nature.
(Elle marche égarée et hors d'elle-même.)
Non, ne m'obéis point; non, mon cher Alexis;
N'amène point mon père à mes yeux obscurcis :
Reviens... Ah! je te vois; ah! je t'entends encore :
J'idolâtre avec toi le crime que j'abhorre...
O crime! éloigne-toi... Ciel... quel objet affreux!
Quel spectre menaçant se jette entre nous deux!
Est-ce toi, Nicéphore? Ombre terrible, arrête :
Ne verse que mon sang, ne frappe que ma tête;
Moi seule j'ai tout fait : c'est mon coupable amour,
C'est moi qui t'ai trahi, qui t'ai ravi le jour.
Quoi! tu te joins à lui, toi, mon malheureux père!
Tu poursuis cette fille homicide, adultère!
Fuis, mon cher Alexis; détourne avec horreur
Ces yeux si dangereux, si puissans sur mon cœur!
Dégage de mes mains ta main de sang fumante;
Mon père et mon époux poursuivent ton amante!
Sur leurs corps tout sanglans me faudra-t-il marcher
Pour voler dans tes bras dont on vient m'arracher?
   Ah! je reviens à moi... Religion sacrée,

Devoir, nature, honneur, à cette ame égarée
Vous rendez sa raison, vous calmez ses esprits...
Je ne vous entends plus, si je vois Alexis...
   Dieu, que je veux servir, et que pourtant j'outrage,
Pourquoi m'as-tu livrée à ce cruel orage?
Contre un faible roseau pourquoi veux-tu t'armer?
Qu'ai-je fait? Tu le sais : tout mon crime est d'aimer!
Malgré mon repentir, malgré ta loi suprême,
Tu vois que mon amant l'emporte sur toi-même :
Il règne, il t'a vaincu dans mes sens obscurcis...
Eh bien! voilà mon cœur; c'est là qu'est Alexis :
Oui, tant que je respire il en est le seul maître.
Je sens qu'en l'adorant je vais te méconnaître...
Je trahis et l'hymen, et la nature, et toi...
             (Elle tire un poignard, et se frappe.)
Je te venge de lui, je te venge de moi.
Alexis fut mon dieu; je te le sacrifie :
Je n'y puis renoncer qu'en m'arrachant la vie.
                  (Elle tombe dans un fauteuil.)

SCÈNE V.

IRÈNE, *mourante*; ALEXIS, LÉONCE, MEMNON; SUITE.

ALEXIS.

Je vous ramène un père, et je me suis flatté
Que nous pourrions fléchir sa dure austérité;
Que sa justice enfin, me jugeant moins coupable,
Daignerait... Juste Dieu! quel spectacle effroyable!
Irène, chère Irène...

ACTE V, SCÈNE V.

LÉONCE.

O ma fille! ô fureur!

ALEXIS, *se jetant aux genoux d'Irène.*

Quel démon t'inspirait?

IRÈNE.

(à Alexis.) (à Léonce.)
Mon amour, votre honneur.

J'adorais Alexis, et je m'en suis punie.

(Alexis veut se tuer; Memnon l'arrête.)

LÉONCE.

Ah! mon zèle funeste eut trop de barbarie.

IRÈNE, *leur tendant les mains.*

Souvenez-vous de moi... plaignez tous deux mon sort...
Ciel! prends soin d'Alexis, et pardonne ma mort.

ALEXIS, *à genoux d'un côté.*

Irène! Irène! ah, Dieu!

LÉONCE, *à genoux de l'autre côté.*

Déplorable victime!

IRÈNE.

Pardonne, Dieu clément! ma mort est-elle un crime?

FIN D'IRÈNE.

VARIANTES

DE LA TRAGÉDIE D'IRÈNE.

....
a Le sentiment honteux dont il est tourmenté.
IRÈNE.

S'il cache par orgueil sa frénésie affreuse,
Dans ce triste palais suis-je moins malheureuse ?
Que le suprême rang, toujours trop envié,
Souvent pour notre sexe est digne de pitié !
Le funeste présent de quelques faibles charmes
Nous est vendu bien cher, et payé par nos larmes.
Crois qu'il n'est point de jour, peut-être de moment,
Dont un tyran cruel ne me fasse un tourment.
Sans objet, tu le sais, sa sombre jalousie
Souvent mit en péril ma déplorable vie.
J'en ai vu sans pâlir les traits injurieux :
Que ne les ai-je pu cacher à tous les yeux !
ZOÉ.

Je vous plains ; mais enfin contre votre innocence,
Contre tant de vertus, lui-même est sans puissance.
Je gémis de vous voir nourrir votre douleur.
Que craignez-vous ?... etc.

b S'alarme, se divise et tremble à son retour ;
C'est tout ce que m'apprend une rumeur soudaine
Qui fait naître ou la crainte ou l'espérance vaine,
Qui va de bouche en bouche armer les factions,
Et préparer Byzance aux révolutions.
Pour moi, je sais assez quel parti je dois prendre,
Qui doit me commander, et qui je dois défendre.
Je ne consulte point nos ministres, nos grands,
Leurs intérêts cachés, leurs partis différens ;
J'en croirai seulement mes soldats et moi-même.
Alexis m'a placé, je suis à lui, je l'aime,
Je le sers, et surtout dans ces extrémités

VARIANTES D'IRÈNE.

Memnon sera fidèle au sang dont vous sortez.
Instruit de vos dangers, plein d'un noble courage,
Madame, il ne pouvait différer davantage.
Peut-être j'en dis trop; mais enfin ce retour
Suivra de peu d'instans la naissance du jour.
Les momens me sont chers, pardonnez à mon zèle,
Et souffrez que je vole où mon devoir m'appelle.

SCÈNE III.

IRÈNE, ZOÉ.

IRÈNE.

Que tout ce qu'il m'a dit vient encor m'agiter!
Pour moi dans ce moment tout est à redouter.
Memnon s'explique assez : ah! que vient-il m'apprendre?
Quoi! César alarmé refuse de m'entendre!
Alexis en ces lieux va paraître aujourd'hui,
Et je vois que Memnon est d'accord avec lui.
Les états convoqués dans Byzance incertaine,
Fatiguant dès long-temps la grandeur souveraine,
Troublent l'empire entier par leurs divisions :
Tout ce peuple s'enflamme au feu des factions ;
Et moi, dans mes devoirs à jamais renfermée,
Sourde aux bruyans éclats d'une ville alarmée,
A mon époux soumise, et cachant ma douleur,
Parmi tant de dangers je ne crains que mon cœur!
Peut-être il me prépare un avenir terrible, etc.

C . . . .
Et suis-je un criminel à ses yeux offensés ?
Allez, je le serai plus que vous ne pensez.
J'ai trop été sujet.
IRÈNE.
Je suis réduite à l'être.
Seigneur souvenez-vous que César est mon maître.
ALEXIS.
Non, pour un tel honneur César n'était point né :
Il m'arracha le bien qui m'était destiné.
Il n'en était pas digne... etc.

d Vous régnez aujourd'hui, seigneur, si vous l'osez.
ALEXIS.
Moi! si je l'oserai ? j'y vole en assurance :
Je mets aux pieds d'Irène et mon cœur et Byzance.
J'ai de l'ambition, et je hais l'empereur...
Mais de ces passions qui dévorent mon cœur
Irène est la première : elle seule m'anime ;
Pour elle seule, ami, j'aurais pu faire un crime.
Mais on n'est point coupable en frappant les tyrans.
C'est mon trône, après tout, mon bien que je reprends ;
Il m'enlevait l'empire, il m'ôtait ce que j'aime.
MEMNON.
Je me trompe, seigneur... etc.

e Il y avait dans quelques manuscrits :

Dieu juste, mais clément, veille sur Alexis !

f Quand je dois l'oublier, pourquoi m'en parlez-vous ?
LÉONCE.
Ta douleur m'attendrit, ma fermeté s'étonne ;
Je vois tous tes combats, et je te les pardonne.
Ah ! je n'abuse point ici de mon pouvoir :
L'inexorable honneur a dicté ton devoir.

ALEXIS.
g Ah ! j'avais trop prévu ce reproche terrible :
D'avance il déchirait cette ame trop sensible.
Entraîné, combattu, partagé tour à tour,
Tremblant, presque à regret, j'ai vaincu pour l'amour.
Oui, Dieu m'en est témoin, et je le jure encore :
Toujours dans le combat j'évitais Nicéphore :
Il me cherchait toujours, et lui seul a forcé
Ce bras dont le destin, malgré moi, l'a percé.
Ne m'en punissez pas, et laissez-moi vous dire
Que pour vous, non pour moi, j'ai reconquis l'empire.
Il est à vous, madame ; et je n'ai conspiré
Que pour voir sur vos jours mon amour rassuré.
Mais je veux de la terre effacer... etc.

D'IRÈNE.

h L'auteur a cru devoir retrancher la scène suivante, qui était la seconde du quatrième acte :

IRÈNE, ZOÉ, MEMNON.

MEMNON.

J'apporte à vos genoux les vœux de cet empire.
Tout le peuple, madame, en ce grand jour n'aspire
Qu'à vous voir réunir, par un nœud glorieux,
Les restes adorés du sang de vos aïeux.
Confirmez le bonheur que le ciel nous envoie;
Réparez nos malheurs par la publique joie:
Vous verrez à vos pieds le sénat, les états,
Les députés du peuple et les chefs des soldats,
Solliciter, presser cette union chérie
D'où dépend désormais le bonheur de leur vie.
Assurez les destins de l'empire nouveau
En donnant des Césars formés d'un sang si beau.
Sur ce vœu général que ma voix vous annonce,
On attend qu'aujourd'hui votre bouche prononce;
Et nul vain préjugé ne doit vous retenir.
Périsse du tyran jusqu'à son souvenir!
(Il sort.)

IRÈNE.

Eh bien! tu vois mon sort! suis-je assez malheureuse!
Ce vain projet rendra ma peine plus affreuse.
De céder à leurs vœux il n'est aucun espoir.

i Vous me la refusez lorsque je l'ai conquise!
A trahir ses sermens c'est vous qui la forcez,
Barbare, et c'est à moi que vous la ravissez!
Sur cet heureux lien, devenu nécessaire,
Injustement l'objet d'une rigueur austère,
Sourd à la voix publique, oubliant mon devoir,
L'amour et l'amitié fondaient tout mon espoir.
Ne vous figurez pas que mon cœur s'en détache;
Il faut qu'on me la cède ou que je vous l'arrache.

k Pour élever la voix contre un libérateur,
Oui, je le suis, Léonce, et personne n'ignore
A quelle cruauté se porta Nicéphore.

Mon bras à l'innocence a dû servir d'appui.
Détrôner le tyran sans m'armer contre lui,
Tel était mon dessein : sa fureur éperdue
A poursuivi ma vie, et je l'ai défendue.
Si malgré moi ce fer a pu causer sa mort,
C'est le fruit de sa rage et le crime du sort.
Tendre père d'Irène... etc.

l La veuve d'un tyran qui voulut l'opprimer.
Ah ! c'est trop en souffrir : persécuteurs d'Irène,
Vous qui des passions ne sentez que la haine !
Laissez-moi mon amour ; rien ne peut arracher
De mon cœur éperdu l'espoir d'un bien si cher.
Malgré le fanatisme, et la haine, et l'envie,
Je saurai m'assurer du bonheur de ma vie.
Entrons.

m MEMNON.
Je hais autant que vous ces censeurs intraitables,
Dans leur austérité toujours inébranlables,
Ennemis de l'état, ardens à tout blâmer,
Tyrans de la nature, incapables d'aimer.

ALEXIS.
A ce poste important, non moins que difficile,
J'ai pensé mûrement ; tu peux être tranquille.
Toi qui lis dans mon cœur, il ne t'est point suspect ;
Pour la religion tu connais mon respect.
J'ai fait choix d'un mortel dont la douce sagesse
Ne mettra dans ses soins l'orgueil ni la rudesse :
Pieux sans fanatisme, et fait pour s'attirer
Les cœurs que son devoir l'oblige d'éclairer.
Quand des ministres saints tel est le caractère,
La terre est à leurs pieds, les aime et les révère.

MEMNON.
Les ordres de l'état avilis, abattus,
Vont être relevés, seigneur, par vos vertus ;
Mais songez que Léonce est le père d'Irène,
Et quoiqu'il ait voulu la former pour la haine,
Elle chérit ce père ; et même pour appui
Irène en ce grand jour après vous n'a que lui.
Pardonnez, mais je crains que cette violence
Ne soit au cœur d'Irène une éternelle offense.

» Qu'à laisser dans ses mains les rênes de l'empire.
Oui, mon cœur consolé se partage entre vous,
Irène ; et je reviens son fils et votre époux.
IRÈNE.
Suivez ses pas, Zoé : vous qui me fûtes chère,
Vous le serez toujours.

SCÈNE IV.
IRÈNE.

Eh bien ! que vais-je faire ?
Je ne le verrai plus ! tandis qu'il me parlait,
Au seul son de sa voix tout mon cœur s'échappait.
Il te suit, Alexis : ah ! si tant de tendresse
Par de nouveaux sermens attaquait ma faiblesse,
Cruel ! malgré les miens, malgré le ciel jaloux,
Malgré mon père et moi, tu serais mon époux.
Qu'as-tu dit, malheureuse ! en quel piége arrêtée,
Dans quel gouffre d'horreurs es-tu précipitée !
Regarde autour de toi : vois ton mari sanglant,
Égorgé sous tes yeux des mains de ton amant !
Il était, après tout, ton maître légitime,
L'image de Dieu même : il devient ta victime !
Vois son fier meurtrier, le jour de son trépas
Élevé sur son trône et volant dans tes bras !
Et tu l'aimes, barbare ! et tu n'as pu le taire !
Dans ce jour effrayant de pompe funéraire,
Tu n'attends plus que lui pour étaler l'horreur
De tes crimes secrets consommés dans ton cœur.
Il va joindre à ta main sa main de sang fumante !
Si ton père éperdu devant toi se présente,
Sur le corps de ton père il te faudra marcher
Pour voler à l'amant qu'il te vient arracher.
(Elle fait quelques pas.)
Nature, honneur, devoir, religion sacrée !
Vous me parlez encore, et mon ame enivrée
Suspend à votre voix ses vœux irrésolus...
Si mon amant paraît, je ne vous entends plus...
Dieu que je veux servir ! Dieu puissant que j'outrage,
Pourquoi m'as-tu livrée à ce cruel orage ?

Contre un faible roseau pourquoi veux-tu t'armer ?
Qu'ai-je fait ? Tu le sais : tout mon crime est d'aimer.
(Elle se rassied.)
Malgré mon repentir, malgré ta loi suprême,
Tu vois que mon amant l'emporte sur toi-même :
Il règne, il t'a vaincu dans mes sens obscurcis.
(Elle se relève.)
Eh bien ! voilà mon cœur : c'est là qu'est Alexis.
(Elle tire un poignard.)
Je te venge de lui ; je te le sacrifie ;
Je n'y puis renoncer qu'en m'arrachant la vie.
(Elle se frappe, et tombe sur un fauteuil.)

FIN DES VARIANTES D'IRÈNE.

AGATHOCLE,

TRAGÉDIE EN CINQ ACTES,

Représentée le 31 mai 1779,
jour de l'anniversaire de la mort de M. de Voltaire.

AVERTISSEMENT
DES ÉDITEURS DE L'ÉDITION DE KEHL.

On ne doit regarder cette tragédie que comme une esquisse. Les situations, les scènes sont quelquefois plutôt indiquées que remplies. Les caractères sont heureusement conçus, fortement dessinés; mais les traits ne sont pas terminés, les nuances ne sont point marquées. Cet ouvrage est précieux, parce qu'il montre la manière dont travaillait M. de Voltaire, et qu'il sert à expliquer comment il a pu joindre une fécondité si prodigieuse avec tant de perfection. On voit qu'il retravaillait long-temps ses ouvrages, mais sans jamais s'arrêter sur les détails, sans suspendre la marche, attendant le moment de l'inspiration; sachant qu'on n'y supplée point par des efforts, profitant des instans où son génie avait toutes ses forces pour faire de grandes choses, et ne perdant pas ce temps précieux à corriger un vers, à prévenir une objection; revenant ensuite sur ces objets dans des instans moins heureux et plus tranquilles.

Le jour de la première représentation de cette pièce, M. Brizard prononça un discours où l'on a reconnu la manière d'un philosophe illustre [1], qu'une amitié tendre et constante unissait à M. de Voltaire, et qui a long-temps fait cause commune avec lui contre les ennemis de l'humanité. La Grèce a cultivé à la fois tous les arts et toutes les sciences; mais la première représentation de l'*OEdipe à Colonne* ne fut point annoncée par un discours de Platon.

[1] M. d'Alembert.

DISCOURS

PRONONCÉ

AVANT LA PREMIÈRE REPRÉSENTATION D'AGATHOCLE.

« La perte irréparable que le théâtre, les lettres et la France ont faite l'année dernière, et dont le triste anniversaire vous rassemble aujourd'hui, a été, depuis cette fatale époque, l'objet continuel de vos regrets. Vous avez du moins eu la consolation de voir ce que l'Europe a de plus grand et de plus auguste partager un sentiment si digne de vous; et les honneurs que vous venez rendre à cette ombre illustre vont encore satisfaire et soulager tout à la fois votre juste douleur. Pour donner à cette cérémonie funèbre tout l'éclat qu'elle mérite et que vous désirez, nous avions pensé d'abord à remettre sous vos yeux quelqu'une de ces tragédies immortelles dont M. de Voltaire a si long-temps enrichi la scène, et que vous venez si souvent y admirer; mais dans ce jour de deuil, où le premier besoin de vos cœurs est de déplorer la perte de ce grand homme, nous croyons ajouter à l'intérêt qu'elle vous inspire, en vous présentant la pièce qu'il vous destinait quand la mort est venue terminer sa glorieuse carrière.

« Vous verrez sans doute, messieurs, avec attendrissement l'auteur de *Zaïre* et de *Mérope*, accablé d'années, de travaux et de souffrances, recueillant tout ce qui lui restait de force et de courage pour s'occuper encore de vos plaisirs, au moment où vous alliez le perdre pour jamais; vous connaîtrez tout le prix qu'il mettait à vos suffrages, par les efforts qu'il fesait au bord même du tombeau pour les mériter, efforts qui peut-être ont abrégé une vie si précieuse.

« Un peuple dont le goût éclairé pour les beaux arts revit en vous, le peuple d'Athènes, entouré des chefs-d'œuvre que lui laissaient en mourant les artistes célèbres; semblait, au moment de leurs obsèques, arrêter ses regards avec moins d'intérêt sur ces productions sublimes que sur les ouvrages auxquels ces hommes rares travaillaient encore lorsqu'ils avaient été enlevés à la patrie. Les yeux pénétrans de leurs concitoyens lisaient dans ces respectables restes toute la pensée du génie qui les avait conçus. Ils y voyaient encore attachée la main expirante qui n'avait pu les fuir; et cette douloureuse image leur rendait plus cher l'illustre compatriote qu'ils ne possédaient plus, mais qui jusqu'à la fin de sa vie avait tout fait pour eux.

« Vous imiterez, messieurs, cette nation reconnaissante et sensible, en écoutant l'ouvrage auquel M. de Voltaire a consacré ses derniers instans; vous apercevrez tout ce qu'il aurait fait pour le rendre plus digne de vous être offert; votre équité suppléera à ce que vos lumières pourraient y désirer; vous croirez voir ce grand homme présent encore au milieu de vous, dans cette même salle qui fut soixante ans le théâtre de sa gloire, et où vous-mêmes l'avez couronné par nos faibles mains avec des transports sans exemple; enfin vous pardonnerez à notre zèle pour sa mémoire, ou plutôt vous le justifierez, en rendant à sa cendre les honneurs que vous avez tant de fois rendus à sa personne.

« Quel ennemi des talens et des succès oserait, dans une circonstance si touchante, insulter à la reconnaissance de la nation, et en troubler les témoignages? Ce sentiment vil et cruel ne peut être, messieurs, celui d'aucun Français, et serait d'ailleurs un nouveau tribut que l'envie paierait, sans le vouloir, aux mânes de celui que vous pleurez. »

PERSONNAGES.

AGATHOCLE, tyran de Syracuse.
POLYCRATE,
ARGIDE, } fils d'Agathocle.
YDASAN, vieux guerrier au service de Carthage.
ÉGESTE, officier au service de Syracuse.
YDACE, fille d'Ydasan.
ELPÉNOR, conseiller du roi.
UNE PRÊTRESSE DE CÉRÈS.
SUITE ET SOLDATS.

La scène est dans une place, entre le palais du roi et les ruines d'un temple.

AGATHOCLE,

TRAGÉDIE.

ACTE PREMIER.

SCÈNE I.

YDASAN, ÉGESTE.

ÉGESTE.
De nos malheurs enfin le ciel a pris pitié;
Il resserre aujourd'hui notre antique amitié.
Quand la paix réunit Carthage et Syracuse,
Peux-tu verser des pleurs aux bords de l'Aréthuse ?
Quels que soient nos destins, les lieux où l'on est né
Ont encor des appas pour un infortuné :
Il est doux de rentrer dans sa chère patrie.

YDASAN.
Elle ne m'est plus chère, et sa gloire est flétrie :
Sa lâche servitude, et trente ans de malheurs,
Aigrissent mon courage en m'arrachant des pleurs.
Les volcans de l'Etna, ses cendres, ses abymes,
Ont été moins affreux que ce séjour des crimes;
Le fer que le cyclope a forgé dans leurs flancs
A moins de dureté que le cœur des tyrans.
Va, je hais Syracuse, Agathocle et la vie.

ÉGESTE.

Que veux-tu! dès long-temps la Sicile asservie
De l'heureux Agathocle a reconnu les lois;
Agathocle est compté parmi les plus grands rois.
Le hasard, le destin, le mérite peut-être,
Dispose des états, fait l'esclave et le maître :
Nul homme au rang des rois n'est jamais parvenu
Sans un talent sublime, et sans quelque vertu.
Soyons justes, ami : j'aimai ma république;
Mais j'ai su me plier au pouvoir monarchique.
Né sujet comme nous, dans la foule jeté,
Agathocle a vaincu la dure adversité;
L'adresse, le courage, et surtout la fortune,
L'ont porté dans ce rang dont l'éclat l'importune:
Élevé par degrés au timon de l'état,
Il était déja roi lorsque j'étais soldat.
De ces coups du destin je sais que l'on murmure;
Les grands succès d'autrui sont pour nous une injure:
Mais si le même prix nous était présenté,
Ne dissimulons point, serait-il rejeté?

YDASAN.

Il l'eût été par moi : j'aime mieux, cher Égeste,
Ma triste pauvreté que sa grandeur funeste.
N'excuse plus ton maître, et laisse à ma douleur
La consolation de haïr son bonheur.
Quoi donc! je l'aurai vu, citoyen mercenaire,
Du travail de ses mains nourrissant sa misère;
Et la guerre civile aura, dans ses horreurs,
Mis ce fils de la terre au faîte des grandeurs [1] !
Il règne à Syracuse! et moi, pour mon partage,

Banni de mon pays, et soldat à Carthage,
Blanchi dans les dangers, courbé sous le harnois,
Obscurément chargé d'inutiles exploits,
J'ai vu périr deux fils dans cette guerre inique
Qui désola long-temps la Sicile et l'Afrique.
Après tant de travaux, après tant de revers,
Ma fille me restait; ma fille est dans les fers!
La malheureuse Ydace est au rang des captives
Que l'Aréthuse encor voit pleurer sur ses rives!
C'est ce qui me ramène à ces funestes lieux,
Aux lieux de ma naissance en horreur à mes yeux:
Sans soutien, sans patrie, appauvri par la guerre,
Privé de mes deux fils, je n'ai rien sur la terre
Qu'un débris de fortune à peine ramassé
Pour délivrer l'enfant que les dieux m'ont laissé.
Des premiers jours de paix je saisis l'avantage;
Je reviens arracher Ydace à l'esclavage :
Aux pieds de ton tyran j'apporte sa rançon;
Et, dès que l'avarice ouvrira sa prison,
Je retourne à Carthage achever ma carrière.
Là je ne verrai point, couchés dans la poussière,
Sous les pieds d'un tyran les mortels avilis :
Je mourrai libre au moins... Va, sers dans ton pays.

ÉGESTE.

Tu ne partiras point sans me coûter des larmes.
Sous ce roi que tu hais je porte ici les armes;
Nos devoirs différens n'ont point rompu les nœuds
De la vieille amitié qui nous unit tous deux.
J'ai vu ta fille Ydace; et, partageant ses peines,
Autant que je l'ai pu, j'ai soulagé ses chaînes.

YDASAN.

Tu m'attendris, Égeste... Est-ce auprès de ces murs
Qu'elle traîne ses jours et ses malheurs obscurs?
Où la trouver? comment me rendrai-je auprès d'elle?

ÉGESTE.

Dans les débris d'un temple est sa prison cruelle,
Auprès de cette place, et non loin du séjour,
De ce séjour superbe où le roi tient sa cour.

YDASAN.

Une cour! des prisons! quel fatal assemblage!
Ainsi le despotisme est près de l'esclavage.
Ce palais est bâti des marbres qu'autrefois
L'heureuse liberté consacrait à nos lois.
Ne pourrai-je à mon sang parler sous ces portiques?
Je les ai vus ornés de nos dieux domestiques:
Mais nos dieux ne sont plus... Puis-je au moins présenter
Cette faible rançon que je fais apporter?
Agathocle, ton roi, daignera-t-il m'entendre?

ÉGESTE.

A ce détail indigne il ne veut plus descendre;
Sa grandeur abandonne à l'un de ses enfans
Du lucre des combats les soins avilissans.

YDASAN.

A qui dans ma douleur faut-il que je m'adresse?

ÉGESTE.

A son fils Polycrate, objet de sa tendresse,
Et déja, nous dit-on, nommé son successeur,
Tout indigne qu'il est de cet excès d'honneur.

YDASAN.

Je ne puis voir ce roi?

ACTE I, SCÈNE I.

ÉGESTE.

Sa sombre défiance
A tous les étrangers interdit sa présence;
A regret aux siens même il permet son aspect :
Soit que l'éloignement impose le respect,
Soit que, changé par l'âge, et las du diadème,
Il se dérobe au monde, et se cherche lui-même.
Pour Ydace, ta fille, un ordre injurieux
Ne lui défendra pas de paraître à tes yeux.
Du reste des captifs elle vit séparée,
Au temple de Cérès en secret retirée :
Sa grace, sa beauté, ses charmes plus flatteurs
Que la splendeur de l'or ou celle des grandeurs,
Font voler sur ses pas les cœurs à son passage,
Sans qu'elle ose penser qu'on lui rende un hommage...
Je la vois qui sur nous semble arrêter les yeux
Au milieu des débris du temple de nos dieux :
Elle suit en pleurant cette simple prêtresse
Qui de son esclavage adoucit la tristesse.

YDASAN.

Dans le saisissement que j'éprouve à la voir,
La consolation se mêle au désespoir.
C'est donc vous, ô ma fille! ô malheureuse Ydace!

SCÈNE II.

YDASAN, YDACE, ÉGESTE, LA PRÊTRESSE.

YDACE.

Je baigne de mes pleurs vos genoux que j'embrasse :
Je vous ai vu, mon père, et vers vous j'ai volé.
Chez les Syracusains qui vous a rappelé ?
Y seriez-vous tombé dans mon état funeste ?
Qu'y venez-vous chercher ?

YDASAN.

Le seul bien qui me reste,
(à la prêtresse.)
Mon sang, ma chère fille... O vous, dont la bonté
Tend une main propice à la calamité,
Puisse des justes dieux la justice éternelle
Payer d'un digne prix le noble et tendre zèle
Qui donne aux grands du monde, en ces jours mal-
Un exemple si beau, si peu suivi par eux ! [heureux,

LA PRÊTRESSE.

J'ai rempli faiblement le devoir qui m'engage.

YDASAN.

Je viens sauver ma fille, et la rendre à Carthage :
Protégez-nous.

YDACE.

Hélas ! vos soins sont superflus ;
Je suis esclave.

YDASAN.

Non, tu ne le seras plus ;
Je viens te délivrer.

YDACE.

O le meilleur des pères !
Quoi ! vos bontés pour moi finiraient mes misères !

YDASAN.

Oui, de ta liberté j'ai rassemblé le prix.

YDACE.

Vous, hélas ! de vos biens les malheureux débris
Ne vous laisseraient plus qu'une indigence affreuse !

YDASAN.

Va, sois libre, il suffit, et ma mort est heureuse...
As-tu dans ta prison paru devant le roi ?

YDACE.

Non : comment pourrait-il s'abaisser jusqu'à moi ?
Comment un conquérant, du sein de la victoire,
De la hauteur du trône où resplendit sa gloire,
Pourrait-il distinguer un objet ignoré,
A de communs malheurs obscurément livré ?
Sait-il mon sort, mon nom, l'horreur où l'on me laisse ?
De Cérès en ces lieux cette digne prêtresse
A daigné seulement, dans ma captivité,
Porter sur mon désastre un regard de bonté ;
Ses soins ont adouci ma fortune cruelle :
J'apprends à moins souffrir en souffrant auprès d'elle.

YDASAN.

Je vais trouver ce roi : j'espère que son cœur,
Quoiqu'il soit corrompu par trente ans de bonheur,
Quoique le rang suprême et le temps l'endurcisse,
N'osera devant moi commettre une injustice :
Il se ressouviendra que je fus son égal.

LA PRÊTRESSE.

Il l'a trop oublié.

YDASAN.

Dans son faste royal
Il rougira peut-être en voyant ma misère.

LA PRÊTRESSE.

J'en doute : mais allez, tendre et généreux père.
Que la simple vertu puisse enfin le toucher!
Surtout que de son trône on vous laisse approcher!

SCÈNE III.

YDACE, LA PRÊTRESSE.

YDACE.

De nos dieux méconnus prêtresse bienfesante,
Au malheur qui me suit comme eux compatissante,
Contre un fils du tyran vous qui me protégez;
Vous qui voyez l'abyme où mes pas sont plongés,
Ne m'abandonnez pas.

LA PRÊTRESSE.

Hélas! que puis-je faire?
Des ministres des dieux le triste caractère,
Autrefois vénérable, aujourd'hui méprisé [2],
Ce temple encor fumant, dans la guerre embrasé,
Les autels de Cérès enterrés sous la cendre,
Mes prières, mes cris, pourront-ils vous défendre?

YDACE.

Souffrira-t-on du moins que, loin de ce séjour,
Je retourne à Carthage où je reçus le jour?

ACTE I, SCÈNE III.

LA PRÊTRESSE.

Agathocle en des mains avares, sanguinaires,
A remis le maintien de ses lois arbitraires.
Polycrate son fils commande sur le port;
Les prisons, les vaisseaux, tout ce séjour de mort,
Tout est à lui : le roi lui donne pour partage
Les droits du souverain levés sur l'esclavage.
Les captifs sont traités comme de vils troupeaux
Destinés à la mort, aux cirques, aux travaux,
Aux plaisirs odieux des caprices d'un maître.
Plus fier, plus emporté que le roi n'a pu l'être,
Polycrate vous compte au rang de ces beautés
Qu'il destine à servir ses tristes voluptés.
Amoureux sans tendresse, et dédaignant de plaire,
Féroce en ses désirs ainsi qu'en sa colère,
C'est un jeune lion qui, toujours menaçant,
Veut ravir sa conquête, et l'aime en rugissant.
Non, son père jamais ne fut plus tyrannique
Qu'en nommant héritier ce monstre despotique.

YDACE.

Ah! d'où vient que les dieux, pour moi toujours cruels,
Ont exposé mes yeux à ses yeux criminels?
Entre son frère et lui, ciel! quelle différence!
L'humanité d'Argide égale sa vaillance :
Ce frère vertueux, d'un brigand détesté,
S'est attendri du moins sur ma calamité;
Pourrai-je dans Argide avoir quelque espérance?

LA PRÊTRESSE.

Argide a des vertus, et bien peu de puissance :
Polycrate est le maître; il dévore le fruit

Des travaux d'un vieillard au sépulcre conduit...
Mais avouerai-je enfin mes secrètes alarmes?
Argide est un héros, vos regards ont des charmes;
Et, malgré les horreurs de cet affreux séjour,
L'infortune amollit et dispose à l'amour.
Un prince né pour plaire, et qui cherche à séduire,
Veut sur notre faiblesse établir son empire;
L'innocence succombe aux tendresses des grands;
Et les plus dangereux ne sont pas les tyrans.

YDACE.

Ah! que m'avez-vous dit? Sa bonté généreuse
Serait un nouveau piége à cette malheureuse!
J'aurais Argide à craindre en ma fatale erreur,
Et ma reconnaissance aurait trompé mon cœur!
De ce cœur éperdu touchez-vous la blessure?
Dans l'amas des tourmens que ma jeunesse endure,
En est-il un nouveau dont je ressens les coups?

LA PRÊTRESSE.

L'amour est quelquefois le plus cruel de tous.

YDACE.

Quelle est donc ma ressource? Eh! pourquoi suis-je nee?
Exposée à l'opprobre, aux fers abandonnée,
Le malheur qui me suit entoura mon berceau;
Le ciel me rend un père au bord de son tombeau!
Loin d'Argide et de vous ma timide jeunesse
Ne sera qu'un fardeau pour sa triste vieillesse!
L'espérance me fuit! La mort, la seule mort
Est-elle au moins un terme aux rigueurs de mon sort?
Aurai-je assez de force, un assez grand courage,
Pour courir à ce port au milieu de l'orage?

ACTE I, SCÈNE III.

Vous lisez dans mon cœur, vous voyez mon danger :
Ah! plutôt à mourir daignez m'encourager;
Affermissez mon ame incertaine, affaiblie,
Contre le sentiment qui m'attache à la vie.

LA PRÊTRESSE.

Que ne puis-je plutôt par d'utiles secours
Vous aider à porter le fardeau de vos jours !
Il pèse à tout mortel; et Dieu qui nous l'impose
Veut, nous l'ayant donné, que lui seul en dispose.
De votre ame éperdue il faut avoir pitié :
Attendez tout d'un père et de mon amitié,
Mais surtout de vous-même et de votre courage.
Vous luttez, je le vois, contre un fatal orage :
Dieu se complaît, ma fille, à voir du haut des cieux
Ces grands combats d'un cœur sensible et vertueux.
La beauté, la candeur, la fermeté modeste,
Ont dompté quelquefois le sort le plus funeste.

YDACE.

Je me jette en vos bras : mon esprit désolé
Croit, en vous écoutant, que les dieux m'ont parlé.

FIN DU PREMIER ACTE.

ACTE SECOND.

SCÈNE I.

YDASAN, ARGIDE, POLYCRATE, ÉGESTE.

(Agathocle passe dans le fond du théâtre : il semble parler à ses deux fils Polycrate et Argide; il est entouré de courtisans et de gardes. Ydasan et Égeste sont sur le devant, près du temple.)

YDASAN.
C'est là ce vieux tyran si grand, si redoutable,
Qu'on croit si fortuné! Son âge qui l'accable,
Son front chargé d'ennuis semble dire aux humains
Que le repos du cœur est loin des souverains.
Est-ce lui dont j'ai vu la misérable enfance
Chez nos concitoyens ramper dans l'indigence?
Est-ce Agathocle enfin.... Que d'esclaves brillans
Prêtent leur main servile à ses pas chancelans!
Comme il est entouré! leur troupe impénétrable
Semble cacher au peuple un monstre inabordable.
Sont-ce là ses deux fils dont tu m'as tant parlé?
ÉGESTE.
Oui; tu vois Polycrate à l'empire appelé:
On dit qu'il est plus dur et plus inaccessible
Que ce sombre vieillard autrefois si terrible.
Argide est plus affable; il est grand sans orgueil,
Et sa noble vertu n'a point un rude accueil:

ACTE II, SCÈNE I.

Athène a cultivé ses mœurs et son génie :
Né d'un tyran illustre, il hait la tyrannie.
Vers ces débris du temple ils s'avancent tous deux :
Saisissons ce moment, osons approcher d'eux ;
Mais surtout souviens-toi que Polycrate est maître.

YDASAN.
Devant lui, cher ami, qu'il est dur de paraître !

ÉGESTE.
Oublie, en lui parlant, l'esprit républicain.

YDASAN.
(Il marche vers Polycrate.)
Prince, vous connaissez les droits du genre humain ?

POLYCRATE.
Quel est cet étranger ? quel est ce téméraire ?

YDASAN.
Un homme, un citoyen, un vieux soldat, un père.

POLYCRATE.
Que me demandes-tu ?

YDASAN.
    La justice, mon sang.
Je ne crois point blesser l'éclat de votre rang :
Mais gardez les traités ; rendez la jeune Ydace,
Reste unique échappé des malheurs de ma race :
J'en apporte le prix.

POLYCRATE, *aux siens.*
    Qu'on dérobe à mes yeux
D'un vieillard indiscret l'aspect injurieux.

ARGIDE.
Mon frère, il ne vous fait qu'une juste demande.

POLYCRATE.

Soldats, qu'on obéisse alors que je commande :
Qu'on l'éloigne.

YDASAN.

Ah! grands dieux, rendez-moi donc le temps
Où ma main vous servait et frappait les tyrans.
Faut-il que de mes ans la triste décadence
Me laisse à leurs genoux expirer sans vengeance !

SCÈNE II.

POLYCRATE, ARGIDE.

ARGIDE.

Vous pouviez lui répondre avec plus de bonté;
Mon frère, un vieux soldat doit être respecté.

POLYCRATE.

Non, mon frère : apprenez que je perdrais la vie
Avant que ma captive à mes mains fût ravie.
Ni la sévérité de mon père en courroux,
Ni tous ces vains traités qui parlent contre nous,
Ni les foudres des dieux allumés sur ma tête,
Ne m'ôteraient l'objet dont je fais ma conquête.
Mon esclave est mon bien, rien ne peut m'en priver;
De ces lieux à l'instant je la fais enlever.
(Après l'avoir regardé quelque temps en silence.)
Blâmez-vous ce dessein que mon cœur vous confie ?

ARGIDE.

Qui ? moi ! prétendez-vous que je vous justifie ?
Quel besoin auriez-vous de mon consentement ?
Comment approuverais-je un tel emportement ?

La paix avec Carthage est déja déclarée;
Agathocle aux autels aujourd'hui l'a jurée;
Tous nos concitoyens nous ont été rendus:
Si ce Carthaginois n'a de vous qu'un refus,
Vous rallumez la guerre.

POLYCRATE.

Et c'est à quoi j'aspire;
La guerre est nécessaire à ce naissant empire;
Que serions-nous sans elle?

ARGIDE.

En des temps pleins d'horreurs,
La guerre a mis mon père au faîte des grandeurs :
Pour soutenir long-temps ce fragile édifice,
Il faut des lois, mon frère, il faut de la justice.

POLYCRATE.

Des lois! c'est un vain nom dont je suis indigné!
Est-ce à l'abri des lois qu'Agathocle a régné?
Il n'en connut que deux : la force et l'artifice.
La loi de Syracuse est que l'on m'obéisse.
Agathocle fut maître, et je veux l'égaler.

ARGIDE.

L'exemple est dangereux; il peut faire trembler:
Voyez Crésus en Perse, et Denys à Corinthe.

POLYCRATE, *après l'avoir regardé encore fixement.*

Pensez-vous m'alarmer, m'inspirer votre crainte?
Prétendez-vous instruire Agathocle et son fils?
Je voulais un service, et non pas des avis;
J'avais compté sur vous...

ARGIDE.

Je serai votre frère,

Votre ami véritable, ardent à vous complaire,
Quand vous exigerez de ma foi, de mon cœur,
Tout ce que d'un guerrier peut permettre l'honneur.

POLYCRATE.

Eh bien ! servez-moi donc.

ARGIRE.

Quel dessein vous anime?
Vous voulez que je serve à vous noircir d'un crime?

POLYCRATE.

Un crime ! dites-vous ?

ARGIDE.

Je ne puis autrement
Nommer l'atrocité de cet enlèvement.

POLYCRATE.

Un crime, vous osez...

ARGIDE.

Oui, j'ose vous apprendre
La dure vérité que vous craignez d'entendre.
Et quel autre que moi la dira sans détour?

POLYCRATE.

Va, c'est où t'attendait mon malheureux amour.
Traître! tu n'as pas su me cacher mon injure :
De tes fausses vertus je voyais l'imposture.
Je ne prétendais pas te découvrir mon cœur;
J'ai trop sondé du tien la sombre profondeur;
J'en ai vu les replis; j'ai percé le mystère
Dont tu sais fasciner les regards du vulgaire.
Je voyais dans mon frère un ennemi fatal;
Il veut paraître juste, il n'est que mon rival.
Tu l'es : tu crois cacher d'un masque de prudence

De l'esclave et de toi l'indigne intelligence.
Plus coupable que moi tu m'osais condamner;
Mais tu connais ton frère; il sait peu pardonner.

ARGIDE.

Je te crois; je connais ta féroce insolence;
Tu crois du roi mon père exercer la puissance.
Monté sur les degrés de ce suprême rang,
Es-tu le seul ici qui soit né de son sang?
Tu n'en as que la fange où le ciel le fit naître.
Il a su la couvrir par les vertus d'un maître;
Et tes égaremens, qui l'ont trop démenti,
T'ont remis dans le rang dont il était sorti.

POLYCRATE.

Ils m'ont laissé ce bras pour punir un perfide.

ELPÉNOR, *arrivant*, *à Polycrate*.

Seigneur, le roi vous mande.

POLYCRATE.

Oui, j'obéis... Argide,
Voilà ton dernier trait; mais tremble à mon retour.

(Il sort.)

ARGIDE.

Je t'attends : nous verrons avant la fin du jour
Si la férocité, la menace et l'outrage,
Ou cachaient ta faiblesse, ou montraient ton courage.

SCÈNE III.

ARGIDE, ELPÉNOR.

ELPÉNOR.

Qu'ai-je entendu, seigneur? et quel ardent courroux
Arme à mes yeux surpris et votre frère et vous!
Hélas! je vous ai vus ennemis dès l'enfance;
Mais ai-je dû m'attendre à tant de violence?
Vous me faites frémir.

ARGIDE.

Vos conseils me sont chers;
Mais j'appris de vous-même à braver les pervers:
Je l'appris encor plus dans Sparte et dans Athène,
Elpénor, condamnez ma franchise hautaine;
Mon cœur, je l'avouerai, n'est pas fait pour la cour.

ELPÉNOR.

Il est libre, il est grand; mais, seigneur, si l'amour,
Mêlant à vos vertus ses faiblesses cruelles,
Allume entre vous deux ces fatales querelles!
On le soupçonne au moins.

ARGIDE.

Ah! ne redoutez rien;
Je ne sais point former un indigne lien.
Polycrate, il est vrai, dans sa brûlante audace,
Croit soumettre à ses lois la malheureuse Ydace,
Et je ne puis souffrir ce droit injurieux
Que le sort des combats donne aux victorieux:
J'ose braver mon frère et servir l'innocence.
Non, ce n'est point l'amour qui prendra sa défense;

ACTE II, SCÈNE IV.

Je ne l'ai point connu ; mon cœur jusqu'aujourd'hui
Pour venger la vertu n'a pas besoin de lui.
Elpénor, croyez-moi, s'il faut qu'il m'asservisse,
Il ne peut m'entraîner à rien dont je rougisse.

ELPÉNOR.

Je vous en crois sans peine, et mes regards discrets
De ce cœur généreux respectent les secrets.
Mais, seigneur, je voudrais qu'un peu de complaisance
Pût rassurer du roi la triste défiance :
Il aime votre frère, il vous craint.

ARGIDE.

                        Elpénor,
Il devrait m'estimer ; et j'ose dire encor
Que la voix du public, équitable et sincère,
Pourra me consoler des rebuts de mon père...
Mais quel bruit ! quel tumulte ! et qu'est-ce que je vois !

SCENE IV.

ARGIDE, YDACE, ELPÉNOR, LA PRÊTRESSE.

(On entend un grand bruit derrière la scène ; elle s'ouvre. Ydace paraît, la prêtresse la suit. Le peuple et les soldats avancent au fond du théâtre.)

ARGIDE.

Est-ce Ydace ? Elle-même en ce séjour d'effroi !
Est-ce vous qui fuyez, captive infortunée ?

YDACE.

Par d'horribles soldats indignement traînée,
Arrachée aux autels de mes dieux protecteurs,
Aux mains de la prêtresse à qui dans mes malheurs

Le ciel a confié ma jeunesse craintive,
On me poursuit encore errante, fugitive.
Quand mon père, accablé du poids de mes douleurs,
Allait jusqu'au palais faire parler ses pleurs,
On saisissait sa fille au nom de votre frère...
En cet affreux moment leur troupe sanguinaire
Recule de surprise à votre auguste aspect;
Tant le juste aux pervers imprime de respect!
De ce respect, seigneur, je m'écarte sans doute;
Mais l'horreur où je suis, l'horreur que je redoute,
Sont ma fatale excuse en cette extrémité;
Et de votre grand cœur la noble humanité
Daignera jusqu'au bout, propice à ma misère,
Sauver ma liberté des transports de son frère.

ARGIDE.

Oui, oui, je défendrai contre ce furieux
Ce dépôt si sacré que je reçois des dieux.
Je vous prends sous ma garde au péril de ma vie.

YDACE.

Par vos rares vertus je suis plus asservie
Que par cet esclavage où me réduit le sort.
Je détestais le jour, et j'invoquais la mort;
Je vis par vous...

ARGIDE.

Allez; d'un tyran délivrée,
Revoyez loin de nous votre heureuse contrée.
C'en est fait, belle Ydace... Emportez nos regrets...
De son départ, amis, qu'on hâte les apprêts.

(au peuple qui est dans le fond.)

Nobles Syracusains, secourez l'innocence;

ACTE II, SCÈNE V.

Contre ses ravisseurs embrassez sa défense.
(à la prêtresse.)
Prêtresse de Cérès, unissez-vous à moi;
Parlez au nom des dieux, et surtout de la loi:
Qu'Ydace enfin soit libre, et que de ce rivage
Avec son digne père on la mène à Carthage.
(au peuple.)
Qu'aucun de vous n'exige et qu'il n'ose accepter
Le prix dont ce vieillard la voulait racheter.
Liberté! liberté! tu fus toujours sacrée:
Quand on la met à prix elle est déshonorée.
(à la prêtresse.)
Protégez cet objet que je vous ai rendu;
Aux persécutions dérobez sa vertu;
Qu'elle sorte aujourd'hui de cette terre affreuse.
Ydace! loin de moi vivez long-temps heureuse;
Allez; fuyez surtout loin d'un persécuteur...
En la fesant partir je m'arrache le cœur.
(à Elpénor.)
Me reprocheras-tu que l'amour soit mon maître?
Favori d'Agathocle! apprends à me connaître.
J'honore la vertu, le malheur m'attendrit;
C'est à toi de juger si l'amour m'avilit.

SCÈNE V.

YDACE, LA PRÊTRESSE.

YDACE.
Grands dieux! qui par ses mains brisez mon joug funeste
Est-il dans votre olympe une ame plus céleste?
Et n'est-ce pas ainsi qu'autrefois les mortels,

En s'approchant de vous, méritaient des autels?
(à la prêtresse.)
Hélas! vous fesiez craindre à mon ame offensée
Que sa pure vertu ne fût intéressée!

LA PRÊTRESSE.

Je l'admire avec vous; je crois voir aujourd'hui
Le sang de nos tyrans purifié par lui.

YDACE.

On dit qu'il fut nourri dans Sparte et dans Athènes;
Il en a le courage et les vertus humaines.
Quelle grandeur modeste en offrant ses secours!
Que mon cœur qui m'échappe est plein de ses discours!
Comme en me défendant il s'oubliait lui-même!
A la cour des tyrans est-ce ainsi que l'on aime?
Je n'ai point à rougir de ses soins généreux;
Ils ne sont point l'effet d'un transport amoureux:
Ses sentimens sont purs, et je suis sans alarmes.
Oui, mon bonheur commence.

LA PRÊTRESSE.

Et vous versez des larmes!

YDACE.

Je pleure, je le dois : l'excès de ses bontés,,
Sa gloire, sa vertu... tout m'attendrit...

LA PRÊTRESSE.

Partez.

YDACE.

C'en est fait; retournons aux lieux qui m'ont vu naître.
Faut-il que je vous quitte! Ah! que n'est-il mon maître!

LA PRÊTRESSE.

Croyez-moi, chère Ydace, il vous faut dès ce jour

ACTE II, SCÈNE V.

Fuir ces bords dangereux menacés par l'amour.
Votre cœur attendri veut en vain se contraindre ;
Argide et ses vertus sont pour vous trop à craindre :
Préparons tout, craignons que son frère odieux
Ne ramène le crime en ces funestes lieux.

YDACE.

Dieux ! si vous protégez ce cœur faible et timide ;
Dieux ! ne permettez pas qu'il ose aimer Argide !
Étouffez dans mon sein ces sentimens secrets
Qui livreraient mes jours à d'éternels regrets,
Et de qui, malgré moi, le charme involontaire
Redoublerait encor ma honte et ma misère !

LA PRÊTRESSE.

O cœur pur et sensible, et né dans les malheurs !
Va, crains la vertu même, et fuis loin des grandeurs.

FIN DU SECOND ACTE.

ACTE TROISIÈME.

SCÈNE I.

LA PRÊTRESSE, YDASAN.

YDASAN.
J'ai paru devant lui, je l'ai revu ce roi,
Ce héros autrefois plus inconnu que moi :
De mes chagrins profonds domptant la violence,
J'ai jusqu'à le prier forcé ma répugnance.
Mes traits défigurés par l'outrage du temps,
Ce front cicatricé couvert de cheveux blancs,
Ne l'ont point empêché de daigner reconnaître
Un vieux concitoyen dont les yeux l'ont vu naître.
Je me suis étonné qu'il vît couler mes pleurs
Sans marquer ces dédains qu'inspirent les grandeurs.
Le temps, dont il commence à ressentir l'injure,
Aurait-il amolli cette ame fière et dure ?
D'un regard adouci ce prince a commandé
Qu'on me rendît mon sang que j'ai redemandé.
Polycrate, indigné de l'ordre de son père,
Ne pouvait devant lui retenir sa colère :
Le barbare est sorti la fureur dans les yeux.

LA PRÊTRESSE.
Tout est à redouter de cet audacieux.
Son père a pour lui seul une aveugle tendresse :

Avec étonnement on voit tant de faiblesse.
Ce roi si défiant, si redouté de tous,
Si ferme en ses desseins, du pouvoir si jaloux,
Est mollement soumis, comme un homme vulgaire,
Au superbe ascendant d'un jeune téméraire.
Il n'aime point Argide; il semble redouter
Cette mâle vertu qu'il ne peut imiter :
Ce noble caractère et l'indigne et l'outrage.
Il aime Polycrate, il chérit son image.
Le barbare en abuse; il n'est point de forfaits
Dont son emportement n'ait souillé le palais.
Le père fut tyran, le fils l'est davantage :
Sans la vertu d'Argide, et sans ce fier courage,
Votre sang malheureux, flétri, déshonoré,
Au lâche Polycrate allait être livré.

YDASAN.
Il eût fait cet affront à son malheureux père !

LA PRÊTRESSE.
Il l'osait : mais Argide est un dieu tutélaire,
Un dieu qui, parmi nous aujourd'hui descendu,
Vient consoler la terre et venger la vertu.
Vous lui devez l'honneur, vous lui devez la vie :
Emmenez votre fille. Un barbare, un impie,
Aux lois des nations peut encore attenter;
Son caractère affreux ne sait rien respecter.
Entre le crime et lui mettez les mers profondes;
Qu'un favorable dieu vous guide sur les ondes !
Souvenez-vous de moi sous un ciel plus heureux.

YDASAN.
Vos vertus, vos bontés ont surpassé mes vœux.

Sans doute avec regret de vous je me sépare ;
Mais il me faut sortir de ce séjour barbare ;
Il me faut mourir libre, et j'y cours de ce pas.

SCÈNE II.

LA PRÊTRESSE, YDASAN, ÉGESTE.

ÉGESTE.

Nous sommes tous perdus : ami, n'avance pas ;
La mort est désormais le recours qui nous reste,
Argide, Polycrate, Ydace...

YDASAN.

Ah, cher Égeste !
Ma fille ! Ydace ! parle, et donne-moi la mort.

ÉGESTE.

Nous conduisions Ydace ; elle approchait du port ;
Elle vous attendait pour quitter Syracuse :
Les peuples empressés au bord de l'Aréthuse,
Pleurant de son départ, admirant sa beauté,
Chargeaient le ciel de vœux pour sa prospérité.
Tout à coup Polycrate, écartant tout le monde,
Paraît comme un éclair qui fend la nuit profonde,
Il se saisit d'Ydace, et d'un bras détesté
Il arrache sa proie au peuple épouvanté.
Argide seul, Argide entreprend sa défense ;
Sa fermeté s'oppose à tant de violence :
L'infame ravisseur, un poignard à la main,
Sur ce jeune héros s'est élancé soudain :
Argide a combattu ; mais avec quel courage !
On croyait voir un dieu contre un monstre sauvage.

ACTE III, SCENE II.

Polycrate vaincu tombe et meurt à ses pieds:
Les cris des citoyens jusqu'au ciel envoyés
En portent à l'instant la nouvelle à son père,
Tandis qu'en son triomphe oubliant sa colère,
Le vainqueur attendri secourt en gémissant
Le farouche ennemi qui meurt en menaçant.

YDASAN.

Tu ne m'as rien appris qui ne nous soit propice.
Nous sommes tous vengés.

LA PRÊTRESSE.

Le ciel a fait justice;
C'est un tyran de moins dans nos calamités.

YDASAN.

Quittons ces lieux, marchons... Qu'ai-je à craindre ?

ÉGESTE, *l'arrêtant.*

Écoutez:
Le roi, qui dans ce fils mit sa seule espérance,
Accourt sur le lieu même, en nous criant : «Vengeance !
« Mon fils dénaturé vient d'égorger mon fils ! »
Ses farouches soldats s'assemblent à ses cris;
Le peuple se disperse, et fuit d'un pas timide.
Agathocle éperdu fait arrêter Argide;
On saisit votre fille, et, dans son trouble affreux,
Le roi désespéré vous a proscrits tous deux.

YDASAN.

Ma fille, ton seul nom déchire mes entrailles !
J'espérais de mourir dans les champs de batailles :
Sous le fer des bourreaux allons-nous expirer?
Il faut qu'un vieux soldat meure sans murmurer.
Mais toi?

ÉGESTE.
S'il commettait cette horrible injustice,
Je ne puis, Ydasan, que vous suivre au supplice :
Le pouvoir despotique est maître de nos jours ;
Nous sommes sans appui, sans armes, sans secours...
Mais ne pouvez-vous pas, prêtresse qu'on révère,
Faire parler du moins votre saint caractère ?

LA PRÊTRESSE.
Ce temps n'est plus : j'ai vu que des dieux autrefois
On respectait l'empire, on écoutait la voix ;
Le remords arrêtait sur le bord de l'abyme ;
La justice éternelle épouvantait le crime...
Sur nos dieux abattus les tyrans élevés,
De nos biens enrichis, de nos pleurs abreuvés,
A nos antiques droits ont déclaré la guerre :
La rapine et l'orgueil sont les dieux de la terre.

ÉGESTE.
Séparons-nous : on vient. C'est Agathocle en pleurs :
Comme vous il est père, et je crains ses douleurs ;
La vengeance les suit.

SCÈNE III.

AGATHOCLE; SUITE.

AGATHOCLE.
Qu'on ôte de ma vue
Ce malheureux objet qui m'indigne et me tue :
Sur elle et sur son père ayez les yeux ouverts ;
Qu'ils soient tous deux gardés, qu'ils soient chargés de
Amenez devant moi ce criminel Argide.   [fers.

ACTE III, SCÈNE III.

UN OFFICIER.

Votre fils?

AGATHOCLE.

Lui! mon fils? non... mais ce parricide.
Mon fils est mort!
(On amène Argide enchaîné; suite. Égeste éloigné avec les gardes.)
(à Argide.)
Cruel! il est mort par tes coups,
Et tu braves encor mes pleurs et mon courroux;
Et ce peuple aveuglé, qu'a séduit ton audace,
Applaudit à ton crime et demande ta grace!

ARGIDE.

Seigneur, le peuple est juste.

AGATHOCLE.

Il va voir aujourd'hui
Que son malheureux prince est plus juste que lui:
Traître! je t'abandonne aux lois que j'ai portées.

ARGIDE.

Si par l'équité seule elles furent dictées,
Elles décideront qu'en ce triste combat
J'ai sauvé l'innocence, et peut-être l'état.
Le nom de loi m'est cher, et ce nom me rassure.

AGATHOCLE.

Tu redoubles ainsi ton crime et mon injure!
Tu ne m'aimas jamais, et crois me désarmer?

ARGIDE.

Mon cœur toujours soumis cherchait à vous aimer:
Il est pur, il n'a point de reproche à se faire.
Ce cœur s'est soulevé quand j'ai tué mon frère;
De la nature en moi j'ai senti le pouvoir:

Mais il fallait combattre, et j'ai fait mon devoir:
J'ai puni des forfaits, j'ai vengé l'innocence;
Elle n'avait que moi, seigneur, pour sa défense.
Le cruel m'a forcé de lui percer le flanc.
Suivez votre courroux, baignez-vous dans mon sang:
Si dans ce jour affreux les remords peuvent naître,
Je n'en dois point sentir... vous en aurez peut-être.

AGATHOCLE.

Quoi! ton farouche orgueil ose encor m'insulter!

ARGIDE.

Je ne sais que vous plaindre et que vous respecter.

AGATHOCLE, *en gémissant.*

Tu m'arraches mon fils!

ARGIDE.

J'ai défendu ma vie,
Et je vous ai servi, vous, dis-je, et ma patrie.

AGATHOCLE.

Fuis de mes yeux, barbare; attends ton juste arrêt.

ARGIDE.

Vous êtes souverain, commandez; je suis prêt.

(On l'emmène.)

SCÈNE IV.

AGATHOCLE; GARDES.

AGATHOCLE.

Que vais-je devenir? dans quel trouble il me jette!
Quoi donc! sa fermeté tranquille et satisfaite,
D'un œil indifférent, d'un bras dénaturé,

ACTE III, SCÈNE IV.

Vient tourner le poignard dans mon cœur déchiré!
Voilà les dignes fruits de la fausse sagesse
Que les Syracusains cherchèrent dans la Grèce!
Ils en ont rapporté le mépris de mes lois,
Celui de la mort même, et la haine des rois.
Je n'ai donc plus d'enfans! Ma vieillesse accablée
Va descendre au tombeau sans être consolée :
Ma gloire, ce fantôme inutile au bonheur,
Illustrant ma disgrace en augmente l'horreur.
Que me fait cette gloire et ma grandeur suprême?
Je suis privé de tout et réduit à moi-même.
Dans les jours malheureux qui peuvent me rester,
Je lis un avenir qui doit m'épouvanter.
C'est à moi de mourir; mais au moins je me flatte
Que tous les assassins de mon fils Polycrate
Subiront avec moi le plus juste trépas.
  (à un garde.)
Vous, veillez sur Argide, et marchez sur ses pas.
  (à un autre.)
Vous, répondez d'Ydace, et surtout de son père.
  (à un autre.)
Que l'on cherche Elpénor. Un conseil salutaire
De son expérience est toujours l'heureux fruit;
Ses yeux m'éclaireront dans cette affreuse nuit.
  (à un officier.)
Soutenez-moi; mon ame, en ses transports funestes,
De ma force épuisée a consumé les restes;
Je ne me connais plus... Dieu des rois et des dieux!
Dieu qu'annonçait Platon chez nos grossiers aïeux,
Je t'invoque à la fin, soit raison, soit faiblesse.
Si tu règnes sur nous, si ta haute sagesse

Prend soin, du haut des cieux, du destin des états,
Si tu m'as élevé, ne m'abandonne pas.
Je t'imitai du moins en fondant un empire,
En y donnant des lois; et ma douleur n'aspire,
Au bout de la carrière où je touche aujourd'hui,
Qu'à venger mon cher fils, qu'à tomber avec lui.

FIN DU TROISIÈME ACTE.

ACTE QUATRIÈME.

SCÈNE I.

YDACE, LA PRÊTRESSE; GARDES, *dans le fond*.

YDACE[1].

Non, je ne cache plus ma tendresse fatale;
Je l'aimais, je l'avoue, et l'amour nous égale.
Non, ne ménagez plus ce cœur né pour souffrir;
J'appris à vivre esclave, et j'apprends à mourir;
Ne me déguisez rien, je pourrai tout entendre.
Je sais que dans ces lieux le roi devait se rendre;
C'est un père outragé, c'est un maître absolu:
On dit qu'il a parlé; mais qu'a-t-il résolu?

LA PRÊTRESSE.

Il flottait incertain; son ame s'est montrée
De douleur affaiblie et de sang altérée.
Tantôt par un seul mot il nous glaçait d'horreur,
Et surtout son silence inspirait la terreur;
Tantôt la profondeur de sa sombre pensée
Échappait aux regards d'une foule empressée.
Il soupire, il menace; il se calme, il frémit:
Pour le seul Elpénor on croit qu'il s'adoucit.

---

[1] Ici Ydace ne doit plus se contenir dans les bornes d'une douleur modeste; elle doit paraître en désordre, les cheveux épars, et éclater en sanglots.

Autour de lui rangés ses courtisans le craignent,
Et dans son désespoir il en est qui le plaignent.

YDACE.

Ils plaignent un tyran! bas esprits! vils flatteurs!
Ils n'osent plaindre Argide! ils lui ferment leurs cœurs!
Ils croiraient faire un crime en prenant sa défense.

LA PRÊTRESSE.

L'affliction du maître impose à tous silence.

YDACE, *en poussant un cri, et en pleurant.*

Ah! parlez-moi du moins, répondez à mes cris :
Est-il vrai qu'Agathocle ait condamné son fils?

LA PRÊTRESSE.

Le bruit en a couru.

YDACE.

Je me meurs.

LA PRÊTRESSE.

Chère Ydace!
Ah! revenez à vous! un père qui menace
Ne frappe pas toujours. Ma fille, rassurez,
Ranimez vos esprits par le trouble égarés;
Écartez de votre ame une image si noire.

YDACE.

Argide est condamné!

LA PRÊTRESSE.

Non, je ne le puis croire.

YDACE.

Je ne le crois que trop... C'en est fait.

LA PRÊTRESSE.

C'est ici

Que du sort qui l'attend on doit être éclairci :
L'instant fatal approche ; Agathocle s'avance ;
Il paraît qu'Elpénor lui parle en assurance.
Attendons un moment dans ces lieux retirés ;
Ils furent en tout temps des asiles sacrés :
Méprisés de nos grands, le peuple les révère :
J'y vois déja venir votre malheureux père.

YDACE.

De votre saint asile on viendra l'arracher ;
Aux regards du tyran qui pourra se cacher ?

SCÈNE II.

AGATHOCLE, *d'un côté, suivi d'*ELPÉNOR;
YDASAN, YDACE, LA PRÊTRESSE, *de
l'autre côté, retirés dans les ruines du temple.*

AGATHOCLE, *à Elpénor.*

Oui, te dis-je, le traître irritait ma colère ;
Dans ses respects forcés il insultait son père :
On eût dit, en voyant Argide auprès de moi,
Que j'étais le coupable, et qu'Argide était roi.
L'insolent à mes yeux se vantait de son crime ;
Le meurtre de son frère est, dit-il, légitime :
Il a servi l'état en m'arrachant mon fils !
(Il s'assied.)
C'en est trop ! qu'on me venge... Elpénor, obéis.
Qu'on me venge... Soldats, n'épargnez plus Argide :
Il faut enfin qu'un roi punisse un parricide.
Qu'il meure.

LA PRÊTRESSE, *sortant de l'asile, et se jetant aux genoux d'Agathocle.*

Non, seigneur, non, vous ne voudrez pas
De deux fils en un jour contempler le trépas;
Vous n'immolerez point la moitié de vous-même.
De mes dieux méprisés la majesté suprême
Ne parle point ici par ma débile voix;
Je n'attesterai plus leur justice et leurs lois:
Je sais trop qu'à pas lents la vengeance éternelle
Poursuit des méchans rois la tête criminelle,
Et que souvent la foudre éclate en vains éclats
Pour des cœurs endurcis qui ne la craignent pas.
Mais ne vous perdez point dans un jour si funeste;
Ne vengez point un fils sur un fils qui vous reste,
Et ne vous privez point de l'unique secours
Que le ciel vous gardait dans vos malheureux jours.

YDASAN.

Cruel! peux-tu frapper une fille innocente!

YDACE.

J'apporte ici ma tête, et votre main sanglante
Me sera favorable en me fesant mourir.
Mais voyez les horreurs où vous allez courir:
Le fils dont vous pleurez la mort trop méritée
Avait une ame atroce et du crime infectée,
Et, jaloux de son frère, allait l'assassiner;
Le fils qu'un père injuste ose ici condamner
Est un héros, un dieu qui nous a fait justice.
Si vous vous obstinez à vouloir son supplice,
Voyez déja ce sang, répandu par vos mains,
Soulever contre vous les dieux et les humains:

ACTE IV, SCÈNE III.

Vous serez détesté de toute la nature,
Détesté de vous-même... et l'ame auguste et pure,
L'ame du grand Argide en vain du haut des cieux
Implorera pour vous la clémence des dieux;
Ils suivront votre exemple; ils seront sans clémence;
Ce sang si précieux criera plus haut vengeance.
La vérité se montre à vos yeux détrompés;
Elle a conduit nos voix... J'attends la mort; frappez.

AGATHOCLE.

Quoi! ces trois ennemis insultent à ma perte!
Quoi! sous leurs pas tremblans quand la tombe est ou-
Ils déchirent encor ce cœur désespéré!   [verte,
Qu'on les fasse sortir.
(On les emmène.)

SCÈNE III.

AGATHOCLE, ELPÉNOR.

AGATHOCLE.

              Mon esprit égaré
De tout ce que j'entends reçoit d'affreux présages.
Ami, durant trente ans de travaux et d'orages,
Par des périls nouveaux chaque jour éprouvé,
Jamais jour plus affreux pour moi ne s'est levé.
Mon fils eut des défauts; l'amitié paternelle
Ne m'en figurait pas une image infidèle:
Mais son courage altier secondait mes desseins;
Il soutenait le trône établi par mes mains;
Et, s'il faut à tes yeux découvrir ma pensée,

De ce trône sanglant ma vieillesse lassée
Allait le résigner à mon malheureux fils.
Tu vois de quels effets mes projets sont suivis.
Mon cœur s'ouvre à tes yeux ; ouvre le tien de même ;
Dis-moi la vérité : je la crains, mais je l'aime.
Est-il vrai que mes fils se disputaient tous deux
Cette jeune beauté, cet objet dangereux,
Cette esclave ?

ELPÉNOR.

On prétend qu'ils ont brûlé pour elle :
Cet amour a produit leur sanglante querelle,
Elle a causé la mort du fils que vous pleurez.
Polycrate, au mépris de vos ordres sacrés,
En portant sur Ydace une main téméraire,
A levé le poignard sur son malheureux frère.
Argide a du courage ; il n'a point démenti
Le pur sang d'un héros dont on le voit sorti.
Je gémis avec vous que ce fils intrépide
Avec tant de vertu ne soit qu'un parricide ;
Mais Polycrate enfin fut l'injuste agresseur.

AGATHOCLE.

Tous deux sont criminels : ils m'ont percé le cœur.
L'un a subi la mort, et l'autre la mérite :
Contre le meurtrier tu sais que tout m'irrite.
Sa faveur populaire avait dû m'alarmer ;
Il m'offensait surtout en se fesant aimer :
Son nom s'agrandissait des débris de ma gloire.
En vain dans l'Occident les mains de la Victoire
Du laurier des héros m'ont cent fois couronné,
Dans ma triste maison j'étais abandonné...

Je le suis pour jamais. Je sens trop que l'envie
Des tourmens que j'éprouve est à peine assouvie ;
On me hait ; et voilà le trait envenimé
Qui perce un cœur flétri dans l'ennui consumé...
Mais Argide est mon fils.

ELPÉNOR.

Et j'ose encor vous dire
Qu'il fut digne de l'être et digne de l'empire,
Incapable de feindre ainsi que de flatter,
De souffrir un affront et de le mériter,
Vertueux et sensible...

AGATHOCLE.

Ah ! qu'oses-tu prétendre ?
Lui sensible ! A mes pleurs a-t-il daigné se rendre ?
Du meurtre de son frère avait-il des remords ?
A-t-il pour me fléchir tenté quelques efforts ?
Eh ! n'a-t-il pas bravé la douleur de son père ?

ELPÉNOR.

Il est trop de fierté dans ce grand caractère ;
Il ne sait point plier.

AGATHOCLE.

Je dois savoir punir.

ELPÉNOR.

Ne vous préparez point un horrible avenir :
La nature a parlé ; sa voix est toujours tendre.

AGATHOCLE.

Le cri de la vengeance aussi se fait entendre.
Je dois tout à mon trône ! ô trône ensanglanté !
Si brillant, si funeste, et si cher acheté !
Grandeur éblouissante et que j'ai mal connue !

Jusqu'à quand votre éclat séduira-t-il ma vue?

ELPÉNOR.

Du trouble où je vous vois que faut-il augurer?
Qu'ordonnez-vous d'un fils?

AGATHOCLE.

Laisse-moi respirer.

FIN DU QUATRIÈME ACTE.

ACTE CINQUIÈME.

SCÈNE I.

LA PRÊTRESSE, YDASAN, *auprès du temple sur le devant du théâtre;* GARDES, *dans le fond.*

LA PRÊTRESSE.
Exemples étonnans des caprices du sort!
L'un à l'autre inconnus dans ce séjour de mort,
Sous le fer d'un tyran la prison nous rassemble,
Et je ne vous ai vu que pour mourir ensemble!
O père infortuné! c'est dans ces mêmes lieux,
Dans ce temple où jadis ont descendu nos dieux;
C'est parmi les débris de leurs autels en cendre,
Que le roi va paraître, et l'arrêt doit se rendre!
Agathocle a voulu que sa servile cour
Solennise avec lui ce déplorable jour.
C'est une fête auguste; et son ame affligée
Croit par ce grand éclat sa perte mieux vengée:
Il croit apprendre mieux au peuple épouvanté
Que le sang d'un tyran doit être respecté.
Sous sa puissante voix il faut que tout fléchisse,
Et ce spectacle horrible on l'appelle justice!
YDASAN.
Prêtresse, croyez-moi, ce violent courroux,
Rassasié de sang, n'ira point jusqu'à vous.

Il est, n'en doutez pas, des barrières sacrées
Dont on ne franchit point les bornes révérées.
Un tyran craint le peuple; et ce peuple, à mes yeux,
Tout corrompu qu'il est, respecte en vous ses dieux.
De ma fille, après tout, vous n'êtes point complice;
C'est assez qu'avec elle un malheureux périsse :.
C'est ma seule prière; et le coup qui m'attend
Ne peut précipiter ma mort que d'un moment.
Je vous quitte attendri; pardonnez à mes larmes.

LA PRÊTRESSE.

On ne les permet point : ces délateurs en armes
Vont à notre tyran rapporter nos discours.

YDASAN.

Je le sais; c'est l'usage établi dans les cours.
Grands dieux! je vois paraître Argide avec Ydace!

SCÈNE II.

YDASAN, LA PRÊTRESSE, ARGIDE, YDACE;
GARDES ET ASSISTANS, *dans le fond.*

ARGIDE.

On le permet; je viens chercher ici ma grace.

YDASAN.

Seigneur, que dites-vous?

ARGIDE.

                    Contre son ravisseur
J'ai défendu ta fille et vengé son honneur;
J'ai fait plus : je l'aimais; et, m'immolant pour elle,
Je m'imposais moi-même une absence éternelle.
Je te demande ici le prix de la vertu

ACTE V, SCÈNE II.

Pour qui je vais mourir, pour qui j'ai combattu.
J'étouffais mon amour, et je n'ai pu prétendre
(Malheureux d'être prince) à devenir ton gendre :
Mais enfin de ce nom je suis trop honoré ;
Je veux dans mon tombeau porter ce nom sacré...
Ydace, en nous aimant expirons l'un et l'autre ;
Que ma mourante main puisse presser la vôtre ;
Que mes yeux soient encore attachés sur vos yeux ;
Que la divinité qui nourrit nos aïeux
Préside avec l'hymen à notre heure fatale !

(à la prêtresse.)

O prêtresse ! allumez la torche nuptiale...

(à Ydasan.)

Embrassons-nous, mon père, à nos derniers momens.
Ydace, chère Ydace, acceptez mes sermens ;
Ils sont purs comme vous : nos ames rassemblées
Au ciel qui les forma vont être rappelées ;
Conserve, s'il se peut, équitable avenir,
De l'amour le plus saint l'éternel souvenir !

YDACE, *à Ydasan.*

Les sentimens d'Argide ont passé dans mon ame ;
Son courage m'élève, et sa vertu m'enflamme.
Le nom de son épouse est un titre trop beau
Pour que vous refusiez d'en orner mon tombeau.
Non, Argide, avec vous la mort n'est point cruelle :
La vie est passagère, et la gloire immortelle.

YDASAN.

Ah, mon prince ! ah, ma fille !

LA PRÊTRESSE.

Infortunés époux !

Couple digne du ciel! il est ouvert pour vous;
Il voit un grand spectacle et digne qu'on l'envie,
La vertu qui combat contre la tyrannie [3].

YDASAN.

Chère fille! grand prince! en quel horrible jour,
En quels horribles lieux me parlez-vous d'amour!

Eh bien! je vous unis; eh bien! dieux que j'atteste,
Dieux des infortunés, formez ce nœud funeste;
Et, pour le célébrer, renversez nos tyrans
Dans l'abyme où la foudre a plongé les Titans!
Que le feu de l'Etna dans ses gouffres s'allume!
Que le barbare y tombe, y vive et s'y consume!
Que son juste supplice, à jamais renaissant,
Soit l'éternel vengeur de mon sang innocent;
Et tombe la Sicile et Syracuse en poudre,
Si l'oppresseur du peuple échappait à la foudre!

Voilà mes vœux pour vous, chers et tendres amans,
Et nos chants de l'hymen, et mes derniers sermens.

LA PRÊTRESSE.

Notre heure est arrivée : Agathocle s'avance,
Il ajoute à la mort l'horreur de sa présence.

ARGIDE.

Quoi! sa cour l'environne, et son peuple le suit!

YDASAN.

Quel démon, quel dessein devant nous le conduit?

SCÈNE III.

LES PRÉCÉDENS; AGATHOCLE *entouré de sa cour. Le* PEUPLE *se range sur les deux côtés du théâtre, les* GRANDS *prennent place aux côtés du trône, et sont debout.*

AGATHOCLE [*].

L'équité.... c'est sa voix qui dicte la sentence...
(Il monte sur le trône, et les grands s'asseyent.)
C'est moi qui vous l'annonce : écoutez en silence...
Vous me voyez au trône, et c'est le digne prix
De trente ans de travaux pour l'état entrepris.
J'eus de l'ambition, je n'en fais point d'excuse;
Et si de quelque gloire, aux champs de Syracuse,
Parmi tant de combats, j'ai pu couvrir mon nom,
Cette gloire est le fruit de mon ambition;
Si c'était un défaut, il serait héroïque.
Je naquis inconnu dans votre république :
J'étais dans la bassesse, et je n'ai dû qu'à moi
Les talens, les vertus qui m'ont fait votre roi.
Je n'avais pas besoin d'une origine illustre;
La mienne à ma grandeur ajoute un nouveau lustre.
L'argile par mes mains autrefois façonné
A produit sur mon front l'or qui m'a couronné.
Rassasié de gloire et de tant de puissance,
Enfin j'en ai senti la triste insuffisance...

[*] Ce morceau doit être débité avec beaucoup de noblesse et même d'enthousiasme : il faut surtout observer les pauses qui sont marquées par des points.

Le ciel, je le vois trop, met au fond de nos cœurs
Un sentiment secret au dessus des grandeurs :
Je l'éprouve, et mon ame est assez forte encore
Pour dédaigner l'éclat que le vulgaire adore.
Je puis également, m'étant bien consulté,
Vivre et mourir au trône, ou dans l'obscurité...
 Pour un fils que j'aimais ma prodigue tendresse
Me fesait espérer qu'aux jours de ma vieillesse
De mon puissant empire il soutiendrait le poids;
Je le crus digne enfin de vous donner des lois.
Je m'étais abusé : ces erreurs mensongères
Sont le commun partage et des rois et des pères.
C'est peu de les connaître, il les faut expier...
O mon fils... dans mes bras daigne les oublier...
 (Il tend les bras à Argide, et le fait asseoir à côté de lui.)
Peuples, voilà le roi qu'il vous faut reconnaître :
Je crois tout réparé, je le fais votre maître.
Oui, mon fils, j'ai connu que, dans ce triste jour,
La vertu l'emportait sur le plus tendre amour.
Tu méritais Ydace, ainsi que ma couronne...
Jouis de toutes deux ; ton père te les donne.
 Prêtresse de Cérès, allumez les flambeaux
Qui doivent éclairer des triomphes si beaux ;
Relevez vos autels, célébrez vos mystères
Que j'ai crus trop long-temps à mon pouvoir contraires.
Apprenez à ce peuple à remplir à la fois
Ce qu'il doit à ses dieux, ce qu'il doit à ses rois... 4
 Toi, généreux guerrier, toi, le père d'Ydace !
Puisses-tu voir ton sang renaître dans ma race...
Sers de père à mon fils, rends-moi ton amitié ;

ACTE V, SCÈNE III.

Pardonne au souverain qui t'avait oublié;
Pardonne à ces grandeurs dont le ciel me délivre:
Le prince a disparu; l'homme commence à vivre.

YDACE, *à la prêtresse.*

O dieux!

ÉGESTE.

Quel changement!

YDASAN.

Quel prodige!

YDACE.

Heureux jour!

ARGIDE.

Vous m'étonnez, mon père; et peut-être à mon tour
Je vais dans ce moment vous étonner vous-même...
Vous daignez me céder ce brillant diadème,
Inestimable prix de vos travaux guerriers,
Que vos vaillantes mains ont couvert de lauriers...
J'ose accepter de vous cet auguste partage,
Et je vais à vos yeux en faire un digne usage...
    Platon vint sur ces bords; il enseigna des rois;
Mon cœur est son disciple, et je suivrai ses lois...
Un sage m'instruisit, mais c'est vous que j'imite;
A vivre en citoyen votre exemple m'invite.
Vous êtes au dessus des honneurs souverains;
Vous les foulez aux pieds, seigneur, et je les crains.
Malheur à tout mortel qui se croirait capable
De porter après vous ce fardeau redoutable!
    Peuples, j'use un moment de mon autorité:
Je règne... votre roi vous rend la liberté.

(Il descend du trône.)

Agathocle à son fils vient de rendre justice;
Je vous la fais à tous... Puisse le ciel propice
Commencer dès ce jour un siècle de bonheur,
Un siècle de vertu, plutôt que de grandeur...
O mon auguste épouse! ô noble citoyenne!
Ce peuple vous chérit; vous êtes plus que reine.

FIN D'AGATHOCLE.

NOTES
DE LA TRAGÉDIE D'AGATHOCLE.

¹ Riserit in solio fortunæ filius omnes.
(Hor., lib. II, *sat.* VI.)

² Triste ministerium, quondam venerabile terris.

³ Ecce spectaculum dignum ad quod respiciat intentus operi suo Deus : ecce par Deo dignum, vir fortis cum mala fortuna compositus.
(Senec., *de Providentia*, c. II.)

⁴ . . . . Et qu'il rend à la fois
Ce qu'il doit à son Dieu, ce qu'il doit à ses rois.
(*Athalie*, acte II, scène IV.)

FIN DES NOTES D'AGATHOCLE.

AVIS AU LECTEUR,

IMPRIMÉ DANS PLUSIEURS ÉDITIONS,

A LA SUITE DES TRAGÉDIES.

L'auteur est obligé d'avertir que la plupart de ses tragédies imprimées à Paris chez Duchêne, *au Temple du Goût*, en 1764, avec privilége du roi, ne sont point du tout conformes à l'original; il ne sait pas pourquoi le libraire a obtenu un privilége sans le consulter. Le roi ne lui a certainement pas donné le privilége de défigurer des pièces de théâtre, et de s'emparer du bien d'autrui pour le dénaturer.

Dans la tragédie d'*Oreste*, le libraire du *Temple du Goût* finit la pièce par ces deux vers de Pylade :

> Que l'amitié triomphe en tout temps, en tous lieux,
> Des malheurs des mortels et des *crimes* des dieux.

Ce blasphème est d'autant plus ridicule dans la bouche de Pylade, que c'est un personnage religieux qui a toujours recommandé à son ami d'obéir aveuglément aux ordres de la Divinité. Dans toutes les autres éditions on lit :

> . . . . Et du courroux des dieux.

On ne conçoit pas comment, dans la même tragédie, l'éditeur a pu imprimer, page 237 :

> Je la mets dans vos fers, elle va vous servir.
> C'est m'acquitter vers vous bien moins que la punir.
> Vous, laissez cette cendre à mon juste courroux, etc.

Qui jamais a pu imaginer de mettre ainsi quatre rimes masculines de suite, et de violer si grossièrement les premières règles de la poésie française? Il y a plus encore : le sens est

AVIS AU LECTEUR.

perverti; il y a six vers nécessaires d'oubliés. Il se peut qu'un comédien, pour avoir plus tôt fait, ait écourté et gâté son rôle. Un libraire ignorant achète une mauvaise copie du souffleur de la comédie, et, au lieu de suivre l'édition de Genève, qui est fidèle, il imprime un ouvrage entièrement méconnaissable.

La même sottise se trouve dans la tragédie de *Brutus*, page 282 :

> Je plains tant de vertus, tant d'amour et de charmes.
> Un cœur tel que le sien méritait d'être à vous.
> Abominables lois que la cruelle impose!

Peut-on présenter aux lecteurs un pareil galimatias, et voler ainsi leur argent? Il y a ici trois vers d'oubliés. Telle est la négligence de quelques libraires; ils n'ont ni assez d'intelligence pour comprendre ce qu'ils impriment, ni assez d'honnêteté pour payer un correcteur d'imprimerie : pourvu qu'ils vendent leur marchandise, ils sont contens. Mais bientôt leur mauvaise conduite est découverte, et leurs misérables éditions décriées restent dans leurs boutiques pour leur ruine.

Tancrède est imprimé beaucoup plus infidèlement. L'auteur est obligé de déclarer qu'il y a dans cette pièce beaucoup de vers qu'il n'a jamais ni faits ni pu faire, comme ceux-ci, par exemple :

> Voyant tomber leur chef, les Maures *furieux*
> L'ont accablé de traits dans *leur rage cruelle*.

[1] *L'Orphelin de la Chine* n'est pas moins défiguré. On ne trouve point dans l'édition de Duchêne ces vers que dit Gengis, et qui sont dans toutes les éditions :

> Gardez de mutiler tous ces grands monumens,
> Ces prodiges des arts consacrés par les temps;
> Respectez-les, ils sont le prix de mon courage.
> Qu'on cesse de livrer aux flammes, au pillage,
> Ces archives de lois, ce long amas d'écrits,
> Tous ces fruits du génie, objets de vos mépris.

---

[1] Ceci a déja été remarqué dans l'avertissement qui est à la tête du premier volume du théâtre.

> Si l'erreur les dicta, cette erreur m'est utile ;
> Elle occupe ce peuple et le rend plus docile.

Ce discours est très convenable dans la bouche d'un prince sage, qui parle à des Tartares ennemis des lois et de la science. Voici ce que l'éditeur a mis à la place:

> Cessez de mutiler tous ces grands monumens
> Échappés aux *fureurs des flammes, du pillage.*

Toute la fin de la tragédie de *Zulime* est ridiculement altérée. Une fille qui a trahi, outragé, attaqué son père, qui sent tous ses crimes et qui s'en punit, à qui son père pardonne, et qui s'écrie dans son désespoir : « J'en suis indigne, » doit faire un grand effet. On a tronqué et altéré cette fin, et on finit la pièce par une phrase qui n'est pas même achevée. Les vers impertinens qu'on a mis dans *Olympie* sont dignes d'une telle édition. En voici un qui me tombe sous la main:

> Ne viens point, malheureux, par différens efforts...

En un mot, l'auteur doit, pour l'honneur de l'art, encore plus que pour sa propre justification, précautionner le lecteur contre cette édition de Duchêne, qui n'est qu'un tissu de fautes et de falsifications. Il n'est pas permis de s'emparer des ouvrages d'un homme, de son vivant, pour les rendre ridicules. On a pris à tâche de gâter les expressions, de substituer des liaisons à des scènes plus impertinemment tronquées. Cette manœuvre a été poussée à un tel excès, que les comédiens de province eux-mêmes, révoltés contre la licence et le mauvais goût qui défiguraient la tragédie d'*Olympie,* n'ont jamais voulu la jouer comme on l'a représentée à Paris.

Ce n'est pas assez d'être parvenu à corrompre presque tous les ouvrages qu'un homme a composés pendant plus de cinquante années; tantôt on publie sous son nom de prétendues lettres secrètes, tantôt ce sont des lettres à ses amis du Parnasse, qu'on fabrique en Hollande ou dans Avignon, et puis c'est son porte-feuille retrouvé, que personne ne voudrait ramasser. Granger le libraire met son nom hardiment à un tome de mélanges; un ex-jésuite lui attribue des livres ridicules, et écrit contre ces livres un libelle beaucoup plus ridicule encore, et tout cela se vend à des provinciaux et à des étrangers qui croient acheter ce qu'il y a de plus intéressant dans la littérature française. Il est vrai que toutes ces impertinences tombent et meurent comme des insectes éphémères; mais ces insectes se reproduisent toutes les années. Rien n'est plus aisé à faire qu'un mauvais livre, si ce n'est une mauvaise critique. La basse littérature inonde une partie de l'Europe; le goût se corrompt tous les jours. Il en est à peu près de l'art d'écrire comme de celui de la déclamation: il y a plus de six cents comédiens français répandus dans l'Europe, et à peine deux ou trois qui aient reçu de la nature les dons nécessaires, et qui aient pu approfondir leur art. Combien avons-nous d'écrivains qui à peine savent leur langue, et qui commencent par dire leur avis sur les arts qu'ils n'ont jamais pratiqués; sur l'agriculture, sans avoir possédé un champ; sur le ministère, sans être jamais entrés dans le bureau d'un commis; sur l'art de gouverner, sans avoir pu seulement gouverner leur servante! Combien s'érigent en critiques, qui n'ont jamais pu produire d'eux-mêmes un ouvrage supportable; qui parlent de poésie, et qui ne savent pas seulement la mesure d'un vers! Combien enfin deviennent calomniateurs de profession pour avoir du pain, et vendent des injures à tant la feuille!

LA
FÊTE DE BELLÉBAT.
1725.

AVERTISSEMENT
DES ÉDITEURS DE L'ÉDITION DE KEHL.

Cette lettre contient la description d'une fête donnée à Bellébat, chez M. le marquis de Livry, en 1725.

Le curé de Courdimanche, dans la paroisse de qui le château de Bellébat est situé, était un fort bon homme, à demi fou, qui se piquait de faire des vers et de bien boire, et se prêtait de bonne grace aux plaisanteries dont on le rendait l'objet.

Le ton qui règne dans cette fête, où se trouvaient un grand nombre de jeunes femmes, et dans la description adressée à une princesse jeune et qui n'était point mariée, est un reste de la liberté des mœurs de la régence.

Tous les vers, à beaucoup près, ne sont pas de M. de Voltaire, et ceux qui lui appartiennent sont faciles à distinguer.

LA
FÊTE DE BELLÉBAT.

A SON ALTESSE SÉRÉNISSIME
MADEMOISELLE DE CLERMONT.

Les citoyens de Bellébat ne peuvent vous rendre compte que de leurs divertissemens et de leurs fêtes ; ils n'ont ici d'affaires que celles de leurs plaisirs. Bien différens en cela de monsieur votre frère aîné [1], qui ne travaille tous les jours que pour le bonheur des autres. Nous sommes tous devenus ici poëtes et musiciens, sans pourtant être devenus bizarres. Nous avons de fondation un grand homme qui excelle en ces deux genres ; c'est le curé de Courdimanche : ce bon homme a la tête tournée de vers et de musique, et on le prendrait volontiers pour l'aumônier du cocher de M. de Vertamont [2]. Nous le couronnâmes poëte hier en cérémonie dans le château de Bellébat, et nous nous flattons que le bruit de cette fête magnifique excitera partout l'émulation, et ranimera les beaux arts en France.

On avait illuminé la grande salle de Bellébat, au bout de laquelle on avait dressé un trône sur une table de lansquenet; au dessus du trône pendait à une ficelle imperceptible une grande couronne de laurier, où était renfermée une petite lanterne allumée, qui donnait à la couronne un éclat singu-

---

[1] M. le duc, premier ministre.
[2] C'était un chansonnier du Pont-Neuf, très célèbre alors, comme le Savoyard dont parle Boileau l'avait été de son temps. Depuis, les chansonniers ont quitté le Pont-Neuf pour le théâtre de l'Opéra-Comique.

lier. Monseigneur le comte de Clermont et tous les citoyens de Bellébat étaient rangés sur des tabourets; ils avaient tous des branches de laurier à la main, de belles moustaches faites avec du charbon, un bonnet de papier sur la tête, fait en forme de pain de sucre; et sur chaque bonnet on lisait en grosses lettres le nom des plus grands poëtes de l'antiquité. Ceux qui fesaient les fonctions de grands-maîtres des cérémonies avaient une couronne de laurier sur la tête, un bâton à la main, et étaient décorés d'un tapis vert qui leur servait de mante.

Tout étant disposé, et le curé étant arrivé dans une calèche à six chevaux qu'on avait envoyée au devant de lui, il fut conduit à son trône. Dès qu'il fut assis, l'orateur lui prononça à genoux une harangue dans le style de l'Académie, pleine de louanges, d'antithèses et de mots nouveaux. Le curé reçut tous ces éloges avec l'air d'un homme qui sait bien qu'il en mérite encore davantage; car tout le monde n'est pas de l'humeur de notre reine [1], qui hait les louanges autant qu'elle les mérite. Après la harangue, on exécuta le concert dont on vous envoie les paroles; les chœurs allèrent à merveille, et la cérémonie finit par une grande pièce de vers pompeux, à laquelle ni les assistans, ni le curé, ni l'auteur, n'entendirent rien. Il faudrait avoir été témoin de cette fête pour en bien sentir l'agrément : les projets et les préparatifs de ces divertissemens sont toujours agréables, l'exécution rarement bonne, et le récit souvent ennuyeux.

Ainsi dans les plaisirs d'une vie innocente,
    Nous attendons tous l'heureux jour
    Où nous reverrons le séjour
  De cette reine aimable et bienfesante,
L'objet de nos respects, l'objet de notre amour :

---

[1] Marie Lekzinska, qui venait d'épouser Louis XV. Mademoiselle de Clermont était surintendante de sa maison.

Le plaisir de vivre à sa cour
Vaut la fête la plus brillante.

Le curé de Courdimanche s'étant placé sur le trône qui lui était destiné, tous les habitans de Courdimanche vinrent en cérémonie le haranguer; Voltaire porta la parole. La harangue finie, la cérémonie commença.

UN HABITANT DE COURDIMANCHE *chante.*

Peuples fortunés de Courdimanche,
Devant le curé que tout s'épanche;
A le couronner qu'on se prépare,
De pampres, en attendant la tiare.

(On met une couronne sur la tête du curé.)

LE CHOEUR *chante*[1].

Que l'on doit être
Content d'avoir un prêtre
Qui fait de si beaux vers!
Qu'on applaudisse
Sans cesse à ses nouveaux airs,
A ses concerts.
Qu'à l'église il nous bénisse,
Qu'à table il nous réjouisse;
Que d'un triomphe si doux
Tous les curés soient jaloux!
Mène-t-on dans le monde une vie [2]

---
[1] Sur un air de l'opéra de *Thésée.*
[2] Sur l'air *des vieillards de Thésée.*

Qui soit plus jolie
Qu'à Bellébat !
Ce curé nous enchante :
Lorsqu'à table il chante,
On croirait être au sabbat.
Le démon poétique
Qui rend pâle, étique,
Voltaire le rimeur,
Rend la face
Bien grasse
A ce pasteur.

A ce joyeux curé Bellébat doit sa gloire [1],
Tous les buveurs on lui voit terrasser ;
Mais il ne veut, pour prix de sa victoire,
Que le bon vin que Livry [2] fait verser.
On vient, pour l'admirer, des quatre coins du monde ;
On quitte une brillante cour ;
Partout à sa santé chacun boit à la ronde ;
Mais qui peut voir sa face rubiconde,
Voit sans étonnement l'excès de notre amour.
Triomphez, grand Courdimanche,
Triomphez des plus grands cœurs :
Ce n'est qu'aux plus fameux buveurs
Qu'il est permis de manger votre éclanche [3].

(Une nymphe lui présente un verre de vin.)

---

[1] Sur l'air : *Au généreux Roland*, etc.

[2] Le marquis de Livry, premier maître d'hôtel du roi, qui était de la fête.

[3] Mets que le curé vantait beaucoup.

LA FÊTE DE BELLÉBAT.

UN HABITANT *chante*.

Versez-lui de ce vin vieux,
Silvie,
Versez-lui de ce vin vieux;
Encore un coup, je vous prie,
L'Amour vous en rendra deux.
Vénus permet qu'en ces beaux lieux
Bacchus préside;
Le curé de ce lieu joyeux
Est le druide :
Honneur, cent fois honneur
A ce divin pasteur;
Le plaisir est son guide :
Que les curés d'alentour
Viennent lui faire la cour.

Où trouver la grace du comique [1],
Un style noble et plaisant,
Et du grand et sublime tragique
Le récit tendre et touchant?
Voltaire a-t-il tout cela dans sa manche?
Et lon lan la
Ce n'est pas là
Qu'on trouve cela,
C'est chez le grand Courdimanche.

En fait de cette douce harmonie
Qui charme et séduit les cœurs,
Des maîtres de France ou d'Italie

[1] Sur l'air : *Le Pays de Cocagne*, d'une comédie de Le Grand.

Qui doit passer pour vainqueurs?
Entre Miguel et Lulli le choix penche;
Et lon lan la
Ce n'est pas là
Qu'on trouve cela,
C'est chez le grand Courdimanche.

Salut au curé de Courdimanche;
Oh! que c'est un homme divin!
Sa ménagère est fraîche et blanche;
Salut au curé de Courdimanche :
Sûr d'une soif que rien n'étanche,
Il viderait cent brocs de vin;
Salut au curé de Courdimanche;
Oh! que c'est un homme divin!

Du pain bis, une simple éclanche;
Salut au curé de Courdimanche :
Maigre ou gras, bécassine ou tanche,
Tout est bon dès qu'il a du vin.
Salut au curé de Courdimanche;
Oh! que c'est un homme divin!

Des vers, il en a dans sa manche;
Salut au curé de Courdimanche;
Aucun repas ne se retranche;
En s'éveillant il court au vin.
Salut au curé de Courdimanche;
Oh! que c'est un homme divin!

(La scène change, et représente l'agonie du curé de Courdimanche:
il paraît étendu sur un lit.)

LA FÊTE DE BELLÉBAT.

CHOEUR.

Ah! notre curé
S'est bien échaudé,
Fesant sa lessive [1].

Ah! notre curé
Est presque enterré,
Pour s'être échaudé.

UN HABITANT.

Et du même chaudron (*bis.*)
La pauvre Bacarie
A brûlé son....

LE CHOEUR, *l'interrompant.*

Ah! notre curé, etc.

UN HABITANT.

Quelques gens nous ont dit
Que le curé lui-même
Avait brûlé son...

LE CHOEUR, *l'interrompant.*

Ah! notre curé, etc.

Exhortation faite au curé de Courdimanche en son agonie.

Curé de Courdimanche et prêtre d'Apollon,
Que je vois sur ce lit étendu tout du long,
Après avoir vingt ans, dans une paix profonde,
Enterré, confessé, baptisé votre monde;
Après tant d'*oremus* chantés si plaisamment,

---

[1] Il lui était tombé sur les jambes une chaudière d'eau bouillante. On le suppose si incommodé qu'il est à l'extrémité.

Après cent *requiem* entonnés si gaîment,
Pour nous, je l'avouerai, c'est une peine extrême,
Qu'il nous faille aujourd'hui prier Dieu pour vous-même.
Mais tout passe et tout meurt; tel est l'arrêt du sort :
L'instant où nous naissons est un pas vers la mort [1].
Le petit père André n'est plus qu'un peu de cendre;
Frère Fredon n'est plus; Diogène, Alexandre,
César, le poëte Roi, La Fillon, Constantin,
Abraham, Brioché, tous ont même destin;
Ce cocher si fameux à la cour, à la ville,
Amour des beaux-esprits, père du vaudeville,
Dont vous auriez été le très digne aumônier,
Près Saint-Eustache encore est pleuré du quartier.
Vous les suivrez bientôt : c'est donc ici, mon frère,
Qu'il faut que vous songiez à votre grande affaire.
Si vous aviez été toujours homme de bien,
Un bon prêtre, un nigaud, je ne vous dirais rien :
Mais qui peut, entre nous, garder son innocence?
Quel curé n'a besoin d'un peu de pénitence?
Combien en a-t-on vu jusqu'au pied des autels
Porter un cœur pétri de penchans criminels;
Dans ce tribunal même, où, par des lois sévères,
Des fautes des mortels ils sont dépositaires,
Convoiter les beautés qui vers eux s'accusaient,
Et commettre la chose, alors qu'ils l'écoutaient!
Combien n'en vit-on pas, dans une sacristie,
Conduire une dévote avec hypocrisie,
Et, sur un banc trop dur, travailler en ce lieu

---

[1] Chaque instant de la vie est un pas vers la mort.
(Vers de CORNEILLE, dans *Bérénice*.)

LA FÊTE DE BELLÉBAT.   231

A faire à son prochain des serviteurs de Dieu !
  Je veux que de la chair le démon redoutable
N'ait pu vous enchanter par son pouvoir aimable;
Que, digne imitateur des saints du premier temps,
Vous ayez pu dompter la révolte des sens;
Vous viviez en châtré; c'est un bonheur extrême :
Mais ce n'est pas assez, curé; Dieu veut qu'on l'aime.
Avez-vous bien connu cette ardente ferveur,
Ce goût, ce sentiment, cette ivresse du cœur,
La charité, mon fils ? le chrétien vit par elle :
Qui ne sait point aimer n'a qu'un cœur infidèle;
La charité fait tout : vous possédez en vain
Les mœurs de nos prélats, l'esprit d'un capucin,
D'un cordelier nerveux la timide innocence,
La science d'un carme avec sa continence,
Des fils de Loyola toute l'humilité;
Vous ne serez chrétien que par la charité.

Commencez donc, curé, par un effort suprême;
Pour mieux savoir aimer, haïssez-vous vous-même.
Avouez humblement, en pénitent soumis,
Tous les petits péchés que vous avez commis;
Vos jeux, vos passe-temps, vos plaisirs et vos peines,
Olivette, Amauri [1], vos amours et vos haines;
Combien de muids de vin vous vidiez dans un an;
Si Brunelle avec vous a dormi bien souvent.

Après que vous aurez aux yeux de l'assemblée
Étalé les péchés dont votre ame est troublée,

[1] Allusions à des anecdotes particulières de la vie du curé.

Avant que de partir, il faudra prudemment
Dicter vos volontés et faire un testament.
Bellébat perd en vous ses plaisirs et sa gloire :
Il lui faut un poëte et des chansons à boire,
Il ne peut s'en passer; vous devez parmi nous
Choisir un successeur qui soit digne de vous.
Il sera votre ouvrage, et vous pourrez le faire
De votre esprit charmant unique légataire.
Tel Élie autrefois, loin des profanes yeux,
Sur un char de lumière emporté dans les cieux,
Avant que de partir pour ce rare voyage,
Consolait Élisé qui lui servait de page;
Et dans un testament, qu'on n'a point par écrit,
Avec un vieux pourpoint lui laissa son esprit.
Afin de soulager votre mémoire usée,
Nous ferons en chansons une peinture aisée
De cent petits péchés que peut faire un pasteur,
Et que vous n'auriez pu nous réciter par cœur.

LES HABITANS DE BELLÉBAT *chantent.*

Air du *Confiteor.*

Vous prenez donc congé de nous;
En vérité, c'est grand dommage :
Mon cher curé, disposez-vous
A franchir gaîment ce passage.
Eh quoi, vous résistez encor !
Dites votre *Confiteor.*

Lorsque vous aimâtes Margot,
Vous n'étiez pas encor sous-diacre;

LA FÊTE DE BELLÉBAT.

Un beau jour de Quasimodo,
Avec elle montant en fiacre...
Vous en souviendrait-il encor?
Dites votre *Confiteor*.

Nous vous avons vu pour Catin
Abandonner souvent l'office;
Vous n'êtes pas, pour le certain,
Chu dans le fond du précipice;
Mais, parbleu, vous étiez au bord :
Dites votre *Confiteor*.

Vos sens, de Brunelle enchantés,
La fêtaient mieux que le dimanche.
Sous le linge elle a des beautés,
Quoiqu'elle ne soit pas trop blanche,
Et qu'elle ait quelque taie encor :
Dites votre *Confiteor*.

Vous avez renversé sur cu
Plus de vingt tonneaux par année;
Tout Courdimanche est convaincu
Que Toinon fut plus renversée.
Pour les muids de vin, passe encor :
Dites votre *Confiteor*.

N'êtes-vous pas demeuré court
Dans vos rendez-vous comme en chaire?
Vous avez tout l'air d'un Saucourt,
De grands traits à la cordelière;

Mais tout ce qui luit n'est pas or :
Dites votre *Confiteor.*

Élève, et quelquefois rival
De l'abbé De Pure et d'Horace,
Du fond du confessionnal,
Quand vous grimpez sur le Parnasse,
Vous vous croyez sur le Thabor :
Dites votre *Confiteor.*

Si les Amauris ont voulu
Troubler votre innocente flamme,
Et s'ils vous ont un peu battu,
C'est pour le salut de votre ame;
C'est pour vous de grace un trésor :
Dites votre *Confiteor.*

Après la confession, LE BEDEAU *chante.*

Gardez tous un silence extrême,
Le curé se dispose à vous parler lui-même :
Pour donner plus d'éclat à ses ordres derniers,
Il a fait assembler ici les marguilliers.
Écoutez bien comme l'on sonne :
Du carillon tout Bellébat résonne;
Il tousse, il crache, écoutez bien;
De ce qu'il dit ne perdez jamais rien.

LE CURÉ *chante d'un ton entrecoupé.*

A Courdimanche, avec honneur,
J'ai fait mon devoir de pasteur;
J'ai su boire, chanter et plaire,

LA FÊTE DE BELLÉBAT.

Toutes mes brebis contenter :
Mon successeur sera Voltaire,
Pour mieux me faire regretter.

LE BEDEAU *chante*.

Que de tous côtés on entende
Le beau nom de Voltaire, et qu'il soit célébré.
Est-il pour nous une gloire plus grande?
L'auteur d'*OEdipe* est devenu curé.

LE CHOEUR.

Que de tous côtés on entende, etc.

LE BEDEAU.

Qu'avec plaisir Bellébat reconnoisse
De ce curé le digne successeur;
Il faut toujours dans la paroisse
Un grand poëte avec un grand buveur.

(à Voltaire.)

Que l'on bénisse
Le choix propice
Qui du pasteur
Vous fait coadjuteur.

LE CHOEUR.

Que de tous côtés on entende
Le beau nom de Voltaire, et qu'il soit célébré, etc.

Mme LA MARQUISE DE PRIE *présente à Voltaire une couronne de laurier, et l'installe en chantant :*

Pour prix du bonheur extrême
Que nous goûtons dans ces lieux,
Et qu'on ne doit qu'à toi-même,

Reçois ce don précieux;
Je te le donne,
En attendant encor mieux
Qu'une couronne.

LES HABITANS DE BELLÉBAT *chantent.*

Dans cet auguste jour,
Reçois cette couronne
Par les mains de l'Amour;
Notre cœur te la donne,
Et zon, zon, zon, etc.

Tu connais le devoir
Où cet honneur t'engage;
Par un double pouvoir
Mérite notre hommage,
Et zon, zon, zon, etc.

(On annonce au coadjuteur ses devoirs.)

Du poste où l'on t'introduit,
Connais bien toutes les charges;
Il faut des épaules larges,
Grand'soif et bon appétit.

(On répète.)

Du poste, etc.

(On fait le panégyrique du curé, comme s'il était mort.)

UN CORYPHÉE *chante.*

Hélas! notre pauvre saint,
Que Dieu veuille avoir son ame!
Pain, vin, jambon, fille, ou femme,
Tout lui passait par la main.

LA FÊTE DE BELLÉBAT.

LE CHŒUR *répète*.

Hélas! etc.

LE CORYPHÉE.

Il eût cru taxer les dieux
D'une puissance bornée,
Si jamais pour l'autre année
Il eût gardé du vin vieux.

LE CHŒUR.

Il eût cru, etc.

LE CORYPHÉE.

Tout Courdimanche en discord
Menaçait d'un grand tapage;
Il enivra le village,
A l'instant tout fut d'accord.

LE CHŒUR.

Tout Courdimanche, etc.

LE CORYPHÉE.

Quand l'orage était bien fort,
Pour détourner le tonnerre,
Un autre eût dit son bréviaire;
Lui courait au vin d'abord.

LE CHŒUR.

Quand l'orage, etc.

LE CORYPHÉE.

Bon-homme, ami du prochain,
Ennemi de l'abstinence;
S'il prêchait la pénitence,
C'était un verre à la main.

LE CHOEUR.

Bon homme, etc.

DEUX JEUNES FILLES *chantent.*

Que nos prairies
Seront fleuries !
Les jeux, l'amour,
Suivent Voltaire en ce jour;
Déja nos mères
Sont moins sévères;
On dit qu'on peut faire
Un mari cocu.
Heureuse terre !
C'est à Voltaire
Que tout est dû.

LE CHOEUR.

Que nos prairies, etc.

LES JEUNES FILLES.

L'amour lui doit
Les honneurs qu'il reçoit :
Un cœur sauvage
Par lui s'adoucit;
Fille trop sage
Pour lui s'attendrit.

LE CHOEUR.

Que nos prairies, etc.

Remerciement de VOLTAIRE *au curé.*

Curé, dans qui l'on voit les talens et les traits,
La gaîté, la douceur et la soif éternelle
Du curé de Meudon, qu'on nommait Rabelais,

Dont la mémoire est immortelle,
Vous avez daigné me donner
Vos talens, votre esprit, ces dons d'un dieu propice;
C'est le plus charmant bénéfice
Que vous ayez à résigner.
Puisse votre carrière être encor longue et belle!
Vous formerez en moi votre heureux successeur :
Je serai dans ces lieux votre coadjuteur,
Partout, hors auprès de Brunelle.

LE CHŒUR.

Honneur et cent fois honneur
A notre coadjuteur!

(A monseigneur le comte de Clermont.)

Viens, parais, jeune prince, et qu'on te reconnoisse
Pour le coq de notre paroisse;
Que ton frère, à son gré, soit le digne pasteur
De tous les peuples de la France;
Qu'on chante, si l'on veut, sa vertu, sa prudence :
Toi seul dans Bellébat rempliras nos désirs :
On peut partout ailleurs célébrer sa justice;
Nous ne voulons ici chanter que nos plaisirs;
Qui pourrait mieux que toi commencer cet office?

(A M. de Billy, son gouverneur.)

Billy, nouveau Mentor bien plus sage qu'austère
De ce Télémaque nouveau,
Si, pour éclairer sa carrière,
Ta main de la Raison nous montre le flambeau,
Le flambeau de l'Amour s'allume pour lui plaire :
Loin d'éteindre ses feux, ose en brûler encor;

Et que jamais surtout quelque nymphe jolie
  Ne renvoie à La Peyronie
  Le Télémaque et le Mentor.

   (Au seigneur de Bellébat.)

  Duchy, maître de la maison,
  Vous êtes franc, vrai, sans façon,
Très peu complimenteur, et je vous en révère.
. . . .
La louange à vos yeux n'eut jamais rien de doux;
Allez, ne craignez rien des transports de ma lyre;
Je vous estimerai, mais sans vous en rien dire :
  C'est comme il faut vivre avec vous.

   (A M. de Montchesne.)

Continuez, monsieur : avec l'heureux talent
D'être plaisant et froid, sans être froid plaisant,
De divertir souvent et de ne jamais rire,
  Vous savez railler sans médire,
  Et vous possédez l'art charmant
De ne jamais fâcher, de toujours contredire.

   (A madame de Montchesne.)

Vous, aimable moitié de ce grand disputeur,
Vous qui pensez toujours bien plus que vous n'en dites,
Vous de qui l'on estime et l'esprit et le cœur,
Lorsque vous ne songez qu'à cacher leurs mérites,
Jouissez du plaisir d'avoir toujours dompté
Les contradictions dont son esprit abonde;
Car ce n'est que pour vous qu'il a toujours été
  De l'avis du reste du monde.

LA FÊTE DE BELLÉBAT.

(A madame la marquise de Prie.)

De Prie, objet aimable et rare assurément,
  Que vous passez d'un vol rapide
Du grave à l'enjoué, du frivole au solide !
  Que vous unissez plaisamment
L'esprit d'un philosophe et celui d'un enfant !
J'accepte les lauriers que votre main me donne :
Mais ne peut-on tenir de vous qu'une couronne ?
Vous connaissez Alain, ce poëte fameux,
Qui s'endormit un jour au palais de sa reine :
  Il en reçut un baiser amoureux ;
  Mais il dormait, et la faveur fut vaine.
Vous me pourriez payer d'un prix beaucoup plus doux ;
  Et si votre bouche vermeille
Doit quelque chose aux vers que je chante pour vous,
  N'attendez pas que je sommeille.

(A M. de Baye, frère de madame de Prie.)

Vous êtes, cher de Baye, au printemps de votre âge ;
Vous promettez beaucoup, vous tiendrez davantage.
  Surtout n'ayez jamais d'humeur ;
  Vous plairez quand vous voudrez plaire :
  D'ailleurs imitez votre frère :
Mais, hélas ! qui pourrait imiter votre sœur ?

(A M. le duc de La Feuillade.)

  Vous avez, jeune La Feuillade,
Ce don charmant que jadis eut Saucourt,
  Ce don qui toujours persuade,
  Et qui plaît surtout à la cour.
  Gardez qu'un jour on ne vous plaigne

D'avoir su mal user d'un talent si parfait;
N'allez pas devenir un méchant cabaret
       Portant une si belle enseigne.

(A M. de Bonneval.)

Et vous, cher Bonneval, que vous êtes heureux!
Vous écrivez souvent sous l'aimable de Prie,
Et vous avez des vers le talent gracieux;
Ainsi diversement vous passez votre vie
       A parler la langue des dieux.
Partagez avec moi ce brin de ma couronne;
De Prie, aux yeux de tous, m'a promis encor mieux :
Ah! si ce mieux venait, je jure par les cieux
De ne le partager jamais avec personne.

(A M. le président Hénault.)

     Hénault, aimé de tout le monde,
     Vous enchantez également
     Le philosophe, l'ignorant,
     Le galant à perruque blonde,
     Le citoyen, le courtisan :
En Apollon vous êtes mon confrère.
Grand maître en l'art d'aimer, bien plus en l'art de plaire;
Vif sans emportement, complaisant sans fadeur,
     Homme d'esprit sans être auteur,
     Vous présidez à cette fête;
Vous avez tout l'honneur de cet aimable jour.
Mes lauriers étaient faits pour ceindre votre tête;
Mais vous n'en recevez que des mains de l'Amour.

(A MM. le marquis et l'abbé de Livry.)

Plus on connaît Livry, plus il est agréable :

LA FÊTE DE BELLÉBAT.

Il donne des plaisirs, et toujours il en prend;
Il est le dieu du lit et celui de la table.
Son frère [1], en tapinois, en fait bien tout autant;
    Et sans perdre de sa prudence,
Lorsqu'avec des buveurs il se trouve engagé,
    Il soutient mieux que le clergé
    Les libertés de l'église de France.

(A M. Delaistre.)

Doux, sage, ingénieux, agréable Delaistre,
    Vous avez gagné mon cœur
    Dès que j'ai pu vous connaître.
Mon estime envers vous à l'instant va paraître;
    Je vous fais mon enfant de chœur.

(A madame de Montchesne [2].)

    Toi, Montchesne, discrète et sage,
    Accepte-moi pour directeur;
Que ton mari soit bedeau de village;
    Que de Bay soit carillonneur,
    Et Duchy marguillier d'honneur.
    Le président sera vicaire;
Livry des pains bénits sera dépositaire.
    Que l'abbé préside au lutrin,
Et qu'il ait même encor l'emploi de sacristain.
Venez, Béquet, venez; soyez ma ménagère :
    Songez surtout à vous bien acquitter
    Des fonctions d'une charge si belle;

---

[1] L'abbé de Livry, ambassadeur en Portugal, en Espagne et en Pologne.

[2] Les quatorze vers qui suivent manquent à l'édition de Kehl et à toutes celles qui l'ont précédée. (*Note de l'édition de M. Renouard.*)

Et puissions-nous l'un et l'autre imiter,
Moi, le curé; vous, la jeune Brunelle!

LE CHOEUR *chante.*

Chantons tous la chambrière
De notre coadjuteur;
Elle aura beaucoup à faire
Pour engraisser son pasteur [1].
Haut le pied, bonne ménagère;
Haut le pied, coadjuteur.

LE COADJUTEUR *chante.*

Tu parais dans le bel âge,
Vive, aimable et sans humeur;
Viens gouverner mon ménage,
Et ma paroisse, et mon cœur.
Haut le cul, belle ménagère;
Haut le cul, coadjuteur.

L'évêque le plus austère,
S'il visitait mon réduit,
Cache-toi, ma ménagère,
Car il te prendrait pour lui.
Haut le pied, bonne ménagère;
Tu peux paraître aujourd'hui.

LE CHOEUR *chante.*

Honneur au dieu de Cythère,
Et gloire au divin Bacchus;

---

[1] Voltaire, même dans sa jeunesse, était très maigre; dans plusieurs de ses lettres il plaisante de son peu d'embonpoint.

Honneur et gloire à Voltaire,
Héritier de leurs vertus.
Haut le pied, bonne ménagère;
Que de biens sont attendus!

Des jeux l'escorte légère,
Sous ce digne successeur,
De la raison trop austère
Délivrera notre cœur.
Haut le pied, bonne ménagère;
Célébrez votre bonheur.

Raison, dont la voix murmure
Contre nos tendres souhaits,
Par une triste peinture
Des cœurs tu troubles la paix.
Ils peignent d'après nature;
Nous aimons mieux leurs portraits.

FIN DE LA FÊTE DE BELLÉBAT.

L'HÔTE ET L'HÔTESSE,

DIVERTISSEMENT.

1776.

LETTRES A M. DE CROMOT,

SURINTENDANT DES FINANCES DE MONSIEUR, FRÈRE DU ROI,

QUI AVAIT DEMANDÉ A M. DE VOLTAIRE UN PETIT DIVERTISSEMENT POUR LA FÊTE QUE MONSIEUR A DONNÉE A LA REINE, A BRUNOI, EN 1776.

LETTRE PREMIÈRE.

Ferney, 20 septembre 1776.

Monsieur,

En me donnant la plus agréable commission dont on pût jamais m'honorer, vous avez oublié une petite bagatelle; c'est que j'ai quatre-vingt-deux ans passés. Vous êtes comme le dieu des jansénistes, qui donnait des commandemens impossibles à exécuter; et, pour mieux ressembler à ce dieu-là, vous ne manquez pas de m'avertir qu'on n'aura que quinze jours pour se préparer; de sorte qu'il arrivera que la reine aura soupé avant que je puisse recevoir votre réponse à ma lettre.

Malgré le temps qui presse, il faut, monsieur, que je vous consulte sur l'idée qui me vient.

Il y a une fête fort célèbre à Vienne, qui est celle de *l'Hôte et de l'Hôtesse :* l'empereur est l'hôte et l'impératrice est l'hôtesse : ils reçoivent tous les voyageurs qui viennent souper et coucher chez eux, et donnent un bon repas à table d'hôte. Tous les voyageurs sont habillés à l'ancienne mode de leurs pays; chacun fait de son mieux pour cajoler respectueusement l'hôtesse; après quoi tous dansent ensemble. Il y a juste soixante ans que cette fête n'a pas été célébrée à Vienne : Monsieur voudrait-il la donner à Brunoi?

Les voyageurs pourraient rencontrer des aventures : les uns feraient des vers pour la reine, les autres chanteraient quelques airs italiens; il y aurait des querelles, des rendez-vous manqués, des plaisanteries de toute espèce.

Un pareil divertissement est, ce me semble, d'autant plus commode, que chaque acteur peut inventer lui-même son rôle, et l'accourcir ou l'allonger comme il voudra.

Je vous répète, monsieur, qu'il me paraît impossible de préparer un ouvrage en forme pour le peu de temps que vous me donnez; mais voici ce que j'imagine : je vais faire une petite esquisse du ballet de *l'Hôte et de l'Hôtesse*; je vous enverrai des vers aussi mauvais que j'en fesais autrefois; vous me paraissez avoir beaucoup de goût, vous les corrigerez, vous les placerez, vous verrez *quid deceat, quid non*.

Je ferai partir, dans trois ou quatre jours, cette détestable esquisse dont vous ferez très aisément un joli tableau; quand un homme d'esprit donne une fête, c'est à lui à mettre tout en place.

Vous pourriez, à tout hasard, monsieur, m'envoyer vos idées et vos ordres; mais je vous avertis qu'il y a cent vingt lieues de Brunoi à Ferney. Je vous demande le plus profond secret, parce qu'il n'est pas bien sûr que dans quatre jours je ne demande l'extrême-onction, au lieu de travailler à un ballet.

J'ai l'honneur d'être avec respect et une envie, probablement inutile, de vous plaire, etc.

LETTRE SECONDE.

Ferney, 22 septembre 1776.

Si vous approuvez, monsieur, l'idée du divertissement que je vous propose, il vous sera très aisé d'y mettre tous les agrémens et toutes les convenances dont il est susceptible;

vous verrez que le canevas peut être étendu ou resserré à volonté.

Je ne crois pas que cette fête exige de grandes dépenses, et qu'elle soit d'une difficile exécution. Je sens bien, monsieur, que je vous ai mal servi; mais j'ai déja eu l'honneur de vous dire qu'il y a bien des années que je suis au monde, et je n'ai pas mis vingt-quatre heures à vous obéir. Si je n'ai pas rencontré votre goût, je vous prie de me pardonner : je ne crois pas qu'il y ait de cuisinier en France qui puisse faire un bon souper à cent vingt lieues des convives. Je suis d'ailleurs un cuisinier qui n'a plus ni sel ni sauce; je n'avais que l'envie extrême de mériter la confiance dont vous m'honoriez : or cela ne suffit pas pour que Monsieur fasse bonne chère. Permettez-moi seulement de vous demander le secret, de peur que mon *menu* ne soit décrié dans la bonne compagnie.

J'ai l'honneur d'être, etc.

LETTRE TROISIÈME.

Ferney, 10 octobre 1776.

Loin de prendre, monsieur, la liberté de vous envoyer de cent vingt lieues l'esquisse d'une fête pour un palais et des jardins que je ne connais pas, je devais vous écrire, *Si vous voulez voir un beau saut, faites-le.* Vous me faites voir que vous savez admirablement profiter des temps, des lieux et des personnes : votre disposition est charmante; tout est varié et brillant.

Si vous voulez de mauvais vers et de plates chansons pour vos personnages, en voilà; mais je vous supplie, monsieur, de ne pas déceler un pauvre vieillard de quatre-vingt-deux ans passés, très malade, qui meurt en fesant des chansons. Il n'y a point de ridicule quand on vous sert, mais c'en est un très grand de vous servir si mal.

*Baucis et Philémon, s'adressant au Roi et à la Reine,
ou à Monsieur et à Madame.*

Baucis et Philémon sont votre heureux modèle;
    Ils s'aimaient, ils étaient tous deux
    Aussi tendres que généreux.
  Que fit le ciel pour le prix de leur zèle?
A quels heureux destins étaient-ils réservés?
Le ciel leur accorda les dons que vous avez.

Les Bohémiens chantent au Roi et à la Reine :

  Autrefois dans ces retraites
  Nous disions à contre-temps
La bonne aventure aux passans;
    Mais c'est vous qui la faites.
  Nous étions les interprètes
  Du bonheur qu'on peut goûter.
  Nous n'osons plus le chanter;
  Car c'est vous qui le faites.

*A Monsieur et à Madame, qui veulent se faire dire leur bonne
aventure : une Bohémienne regarde dans leur main.*

    Ma belle dame,
    Mon beau monsieur,
  Je lis dans votre ame;
  Je vous sais par cœur.
    La belle nature
  Forma votre humeur;
De vos frères le bonheur
Est votre bonne aventure.

Pour Monseigneur et madame comtesse d'Artois.

  Je vous en dirai tout autant.
Pour vous, mon prince, allez toujours gaîment,
    Gaîment, gaîment.
  Vous plairez toujours, je vous jure;
  Et je vous prédirai souvent
    Une bonne aventure.

Le chevalier de la Reine peut chanter ou réciter :

Jadis de Bradamante on me vit chevalier;
On la croyait alors une beauté parfaite;
 Et moi, très fidèle guerrier,
 Je la quittai pour Antoinette.
Ce nom n'est pas, dit-on, trop heureux pour les vers;
 Mais il le sera pour l'histoire :
Il est cher à la France, il l'est à l'univers;
Sitôt qu'on le prononce, il appelle à la gloire
Les plus brillans esprits et les plus fiers vainqueurs.
 Quand on est gravé dans les cœurs,
On l'est dans l'avenir au temple de Mémoire.

On peut écrire au dessus du buste de la Reine :

Amours, Graces, Plaisirs, nos fêtes vous admettent.
Regardez ce portrait, vous pouvez l'adorer;
Un moment devant lui vous pouvez folâtrer :
 Les Vertus vous le permettent.

Je soupçonne toujours que mes sottises arriveront trop tard. Vous êtes aussi le premier qui ait commandé son souper si loin de chez soi : votre souper sera excellent sans que je m'en mêle. Je suis trop heureux que cette aventure m'ait procuré l'honneur d'être en quelque relation avec un homme de votre mérite.

Je suis, etc.

L'HOTE ET L'HOTESSE,

DIVERTISSEMENT.

Au fond d'un salon très bien décoré, on voit les apprêts d'un festin.

La symphonie commence, et L'ORDONNATEUR *chante:*
 Allons, enfans, à qui mieux mieux;
 Jeunes garçons, jeunes fillettes,
 Dépêchez, préparez ces lieux;
Trémoussez-vous, paresseux que vous êtes.
  Mettez-moi cela
   Là,
 Rendez ce buffet
   Net;
Songez bien à ce que vous faites,
Allons, enfans, etc.
Il faut que tous les curieux
Soient bien traités dans nos guinguettes.
  Mettez-moi cela
   Là;
 Rendez ce buffet
   Net.

Que tous les étrangers soient reçus poliment,
Chevaliers, écuyers, jeunes, vieux, femme, fille;
 Que d'auprès de notre famille
Jamais aucun mortel ne sorte mécontent.

LE MAÎTRE D'HÔTEL *de l'hôtellerie.*

C'est bien dit. Le maître et la maîtresse de la maison ne cessent de me recommander d'être bien honnête, bien prévenant, bien empressé; mais comment être honnête une journée toute entière? rien n'est plus insupportable. On est accablé de gens qui, parce qu'ils n'ont rien à faire, croient que je n'ai rien à faire aussi qu'à amuser leur oisiveté. Ils s'imaginent que je suis fait pour leur plaire du soir au matin. Ils ont ouï dire que nous aurons ici une voyageuse qui passe tout son temps à gagner les cœurs, et à qui cela ne coûte aucune peine. On accourt pour la voir de tous les coins du monde. Écoutez, garçons de l'hôtellerie, la foule est trop grande; ne laissez entrer que ceux qui viendront deux à deux; que cet ordre soit crié à son de trompe à toutes les portes.

MUSIQUE.

Chacun et chacune
Entrez deux à deux :
C'est un nombre heureux;
Un tiers importune.
Voyager seul est ennuyeux.
Soit blonde, soit brune,
Entrez deux à deux :
C'est un nombre heureux.

Ah! cela réussit; il y a moins de foule. Voyons qui sont les curieux qui se présentent. Voilà d'abord deux personnes qui me paraissent venir de bien loin.

(Ces deux personnages qui entrent les premiers sont vêtus à la chi-

L'HOTE ET L'HOTESSE.   255

noise, coiffés d'un petit bonnet à houppes rouges; ils se courbent jusqu'à terre, et font des génuflexions.)

LE MAÎTRE D'HÔTEL.

Ces gens-là sont d'une civilité à faire enrager.
(Il leur rend leurs révérences.)
Messieurs, peut-on, sans manquer au respect qu'on vous doit, vous demander qui vous êtes?

LE CHINOIS.

Chi hom ham hi tu su.

LE MAÎTRE D'HÔTEL.

Ah! ce sont des Chinois; ils seront bien attrapés. Il est vrai qu'ils verront notre belle voyageuse; mais ils ne l'entendront pas... Mettez-vous là, monsieur et madame.

(Il y a une ottomane qui règne le long de la salle; le Chinois et la Chinoise s'y accroupissent. Un Tartare et une Tartare paraissent sans saluer personne; ils ont un arc en main et un carquois sur l'épaule; ils se couchent auprès des Chinois.)

LE MAÎTRE D'HÔTEL.

Ceux-ci ne sont pas si grands feseurs de révérences. Messieurs les Tartares, pourquoi êtes-vous armés? Venez-vous enlever notre voyageuse? Nous la défendrions contre toute la Tartarie, entendez-vous?

LE TARTARE.

Freik krank roc, roc krank freik.

LE MAÎTRE D'HÔTEL.

J'entends; vous le voudriez bien, mais vous ne l'osez pas. Ah! voici deux Lapons: comment ceux-là peuvent-ils venir deux à deux? Il me semble que si j'étais Lapon, mon premier soin serait de ne me jamais trouver avec une Lapone... Allons, passez là, pauvres gens.

(Ils se placent à côté des Tartares.)

Ah! voici de l'autre côté des gens de connaissance, des Espagnols, des Allemands, des Italiens; c'est une consolation.

(Un Espagnol et une Espagnole, un Allemand et une Allemande, un Italien et une Italienne, paraissent sur la scène à la fois. L'Espagnol, vêtu à la mode antique, salue la reine en disant:)

Respeto y silencio.

(L'Allemand dit:)

Sieh die liebe tochter von unsern kaisern.

(L'Italienne dit:)

Questi parlano, e noi cantiamo.

(Elle chante:)

Quì regna il vero amore.
Non è tiranno,
Non fa inganno,
Non tormenta il cuore.
Pura fiamma s'accende,
Non arde, ma risplende.
Quì regna il vero amore.
Non tormenta il cuore.

(Les Asiatiques et les Européans se prennent par la main et dansent: le fond de la salle s'ouvre; une troupe de danseurs de l'Opéra paraît; un chanteur est à la tête, et chante ce couplet:)

Quoi! l'on danse en ces lieux, et nous n'en sommes pas!
Nous dont la danse est l'apanage!
Le plaisir conduit tous nos pas;
Je vois des étrangers, dans ces heureux climats,
Courir aux fêtes de village.
Partageons, surpassons leurs jeux;

L'HOTE ET L'HOTESSE.

 C'est au peuple le plus heureux
  A danser davantage.
 Le menuet est sur son déclin :
 Hélas! nous avons vu la fin
 De la courante et de la sarabande;
Nous pouvons célébrer de plus nobles attraits :
  Aimons, adorons à jamais
   La divine allemande.

   (Tous les personnages ensemble :)
  Aimons, adorons à jamais
   La divine allemande.

GRAND BALLET.

(Après ce divertissement, on passe dans un bosquet illuminé. L'ordonnateur demande au guide des étrangers, ou à celui qui représente l'hôte, dans quel pays tous ces voyageurs comptent aller... Celui-ci répond :)

 Monsieur, ces messieurs et ces dames, tant Chinois que Tartares, Lapons, Espagnols ou Allemands, courent le monde depuis long-temps pour trouver le palais de la Félicité. Des gens malins leur ont prédit qu'ils courraient toute leur vie. C'est ici qu'habitent les génies des quatre élémens : Gnomes, Salamandres, Ondins et Sylphes. Si le bonheur habite quelque part, on peut s'en informer à eux.

(Entrée des quatre espèces de Génies qui président aux élémens. Après la danse, DÉMOGORGON, le souverain des Génies, chante :)

  Vous cherchez le parfait bonheur;
  C'est une parfaite chimère.
  Il est toujours bon qu'on l'espère,
  C'est bien assez pour votre cœur.

On court après, il prend la fuite ;
Il vous échappe tous les jours.
A la chasse et dans les amours
Le plaisir est dans la poursuite.

Mortels, si la félicité
N'est pas toujours votre partage,
En ce lieu, du monde écarté,
Contemplez du moins son image.

Vous voyez l'aimable assemblage
De la vertu, de la beauté ;
L'esprit, la grace, la gaîté ;
Et tout cela dans le bel âge.

Quiconque en aurait tout autant,
Et qui même serait sensible,
N'aurait pas tout le bien possible ;
Mais il devrait être content.

(Le temple du Bonheur parfait est dans le fond, mais il n'y a point de porte.)

L'ORDONNATEUR, *aux danseurs.*

Messieurs, qui courez partout le monde pour chercher le bonheur parfait, il est dans ce temple ; mais il faut l'escalader : on n'arrive pas au bonheur sans peine.

(Les danseurs escaladent le temple au son d'une symphonie bruyante ; le temple tombe, et il en part un feu d'artifice.)

FIN DE L'HÔTE ET L'HÔTESSE.

LE COMTE
DE BOURSOUFLE,
COMÉDIE EN TROIS ACTES,
ET EN PROSE.

AVERTISSEMENT
DE L'ÉDITION DE M. RENOUARD.

Cette comédie, imprimée dans deux éditions récentes de Voltaire, sous le titre de *l'Échange*, n'est rien moins qu'un bon ouvrage, et n'eût jamais vu le jour, si sa publication eût dépendu de moi seul. Aussi dans l'édition en 41 vol. in-8º laisse-t-on voir qu'on l'imprime à regret, ne la croyant même pas de Voltaire, et n'en fesant usage que parce que déja elle se trouve employée dans une édition nouvelle. L'un et l'autre éditeur annonce aussi qu'il doit exister de cette pièce deux versions différentes, celle qu'ils impriment, d'après une édition de Vienne, 1761, et une autre sous le titre du *Comte de Boursoufle*, que Pont-de-Vesle possédait en manuscrit dans son immense collection de pièces de théâtre, et qu'ils n'ont pu se procurer. J'ai été plus heureux, si toutefois une telle acquisition est un bonheur. M. de Solenne, possesseur de la plus belle collection dramatique qui existe, y ayant dernièrement réuni encore celle de Pont-de-Vesle, a retrouvé le manuscrit en question, et me l'a obligeamment communiqué, ainsi que d'autres notes qui m'ont été d'une utilité réelle. J'imprime donc *le Comte de Boursoufle* au lieu de la comédie de *l'Échange*. C'est la même pièce, pareillement en prose, et non pas un opéra, comme on l'avait cru. C'est l'ouvrage primitif et véritable, mutilé dans l'édition de Vienne où il est dénaturé par des corrections la plupart inutiles et maladroites. On y a gâté jusqu'au dénoûment, que l'on a voulu rendre *sentimental*, et qui n'est plus qu'insignifiant.

AVERTISSEMENT.

S'il était certain que cette pièce n'est point de Voltaire, il faudrait l'exclure de la collection de ses OEuvres, y eût-elle déja été introduite dans dix éditions successives ; mais Pont-de-Vesle la donne comme étant de l'auteur de *Mahomet.* Le beau-frère de M. d'Argental devait, ainsi que le remarque très bien M. Beuchot, être exactement informé d'un fait qui d'ailleurs concernait l'objet de ses plus chères affections, sa collection dramatique ; et ce témoignage est encore appuyé par une personne qui a vu ces temps-là, et qui mérite une entière confiance pour tous les renseignemens qu'elle veut bien donner sur Voltaire et ses ouvrages.

A l'usage de ceux qui trouvent une édition défectueuse, si elle ne reproduit pas absolument tout ce qui a été imprimé dans toutes les éditions antérieures, on donnera ici en variante le dénoûment refait pour l'édition de 1761.

Le cahier manuscrit de Pont-de-Vesle contient encore une autre pièce en trois actes, et en prose, intitulée *M. du Cap-Vert.* Pour celle-ci, il n'y a pas moyen d'en accuser Voltaire ; et ce serait traiter un peu trop cavalièrement ses lecteurs que de leur mettre sous les yeux une aussi insipide production. Je ne puis croire que cette pièce soit une même chose que *les Originaux,* dont un homme de lettres m'a assuré avoir entendu La Harpe faire l'éloge comme d'une pièce amusante et fort gaie.

PERSONNAGES.

Le Comte DE BOURSOUFLE.
LE CHEVALIER, frère du Comte.
Le Baron DE LA COCHONNIÈRE.
M`lle` THÉRÈSE, fille du Baron.
MARAUDIN, intrigant.
M`me` BARBE, gouvernante de mademoiselle Thérèse.
LE BAILLI.
PASQUIN, valet du Chevalier.
COLIN, valet du Baron.
Valets de la suite du Comte.

LE COMTE DE BOURSOUFLE,

COMÉDIE.

ACTE PREMIER.

SCÈNE I.

LE CHEVALIER, PASQUIN.

LE CHEVALIER.

Pasquin.

PASQUIN.

Monsieur ?

LE CHEVALIER.

Connais-tu dans le monde entier un plus malheureux homme que ton maître ?

PASQUIN.

Oui, monsieur, j'en sais un plus malheureux, sans contredit.

LE CHEVALIER.

Eh! qui ?

PASQUIN.

Votre valet, monsieur, le pauvre Pasquin.

LE CHEVALIER.

En connais-tu un plus fou ?

PASQUIN.

Oui, assurément.

LE CHEVALIER.

Eh, qui! bourreau? qui?

PASQUIN.

Ce fou de Pasquin, monsieur, qui sert un maître qui n'a pas le sou.

LE CHEVALIER.

Il faut que je sorte de cette malheureuse vie.

PASQUIN.

Vivez plutôt pour me payer mes gages.

LE CHEVALIER.

J'ai mangé tout mon bien au service du roi.

PASQUIN.

Dites au service de vos maîtresses, de vos fantaisies, de vos folies. On ne mange jamais son bien en ne fesant que son devoir. Qui dit ruiné dit prodigue; qui dit malheureux dit imprudent; et la morale...

LE CHEVALIER.

Ah, coquin! tu abuses de ma patience et de ma misère; je te pardonne parce que je suis pauvre, mais si ma fortune change, je t'assommerai.

PASQUIN.

Mourez de faim, monsieur, mourez de faim.

LE CHEVALIER.

C'est bien à quoi il faut nous résoudre tous deux, si mon maroufle de frère aîné, le comte de Boursoufle, n'arrive pas aujourd'hui dans ce maudit village où je l'attends. O ciel! faut-il que cet homme-là ait soixante mille livres de rente pour être venu au monde une année avant moi! Ah! ce sont les aînés qui ont fait les lois; les cadets n'ont pas été consultés, je le vois bien.

PASQUIN.

Eh! monsieur, si vous aviez eu les soixante mille livres de rente, vous les auriez déjà mangées, et vous n'auriez plus de ressources; mais monsieur le comte de Boursoufle aura pitié de vous; il vient ici pour épouser la fille du baron, qui aura cinq cent mille francs de biens : vous aurez un petit présent de noces.

LE CHEVALIER.

Épouser encore cinq cent mille francs, et le tout parce que l'on est aîné; et moi être réduit à attendre ici de ses bontés ce que je devrais ne tenir que de la nature; et demander quelque chose à son frère aîné, c'est là le comble des disgraces.

PASQUIN.

Je ne connais pas monsieur le comte; mais il me semble que je viens de voir arriver ici monsieur Maraudin, votre ami et le sien, et celui du baron, et celui de tout le monde; cet homme qui noue plus d'intrigues qu'il n'en peut débrouiller, qui fait des mariages et des divorces, qui prête, qui emprunte, qui donne, qui vole, qui fournit des maîtresses aux jeunes gens, des amans aux jeunes femmes, qui se rend redouté et nécessaire dans toutes les maisons, qui fait tout, qui est partout : il n'est pas encore pendu, profitez du temps, parlez-lui; cet homme-là vous tirera d'affaire.

LE CHEVALIER.

Non, non, Pasquin, ces gens-là ne sont bons que

pour les riches; ce sont les parasites de la société. Ils servent ceux dont ils ont besoin, et non pas ceux qui ont besoin d'eux, et leurs vies ne sont utiles qu'à eux-mêmes.

PASQUIN.

Pardonnez-moi, pardonnez-moi, les fripons sont assez serviables; monsieur Maraudin se mêlerait peut-être de vos affaires pour avoir le plaisir de s'en mêler. Un fripon aime à la fin l'intrigue pour l'intrigue même; il est actif, vigilant; il rend service vivement avec un très mauvais cœur; tandis que les honnêtes gens, qui ont le meilleur cœur du monde, vous plaignent avec indolence, vous laissent dans la misère, et vous ferment la porte au nez.

LE CHEVALIER.

Hélas! je ne connais guère que ces honnêtes gens-là; et j'ai grand'peur que monsieur mon frère ne soit un très honnête homme.

PASQUIN.

Voilà monsieur Maraudin qui n'a pas tant de probité peut-être, mais qui pourra vous être utile.

SCÈNE II.

LE CHEVALIER, MARAUDIN, PASQUIN.

MARAUDIN.

Bonjour, mon très agréable chevalier, embrassez-moi, mon très cher; par quel heureux hasard vous rencontré-je ici?

LE CHEVALIER.

Par un hasard très naturel, et très malheureux ; parce que je suis dans la misère, parce que mon frère qui nage dans l'opulence doit passer ici, parce que je l'attends, parce que j'enrage, parce que je suis au désespoir.

MARAUDIN.

Voilà de très mauvaises raisons ; allez, allez, consolez-vous, Dieu a soin des cadets ; il faudra bien que votre frère jette sur vous quelques regards de compassion. C'est moi qui le marie, et je veux qu'il y ait un pot de vin pour vous dans ce marché. Quand quelqu'un épouse la fille du baron de La Cochonnière, il faut que tout le monde y gagne.

LE CHEVALIER.

Eh, scélérat ! que ne me la fesais-tu épouser ? j'y aurais gagné bien davantage.

MARAUDIN.

D'accord ; hélas ! je crois que mademoiselle de La Cochonnière vous aurait épousé tout aussi volontiers que monsieur le comte. Elle ne demande qu'un mari ; elle ne sait pas seulement si elle est riche. C'est une créature élevée dans toute l'ignorance et dans toute la grossière rusticité de son père. Ils sont nés avec peu de bien ; un frère de la baronne, intéressé et imbécille, qui ne savait pas chanter, mais qui savait calculer, a gagné à Paris cinq cent mille francs, dont il n'a jamais joui ; il est mort précisément comme il allait devenir insolent. La baronne est morte de l'ennui de vivre avec le baron ; et la fille, à qui tout ce bien-là appartient, ne peut être mariée par son vilain père qu'à un homme excessivement riche ; jugez s'il vous l'aurait donnée à vous qui venez de manger votre légitime.

LE CHEVALIER.

Enfin, tu as procuré ce parti à monsieur le comte ; c'est fort bien fait ; que t'en revient-il ?

MARAUDIN.

Ah! il me traite indignement ; il s'imagine que son mérite tout seul a fait ce mariage ; et, son avarice venant à l'appui de sa vanité, il me paye fort mal pour l'avoir trop bien servi. J'en demande pardon à monsieur son frère ; mais monsieur le comte est presque aussi avare que fat ; vous n'êtes ni l'un ni l'autre, et si vous aviez son bien, vous feriez...

LE CHEVALIER.

Oh oui! je ferais de très belles choses ; mais n'ayant rien, je ne puis rien faire que me désespérer, et le prier de... Ah! j'entends un bruit extravagant dans cette hôtellerie ; je vois arriver des chevaux, des chaises ; c'est mon frère, sans doute. Quel brillant équipage, et quelle différence la fortune met entre les hommes ! Ses valets vont bien me mépriser.

MARAUDIN.

C'est selon que monsieur vous traitera. Les valets ne sont pas d'une autre espèce que les courtisans ; ils sont les singes de leur maître.

SCÈNE III.

LE COMTE DE BOURSOUFLE, PLUSIEURS VALETS, LE CHEVALIER, MARAUDIN, PASQUIN.

LE COMTE.

Ah! quel supplice que d'être six heures dans une chaise de poste! on arrive tout dérangé, tout dépoudré.

LE CHEVALIER.

Mon frère, je suis ravi de vous...

MARAUDIN.

Monsieur, vous allez trouver en ce pays...

LE COMTE.

Holà! hé! qu'on m'arrange un peu; foi de seigneur, je ne pourrai jamais me montrer dans l'état où je suis.

LE CHEVALIER.

Mon frère, je vous trouve très bien, et je me flatte...

LE COMTE.

Allons donc un peu! un miroir, de la poudre d'œillet, un pouf, un pouf. Hé! bonjour, monsieur Maraudin, bonjour. Mademoiselle de La Cochonnière me trouvera horriblement mal en ordre. Mons du Toupet! je vous ai déja dit mille fois que mes perruques ne fuient point assez en arrière; vous avez la fureur d'enfoncer mon visage dans une épaisseur de cheveux qui me rend ridicule, sur mon honneur. Monsieur Maraudin, à propos... Oh! vous voilà, Chonchon.

LE CHEVALIER.

Oui, et j'attends le moment...

LE COMTE.

Monsieur Maraudin, comment trouvez-vous mon habit de noces? l'étoffe en a coûté cent écus l'aune.

MARAUDIN.

Mademoiselle de La Cochonnière sera éblouie.

LE CHEVALIER.

La peste soit du fat! il ne daigne pas seulement me regarder.

PASQUIN.

Eh! pourquoi vous adressez-vous à lui, à sa personne? que ne parlez-vous à sa perruque, à sa broderie, à son équipage? Flattez sa vanité au lieu de songer à toucher son cœur.

LE CHEVALIER.

Non, j'aimerais mieux crever que de faire ma cour à ses impertinences.

LE COMTE.

Page, levez un peu ce miroir, haut, plus haut; vous êtes fort maladroit, page, foi de seigneur.

LE CHEVALIER.

Mais, mon frère, voudrez-vous bien enfin...

LE COMTE.

Charmé de te voir, mon cher Chonchon, sur mon honneur; tu reviens donc de la campagne, un peu grêlé, à ce que je vois. Eh! eh! eh! eh bien qu'est devenu ton cousin, qui partit avec toi il y a trois ans?

LE CHEVALIER.

Je vous ai mandé il y a un an qu'il était mort. C'était un très honnête garçon, et si la fortune...

LE COMTE, *toujours à sa toilette.*

Ah! oui, oui, je l'avais oublié; je m'en souviens, il est mort, il a bien fait, cela n'était pas riche. Vous venez pour être de la noce, monsieur Chonchon; cela n'est pas maladroit. Écoutez, monsieur Maraudin, je prétends aller le plus tard que je pourrai chez mademoiselle de La Cochonnière; j'ai quelque affaire dans le voisinage; mademoiselle Julie n'est qu'à deux cents pas d'ici. Eh! eh! je veux un peu y aller avant de tâter du sérieux embarras d'une noce. Qu'on mette un peu mes relais à ma chaise.

LE CHEVALIER.

Pourrai-je, pendant ce temps-là, avoir l'honneur de vous dire un petit mot?

LE COMTE.

Que cela soit court, au moins : un jour de mariage on a la tête remplie de tant de choses qu'on n'a guère le temps d'écouter.

SCÈNE IV.

LE COMTE, LE CHEVALIER.

LE CHEVALIER.

Mon frère, j'ai d'abord à vous dire...

LE COMTE.

Réellement, Chonchon, croyez-vous que cet habit me siée assez bien ?

LE CHEVALIER.

J'ai donc à vous dire, mon frère, que je n'ai presque

rien eu en partage, que je suis prêt à vous abandonner tout ce qui peut me revenir de mon bien, si vous avez la générosité de me donner dix mille francs une fois payés. Vous y gagneriez encore, et vous me tireriez d'un bien cruel embarras; je vous aurais la plus sensible obligation.

LE COMTE.

Holà! hé, ma chaise est-elle prête? Chonchon, vous voyez bien que je n'ai pas le temps de parler d'affaires. Julie aura dîné; il faut que j'arrive.

LE CHEVALIER.

Quoi! vous n'opposez à des prières dont je rougis, que cette indifférence insultante dont vous m'accablez?

LE COMTE.

Mais, Chonchon, mais en vérité, vous n'y pensez pas. Vous ne savez pas combien un seigneur a de peine à vivre à Paris, combien coûte un barlingot, cela est incroyable; foi de seigneur, on ne peut pas voir le bout de l'année.

LE CHEVALIER.

Vous m'abandonnez donc?

LE COMTE.

Vous avez voulu vivre comme moi; cela ne vous allait pas, il est bon que vous pâtissiez un peu.

LE CHEVALIER.

Vous me mettez au désespoir; et vous vous repentirez d'avoir si peu écouté la nature.

LE COMTE.

Mais, la nature, la nature, c'est un beau mot, Chonchon, inventé par les pauvres cadets ruinés pour émou-

ACTE I, SCÈNE IV.

voir la pitié des aînés qui sont sages. La nature vous avait donné une honnête légitime, et elle ne m'ordonne pas d'être un sot, parce que vous avez été dissipateur.

LE CHEVALIER.

Vous me poussez à bout. Eh bien! puisque la nature se tait dans vous, elle se taira en moi, et j'aurai du moins le plaisir de vous dire que vous êtes le plus grand fat de la terre, le plus indigne de votre fortune, le cœur le plus dur, le plus...

LE COMTE.

Mais fat, que cela est vilain de dire des injures! cela sent son homme de garnison. Mon Dieu, vous êtes loin d'avoir les airs de la cour.

LE CHEVALIER.

Le sang-froid de ce barbare-là me désespère; poltron, rien ne t'émeut?

LE COMTE.

Tu t'imagines donc que tu es brave parce que tu es en colère?

LE CHEVALIER.

Je n'y peux plus tenir, et si tu avais du cœur...

LE COMTE.

Ah, ah, ah! foi de seigneur, cela est plaisant; tu crois que moi qui ai soixante mille livres de rente et qui suis près d'épouser mademoiselle de La Cochonnière avec cinq cent mille francs, je serai assez fou pour me battre contre toi qui n'as rien à risquer! Je vois ton petit dessein; tu voudrais par quelque bon coup d'épée arriver à la succession de ton frère aîné;

il n'en sera rien, mon cher Chonchon, et je vais remonter dans ma chaise avec le calme d'un courtisan et la constance d'un philosophe. Holà! mes gens! holà! adieu, Chonchon, à ce soir, à ce soir, mons Maraudin. Holà! page, un miroir.

SCÈNE V.

LE CHEVALIER, MARAUDIN, PASQUIN.

PASQUIN.

Eh bien, monsieur, avez-vous gagné quelque chose sur l'ame de ce courtisan poli?

LE CHEVALIER.

Oui, j'ai gagné le droit et la liberté de le haïr du meilleur de mon cœur.

PASQUIN.

C'est quelque chose, mais cela ne donne pas de quoi vivre.

MARAUDIN.

Si fait, si fait, cela peut servir.

LE CHEVALIER.

Et à quoi, s'il vous plaît? qu'à me rendre encore plus malheureux.

MARAUDIN.

Oh! cela peut servir à vous ôter les scrupules que vous auriez de lui faire du mal, et c'est déja un très grand bien. N'est-il pas vrai que si vous lui aviez obligation, et si vous l'aimiez tendrement, vous ne pourriez jamais vous résoudre à épouser mademoiselle de La Cochonnière au lieu de lui? Mais à présent que vous voilà débarrassé du poids de la reconnaissance et des liens de l'amitié, vous êtes libre, et je veux vous aider à vous venger en vous rendant heureux.

LE CHEVALIER.

Comment me mettre à la place du comte de Boursoufle? comment puis-je être aussi fat? comment épouser sa maîtresse au lieu de lui? Parle, réponds.

MARAUDIN.

Tout cela est très aisé. Monsieur le baron n'a jamais vu votre frère aîné; je puis vous annoncer sous son nom, puisque en effet votre nom est le sien; vous ne mentirez point; et il est bien doux de pouvoir tromper quelqu'un sans être réduit au chagrin de mentir : il faut que l'honneur conduise toutes nos actions.

PASQUIN.

Sans doute, c'est ce qui m'a réduit à l'état où je me vois.

MARAUDIN.

Votre frère ne me donnait que dix mille francs pour lui procurer ce mariage. Je vous aime au moins une fois plus que lui : faites-moi un billet de vingt mille francs, et je vous fais épouser la fille du baron. Ce que je demande, au reste, n'est que pour l'honneur. Il est de la dignité d'un homme de votre maison d'être libéral quand il peut l'être. L'honneur me poignarde, voyez-vous.

LE CHEVALIER.

Oh, oui! c'est votre cruel ennemi.

MARAUDIN.

Votre frère aîné est un fat.

####### LE CHEVALIER.

D'accord.

####### MARAUDIN.

Un suffisant pétri de cette vanité qui n'est que le partage des sots.

####### LE CHEVALIER.

J'en conviens.

####### MARAUDIN.

Un original à berner sur le théâtre.

####### LE CHEVALIER.

Il est vrai.

####### MARAUDIN.

Un vilain cœur dans une figure ridicule.

####### LE CHEVALIER.

C'est ce que je pense.

####### MARAUDIN.

Un petit-maître suranné, qui n'a pas même le jargon de l'esprit; enflé de fadaises et de vent, et dont Pasquin ne voudrait pas pour son valet, s'il pouvait en avoir.

####### PASQUIN.

Assurément, j'aimerais bien mieux son frère le chevalier.

####### LE CHEVALIER.

Eh!

####### MARAUDIN.

Un homme enfin dont vous ne tirerez jamais rien, qui dépense cinquante mille francs en chiens et en chevaux, et qui laisserait périr son frère de misère.

LE CHEVALIER.
Cela n'est que trop vrai.
MARAUDIN.
Et vous vous feriez scrupule de supplanter un pareil homme! et vous ne goûteriez pas une joie parfaite en lui escroquant légitimement les cinq cent mille livres qu'il croit déja tenir, mais qu'il mérite si peu! et vous ne ririez pas de tout votre cœur en tenant ce soir entre vos bras la fille du baron, et vous balanceriez à me faire (pour l'honneur) un billet de vingt mille francs par corps à prendre sur les plus clairs deniers de mademoiselle de La Cochonnière! Allez, vous êtes indigne d'être riche, si vous manquez l'occasion de l'être.
LE CHEVALIER.
Vous avez raison; mais je sens là quelque chose qui me répugne : étrange chose que le cœur humain! Je n'avais point de scrupule à me battre tout à l'heure contre mon frère, et j'en ai de le tromper.
MARAUDIN.
C'est que vous étiez en colère quand vous vouliez vous battre, et que vous êtes plus brave qu'habile.
PASQUIN.
Allez, allez, monsieur, laissez-vous conduire par monsieur Maraudin; il en sait plus que vous; mettez votre conscience entre ses mains; j'en réponds sur la mienne; j'y suis intéressé; j'ai besoin que vous soyez riche.
LE CHEVALIER.
Eh! mais, cependant...

MARAUDIN.

Allons, êtes-vous fou?

PASQUIN.

Allons, mon cher maître, courage; il n'y a pas grand mal au fond.

MARAUDIN.

Cinq cent mille francs, et une fille jeune et fraîche, enlevée à monsieur le comte, et mise en notre possession.

LE CHEVALIER.

Voyons donc ce qu'il faut faire pour le bien de la chose.

FIN DU PREMIER ACTE.

ACTE SECOND.

SCÈNE I.

MARAUDIN, COLIN.

MARAUDIN.

Ce vieux fou de baron s'enferme dans son château, et fait faire la garde comme si l'univers voulait lui enlever mademoiselle Thérèse de La Cochonnière, et comme si les ennemis étaient aux portes. Holà! quelqu'un, messieurs : holà!

COLIN.

Qui va là?

MARAUDIN.

Vive le roi et monsieur le baron! On vient pour marier mademoiselle Thérèse.

COLIN.

Je vais dire ça à monseigneur.

MARAUDIN.

Est-il possible qu'il y ait encore en France un rustre comme le seigneur de cette gentilhommière? Voilà deux beaux contrastes que monsieur de Boursoufle et lui.

SCÈNE II.

LE BARON DE LA COCHONNIÈRE, *en buffle,
à la tête de ses gens*, MARAUDIN.

LE BARON.
Ah! c'est vous, mon brave monsieur de Maraudin; pardon, il faut être un peu sur ses gardes quand on a une jeune fille dans son château; il y a tant de gens dans le monde qui enlèvent les filles! on ne voit que cela dans les romans.

MARAUDIN.
Cela est vrai, et je viens aussi pour enlever mademoiselle Thérèse, et je vous amène un gendre.

LE BARON.
Quand est-ce donc que j'aurai le plaisir de voir dans mon château de La Cochonnière monsieur le comte de Boursoufle?

MARAUDIN.
Dans un moment il va rendre ses respects à son très honoré beau-père.

LE BARON.
Ventre de boulets! il sera très bien reçu; et je lui réponds de Thérèse. Mon gendre est homme de bonne mine, sans doute?

MARAUDIN.
Assurément, et d'une figure très agréable. Pensez-vous que j'irai donner à mademoiselle Thérèse un petit mari, haut comme ma jambe, comme on en voit tant à la cour?

LE BARON.

Amène-t-il ici un grand équipage? aurons-nous bien de l'embarras?

MARAUDIN.

Au contraire, monsieur le comte hait l'éclat et le faste; il a voulu venir avec moi incognito; ne croyez pas qu'il soit venu dans son équipage ni en chaise de poste.

LE BARON.

Tant mieux; tous ces vains équipages ruinent et sentent la mollesse; nos pères allaient à cheval, et jamais les seigneurs de La Cochonnière n'ont eu de carrosse.

MARAUDIN.

Ni votre gendre non plus. Ne vous attendez pas à lui voir de ces parures frivoles, de ces étoffes superbes, de ces bijoux à la mode.

LE BARON.

Un buffle, corbleu, un buffle; voilà ce qu'il faut en temps de guerre; mon gendre me charme par le récit que vous m'en faites.

MARAUDIN.

Oui, un buffle; il en trouvera ici; il sera plus content de vous encore que vous de lui. Le voici, il s'avance.

SCÈNE III.

LE CHEVALIER, LE BARON, MARAUDIN, Mme BARBE.

MARAUDIN.

Approchez, monsieur le comte, et saluez monsieur le baron, votre beau-père.

LE BARON.

Par Henri quatre! voici un gentilhomme tout-à-fait demi-tête bleue. Monsieur le comte, Thérèse sera heureuse; corbleu! touchez là, je suis votre beau-père et votre ami. Parbleu, vous avez la physionomie d'un honnête homme.

LE CHEVALIER.

En vérité, monsieur, vous me faites rougir, et je suis confus de paraître devant vous; mais monsieur Maraudin qui sait l'état de mes affaires vous aura dit...

MARAUDIN.

Oui, oui, j'ai dit tout ce qu'il fallait dire; vous aurez un digne beau-père et une digne femme. Réjouissez-vous, madame Barbe, voici un mari pour Thérèse.

Mme BARBE.

Est-il possible?

MARAUDIN.

Rien n'est plus certain.

LE BARON.

Allons, faites descendre Thérèse; faites venir les

violons; donnez la clef de la cave, et que tout le monde soit ivre aujourd'hui dans mon château.

Mme BARBE.

Ah! le bel ordre! ah! la bonne nouvelle! Thérèse, Thérèse, mademoiselle Thérèse, descendez, venez tôt, venez tôt.

SCÈNE IV.

Mlle THÉRÈSE, Mme-BARBE.

Mlle THÉRÈSE.

Eh bien! qu'est-ce? Thérèse, Thérèse! brailleras-tu toujours après moi, éternelle duègne? et faut-il que je sois pendue à ta ceinture? Je suis lasse d'être traitée en petite fille, et je sauterai les murs au premier jour.

Mme BARBE.

Eh! la, la, apaisez-vous, je n'ai pas de si méchantes nouvelles à vous apprendre, et on ne voulait pas vous traiter en petite fille; on voulait vous parler d'un mari; mais puisque vous êtes toujours bourrue...

Mlle THÉRÈSE.

Aga, avec votre mari; ces contes bleus-là me fatiguent les oreilles, entendez-vous, madame Barbe? Je crois aux maris comme aux sorciers; j'en entends toujours parler et je n'en vois jamais. Il y a deux ans qu'on se moque de moi, mais je sais bien ce que je ferai, je me marierai bien sans vous, tous tant que vous êtes; on n'est pas une sotte, quoiqu'on soit élevée loin de Paris, et Jacqueline-Thérèse de La Cochonnière ne sera pas toujours en prison; c'est moi qui vous le dis, madame Barbe.

Mᵐᵉ BARBE.

Tudieu, comme vous y allez! Eh bien, puisque je suis si mal reçue, adieu donc; vous dira qui voudra les nouvelles du logis. (en pleurant.) Cela est bien dénaturé de traiter ainsi madame Barbe qui vous a élevée.

Mˡˡᵉ THÉRÈSE.

Va, va, ne pleure point; je te demande pardon. Qu'est-ce que tu me disais d'un mari?

Mᵐᵉ BARBE.

Rien; je suis une duègne, je suis une importune; vous ne saurez rien.

Mˡˡᵉ THÉRÈSE.

Ah, ma pauvre petite Barbe! je m'en vais pleurer à mon tour.

Mᵐᵉ BARBE.

Allez, ne pleurez point, monsieur le comte de Boursoufle est arrivé, et vous allez être madame la comtesse.

Mˡˡᵉ THÉRÈSE.

Dis-tu vrai? est-il possible? ne me trompes-tu point? Ma chère Barbe, il y a ici un mari pour moi? Un mari! un mari! Qu'on me le montre, où est-il que je le voie? Que je voie monsieur le comte. Me voilà mariée, me voilà comtesse, me voilà à Paris; je ne me sens pas de joie. Viens que je t'étouffe de caresses.

Mᵐᵉ BARBE.

Le bon petit naturel!

Mˡˡᵉ THÉRÈSE.

Premièrement, une grande maison magnifique, et des diamans, et six grands laquais, et l'Opéra tous les jours, et toute la nuit à jouer, et tous les jeunes gens amoureux de moi, et toutes les femmes jalouses. La tête me tourne, la tête me tourne de plaisir.

Mme BARBE.

Contenez-vous donc un peu; tenez, voilà votre mari qui vient; voyez s'il n'est pas beau et bien fait.

Mlle THÉRÈSE.

Ah! je l'aime déja de tout mon cœur; ne dois-je pas courir l'embrasser, madame Barbe?

Mme BARBE.

Non vraiment, gardez-vous-en bien; il faut au contraire se tenir sur la réserve.

Mlle THÉRÈSE.

Eh quoi? puisqu'il est mon mari, et que je le trouve joli.

Mme BARBE.

Il vous mépriserait si vous lui témoigniez trop d'affection.

Mlle THÉRÈSE.

Ah! je vais donc bien me retenir.

SCÈNE V.

LE CHEVALIER, Mlle THÉRÈSE, Mme BARBE.

Mlle THÉRÈSE.

Je suis votre très humble servante; je suis enchantée de vous voir; comment vous portez-vous? vous venez pour m'épouser, vous me comblez de joie. Je n'en ai pas trop dit, Barbe?

LE CHEVALIER.

Madame, je fesais mon plus cher désir de l'accueil gracieux dont vous m'honorez; mais je n'osais en faire mon espérance. Préféré par monsieur votre père, je ne me tiens point heureux si je ne le suis par vous; c'est de vous seule que je voulais vous obtenir; vos premiers regards font de moi un amant, et c'est un titre que je veux conserver toute ma vie.

MLLE THÉRÈSE.

Oh! comme il parle, comme il parle! et que ce langage-là est différent de celui de nos gentilshommes de campagne. Ah! les sots dadais, en comparaison des seigneurs de la cour! Mon amant, irons-nous bientôt à la cour?

LE CHEVALIER.

Dès que vous le souhaiterez, madame.

MLLE THÉRÈSE.

N'y a-t-il pas une reine là?

LE CHEVALIER.

Oui.

MLLE THÉRÈSE.

Et qui me recevra parfaitement bien?

LE CHEVALIER.

Avec beaucoup de bonté, assurément.

MLLE THÉRÈSE.

Cela fera crever toutes les femmes de dépit; j'en serai charmée.

LE CHEVALIER.

Si vous avez envie d'aller au plus tôt briller à la cour, mademoiselle, daignez donc hâter le moment de mon bonheur. Monsieur votre père veut retarder le mariage de quelques jours; je vous avoue que ce retardement me mettrait au désespoir. Je sais que vous avez des amans jaloux de ma félicité, qui songent à vous enlever, et qui voudraient vous enfermer à la campagne pour votre vie.

Mlle THÉRÈSE.

Ah, les coquins! pour m'enlever, passe; mais m'enfermer!

LE CHEVALIER.

Le plus sûr moyen de leur dérober la possession de vos charmes est de vous donner à moi par un prompt hyménée qui vous mettra en liberté, et moi au comble du bonheur; il faudrait m'épouser plus tôt que plus tard.

Mlle THÉRÈSE.

Vous épouser! qu'à cela ne tienne, dans le moment, dans l'instant, je ne demande pas mieux, je vous jure; et je voudrais déja que cela fût fait.

LE CHEVALIER.

Vous ne vous sentez donc pas de répugnance pour un époux qui vous adore.

Mlle THÉRÈSE.

Au contraire, je vous aime de tout mon cœur; madame Barbe prétend que je ne devais vous en rien dire; mais c'est une radoteuse, et je ne vois pas, moi, quel grand mal il y a à vous dire que je vous aime, puisque vous êtes mon mari, et que vous m'aimez.

SCÈNE VI.

LE BARON, LE CHEVALIER, Mlle THÉRÈSE, MARAUDIN, Mme BARBE.

Mlle THÉRÈSE.

Papa, quand nous marierez-vous?

LE CHEVALIER.

Mademoiselle votre fille, monsieur, daigne recevoir les empressemens de mon cœur avec une bonté que vous autorisez.

Mlle THÉRÈSE.

Hem! qu'est-ce que vous dites là?

LE CHEVALIER.

Je vous le répète, monsieur, il y a des gens en campagne pour enlever ce trésor, et si vous n'y prenez garde, mademoiselle de La Cochonnière est perdue aujourd'hui pour vous et pour son mari.

LE BARON.

Par la culasse de mes mousquetons, nous y donnerons bon ordre; qu'ils s'y jouent les scélérats! je vais commencer par enfermer Thérèse dans le grenier.

Mme BARBE.

Allons, mademoiselle, allons.

Mlle THÉRÈSE.

Miséricorde! j'aime cent fois mieux qu'on m'enlève. Papa, si on m'enferme davantage, je me casse la tête contre les murs.

LE CHEVALIER.

N'y aurait-il point, monsieur, un petit *mezzo termine* à cette affaire?

LE BARON.

Oui, de fendre la cervelle au premier qui viendra frapper à la porte du château.

LE CHEVALIER.

Ce parti est très raisonnable, et l'on ne peut rien de plus juste; mais si vous commenciez par prendre la précaution de marier tout d'un coup les deux futurs, cela préviendrait merveilleusement tous les méchans desseins. Les ravisseurs auront beau venir après cela, mademoiselle Thérèse leur dira : Messieurs, vous êtes venus trop tard, la place est prise. Qu'auront-ils à répondre à cela? rien : il faudra qu'ils s'en retournent bien honteux.

Mlle THÉRÈSE.

Oui; mais s'ils me disent : Ça ne fait rien, quand vous seriez mariée cent fois davantage, mademoiselle Thérèse, nous vous aimons, vous êtes belle, et il faut que nous vous enlevions. Qu'est-ce que je dirai, moi?

LE BARON.

Je te tordrai le cou de mes propres mains plutôt que de souffrir qu'on attente à ton honneur; car vois-tu, je t'aime.

LE CHEVALIER.

Ne voyez-vous rien à travers ces arbres? n'entendez-vous rien?

LE BARON.

M'est avis que je vois une chaise de poste et des gens à cheval.

LE CHEVALIER.

Tout juste; nous y voici, c'est sans contredit un de nos coquins. Ne craignez rien, mademoiselle Thérèse.

Mlle THÉRÈSE.

Moi, hélas! et qu'ai-je à craindre?

LE CHEVALIER.

Vous avez un père homme de courage, et votre mari aura l'honneur de le seconder.

LE BARON.

Oui, voici une occasion où il faut avoir du cœur. Renfermons-nous dans le château; fermons toutes les portes. Colin, Martinet, Jérôme, tirez vos arquebuses par les meurtrières sur les gens qui voudront entrer malgré vous.

LE CHEVALIER.

On ne peut pas mieux se préparer. En vérité, monsieur le baron, c'est dommage que vous ne commandiez pas dans quelque place frontière, et que vous n'ayez pas été gouverneur de Philipsbourg.

LE BARON.

Je ne l'aurais pas rendu en deux jours.

LE CHEVALIER.

Rentrez, monsieur le baron, rentrez, voilà les ennemis qui approchent. (à part.) Tout ceci commence un peu à m'inquiéter. Voici mon frère qui vient épouser Thérèse, et m'arracher ma fortune. (haut au baron.) Rentrez donc, et gardez-vous de vous montrer.

SCÈNE VII.

LE COMTE, *arrivant avec ses gens;* LE BARON, *au dessus de la porte.*

LE COMTE.

Voilà une assez plaisante réception; foi de seigneur, sur mon honneur, on nous ferme la porte au nez. Holà! hé! qu'on heurte un peu, qu'on sonne un peu, qu'on sache un peu ce que cela veut dire. Est-ce que ce n'est pas ici la maison du seigneur baron de La Cochonnière?

LE BARON.

Oui, c'est ici mon château, et c'est moi qui suis monsieur le baron. Que lui voulez-vous, monsieur l'aventurier?

LE COMTE.

Vous devriez un peu vous douter qui je suis. Je m'attendais à être reçu d'autre sorte. Écoutez, bon homme, je viens ici avec une lettre de monsieur Maraudin, et mon dessein était d'épouser mademoiselle de La Cochonnière; mais tant que vous me tiendrez à la porte, il n'y a pas d'apparence que nous puissions conclure cette affaire.

LE BARON.

Ah! ah! vous veniez pour épouser ma fille : fort bien. Ah! comment vous nommez-vous, s'il vous plaît?

LE COMTE.

Vous faites le mauvais plaisant, baron.

LE BARON.

Non, non, je voudrais savoir comment vous vous nommez.

LE COMTE.

Mais il y a quelque apparence que je me nomme le comte de Boursoufle : nous sommes un peu plus connus à la cour qu'ici.

Mlle THÉRÈSE.

Papa, voilà un impudent maroufle qui prend le nom de mon mari.

LE BARON.

Écoute : vois-tu ces arbres qui ornent le dehors de mon château; si tu ne te retires, voilà où je te ferai pendre avant qu'il soit une heure.

LE COMTE.

Foi de seigneur, c'est pousser un peu loin la raillerie. Allons, ouvrez, et ne faites plus le mauvais plaisant. (Il heurte.)

LE BARON.

Il fait violence; tirez, Jérôme. (On tire.)

LE PAGE.

Jarni, on n'a jamais reçu de cette façon des gens de qualité. Sauvons-nous.

LE COMTE.

Mais ceci devient sérieux, ceci est abominable, ceci est une véritable guerre; assurément on en parlera à la cour.

LE BARON, *à ses gens.*

Enfans, voici le moment de signaler votre intré-

ACTE II, SCÈNE VII.

pidité. Il est seul; saisissez-moi ce bohême-là, et liez-le-moi comme un sac.

(Le Baron, mademoiselle Thérèse et ses gens descendent; on se saisit du Comte.)

LE COMTE.

Mais qu'est-ce que c'est que çà? qu'est-ce que c'est que çà? Ah! vous me liez trop fort; vous allez gâter toute ma broderie. Baron, vous me paraissez un fou un peu violent : n'avez-vous jamais de bons intervalles?

LE BARON.

Je n'ai jamais vu un drôle si impudent.

LE COMTE.

Pour peu qu'il vous reste un grain de raison, ne sauriez-vous me dire comment la tête vous a tourné, et pourquoi vous faites ainsi garrotter le comte votre gendre?

Mlle THÉRÈSE.

Que je voie donc comment sont faits les gens qui veulent m'enlever. Ah! papa, il m'empuantit d'odeur de fleur d'orange; j'en aurai des vapeurs pour quinze jours. Ah, le vilain homme!

LE COMTE.

Beau-père, au goût que cette personne me témoigne, il y a apparence que c'est là ma femme. Me tiendrez-vous long-temps dans cette posture? Expliquez-vous, s'il vous plaît; n'attendiez-vous pas le comte de Boursoufle? ne devait-il pas venir avec une lettre de votre ami monsieur Maraudin?

LE BARON.

Oui, coquin, oui.

LE COMTE.

Ne m'insultez donc point, s'il vous plaît; je vous ai déja dit que j'ai l'honneur d'être ce comte de Boursoufle, et que j'ai la lettre du sieur Maraudin dans ma poche; fouillez plutôt.

LE BARON.

Je reconnais mes fripons; ils ne sont jamais sans lettres en poche. Prenons toujours la lettre; il sera pendu comme ravisseur et comme faussaire.

LE COMTE.

Ce baron est une espèce de beau-père bien étrange.

LE BARON.

Mon ami, je suis bien aise, pour te réjouir, de t'apprendre que tes visées étaient mal prises, et que monsieur le comte et monsieur Maraudin sont ici.

LE COMTE.

Le comte est ici, beau-père! vous me dites des choses incroyables, sur mon honneur.

LE BARON.

Monsieur le comte, monsieur Maraudin, venez, venez, montrez à ce coquin qui vous êtes. Holà! mon gendre; monsieur Maraudin. Personne ne me répond; il faut que je les aille chercher moi-même.

SCÈNE VIII.

LE COMTE DE BOURSOUFLE, *garrotté par les gens du baron*; Mlle THÉRÈSE.

LE COMTE.

J'ai beau me servir de tout mon esprit, et assurément j'en ai beaucoup, je ne comprends rien à cette aventure. Ma belle demoiselle, vous me paraissez naïve. Pourrait-on savoir de vous ce que veut dire toute cette incartade? Est-ce ainsi que vous recevez tous les gens qui viennent pour avoir l'honneur de vous donner la main?

Mlle THÉRÈSE.

Pardi, plus je regarde ce drôle-là, et plus il me paraît, malgré tout ça, avoir la mine assez revenante. Il est bien mieux mis que mon mari : ma foi, il est au moins tout aussi joli. Oh! vivent les gens de Paris! je le dirai toujours. Mais de quoi t'avisais-tu de prendre si mal ton temps pour m'enlever? Écoute, je te pardonne de tout mon cœur; puisque tu voulais m'avoir, c'est que tu me trouvais belle; j'en suis assez charmée, et je te promets de pleurer quand on te pendra.

LE COMTE.

Je vois bien que la fille n'a pas plus de raison que le père.

Mlle THÉRÈSE.

Hem! ne dis-tu pas que je t'ai ôté la raison? Pauvre garçon, tu étais donc bien amoureux de moi? Ah! que je ferai de passions! qu'on m'aimera!

LE COMTE.

Les jolies dispositions! le beau petit naturel de femme!

SCÈNE IX.

LE BARON, LE COMTE, Mlle THÉRÈSE.

LE BARON.

Merci de mon honneur : que faites-vous là, Thérèse? vous osez parler à ce fripon! dénichez, ou vous ne serez mariée de dix ans.

Mlle THÉRÈSE, *en se retournant.*

Ah! je m'enfuis; ce pauvre garçon, c'est dommage!

LE COMTE.

Eh bien! monsieur le baron, puis-je enfin avoir l'honneur de parler à votre gendre, et voir un peu avec lui qui de nous deux est le comte de Boursoufle? franchement, je commence à me lasser, et je suis fort mal à mon aise.

LE BARON.

Va, va, pendard, monsieur le comte et monsieur Maraudin ne veulent te parler qu'en présence de la justice. Ils ont raison : elle va venir, nous verrons beau jeu. Çà, qu'on me mène ce drôle-là dans l'écurie, et qu'on l'attache à la mangeoire, en attendant que son procès lui soit fait et parfait.

LE COMTE.

Je ne crois pas que seigneur de ma sorte ait jamais été traité ainsi. Nous verrons ce que la cour en dira.

FIN DU SECOND ACTE.

ACTE TROISIÈME.

SCÈNE I.

Mlle THÉRÈSE, LE CHEVALIER, MARAUDIN, Mme BARBE.

Mlle THÉRÈSE.

Je baille un soufflet au premier qui m'appellera encore mademoiselle Thérèse. Vertuchoux! je suis madame la comtesse, afin que vous le sachiez. Ne partez-vous pas tout à l'heure pour Paris, monsieur le comte? je m'ennuie ici épouvantablement.

Mme BARBE.

Irai-je itou à Paris, monsieur le comte?

Mlle THÉRÈSE.

Toi, non, tu m'as trop enfermée dans ma chambre toutes les fois qu'il venait ici des jeunes gens; je ne te mènerai point à Paris.

Mme BARBE.

Ah! que deviendra donc madame Barbe?

Mlle THÉRÈSE.

Pour vivre à Paris, il faut être jeune, brillante, extrêmement jolie, avoir lu les romans, et savoir le monde; c'est affaire à moi à vivre à Paris.

LE CHEVALIER.

Plût au ciel, madame, que je pusse vous y conduire

tout à l'heure, et que monsieur votre père daignât le permettre !

Mlle THÉRÈSE.

Il faudra bien que papa La Cochonnière le veuille; et, veuille ou non, je ne veux pas rester ici plus d'un jour.

MARAUDIN.

Quoi! vous voudriez quitter sitôt un si brave homme de père !

Mlle THÉRÈSE.

Oh! brave homme, tant qu'il vous plaira : j'aime bien papa, mais il m'ennuie à crever, et je veux partir.

LE CHEVALIER.

Hélas! je le voudrais aussi de tout mon cœur.

Mlle THÉRÈSE.

Votre équipage arrive sans doute ce soir; fesons remettre les chevaux dès qu'ils seront arrivés, et partons.

LE CHEVALIER, *à part*.

O ciel! que je sens de toute façon le poids de ma misère! (Haut.) Madame, l'excès de mon amour...

Mlle THÉRÈSE.

L'excès de votre amour me fait grand plaisir; mais je ne vois arriver ni cheval, ni mule, et je veux aller à Paris.

LE CHEVALIER.

Madame, mon équipage...

MARAUDIN.

Son équipage, madame, est en fort mauvais ordre; ses chevaux sont estropiés, son carrosse est brisé.

Mlle THÉRÈSE.

Il n'importe, il faut que je parte.

SCÈNE II.

LE BARON, LE CHEVALIER, Mlle THÉRÈSE, MARAUDIN.

LE BARON.

Vous me voyez fort embarrassé.

MARAUDIN.

Et nous aussi, monsieur le baron.

LE BARON.

Ce diable d'homme, tout fripon qu'il est, a je ne sais quoi d'un honnête homme.

LE CHEVALIER.

Oui, tous les fripons ont cet air-là.

LE BARON.

Il jure toujours qu'il est le comte de Boursoufle.

MARAUDIN.

Il faut bien lui passer de jurer un peu dans le triste état où il est.

LE BARON.

Il a cent lettres sur lui, toutes à l'adresse du comte.

LE CHEVALIER.

C'est lui qui les a écrites.

LE BARON.

En voici une qu'il prétend que vous lui avez donnée pour moi.

LE CHEVALIER.

Elle est contrefaite.

LE BARON.

Il est tout cousu d'or et de bijoux.

LE CHEVALIER.

Il les a volés.

LE BARON.

Ses domestiques sont tous autour du château, et protestent qu'ils vengeront leur maître.

LE CHEVALIER.

Ne voyez-vous pas qu'il est le chef d'une troupe de voleurs?

LE BARON.

Oui, vous avez raison, il sera pendu; c'est sans difficulté; je me suis d'abord aperçu que ce n'était point un homme de qualité, car il n'avait rien de mon air et de mes façons.

LE CHEVALIER.

Il est vrai.

LE BARON.

Je suis bien aise de confronter ce scélérat devant vous; j'ai donné ordre qu'on nous l'amène, pour être jugé selon les lois du royaume par monsieur le bailli que j'attends.

LE CHEVALIER.

Vous voulez absolument que je parle à cet homme-là.

LE BARON.

Assurément.

LE CHEVALIER.

Je ne veux point me commettre avec un homme comme lui.

Mlle THÉRÈSE.

Vous avez raison, monsieur le comte; qu'avons-nous à dire à cet animal-là? allons-nous-en dans ma chambre, cela vaudra bien mieux.

MARAUDIN.

Ma foi, je ne me soucie pas trop non plus de lui parler, et vous permettrez...

(Ils veulent tous s'en aller.)

SCÈNE III.

LE COMTE, LE CHEVALIER, LE BARON, Mlle THÉRÈSE, MARAUDIN.

MARAUDIN, *bas*.

Ah! c'est lui-même, je suis confondu.

LE CHEVALIER, *bas*.

Je n'ai jamais été si embarrassé.

LE COMTE.

J'aurai furieusement besoin d'aller chez le baigneur en sortant de ce maudit château; qu'est-ce que je vois! mon Dieu! eh! c'est monsieur Maraudin.

LE BARON.

D'où peut-il savoir votre nom?

MARAUDIN.

Ces gens-là connaissent tout le monde.

LE COMTE.

Monsieur Maraudin, tout ceci est un peu singulier; foi de seigneur, vous êtes un fripon.

MARAUDIN.

Je vous avais bien dit qu'il connaît tout le monde; je me souviens même de l'avoir vu quelque part.

LE COMTE.

Est-ce vous qui me jouez ce tour? ah, Chonchon!

Mlle THÉRÈSE.

Monsieur le comte, avec quelle insolence il vous parle !

LE COMTE.

Qui l'eût cru, Chonchon, que tu pusses jamais parvenir à cet excès?

LE CHEVALIER, *au baron.*

Monsieur, je vous l'ai déja dit, je ne veux pas me commettre avec cet homme-là, il me fait rougir.

LE BARON.

Si tu perds encore le respect à monsieur le comte, je te casserai bras et jambes... Je vois bien que nous n'en tirerons point raison. Qu'on le remène en prison dans l'écurie.

LE COMTE.

* Cela est effroyable, cela est épouvantable, j'aurai beau dire qu'il est mon frère, ce coquin de chevalier assurera qu'il n'en est rien. Ces gens-ci n'entendent point raillerie. Dans les affaires épineuses, il faut toujours prendre le parti de la modération.

LE BARON.

Que marmottes-tu là entre les dents, ravisseur effronté?

Mlle THÉRÈSE.

Je crois qu'il me trouve fort jolie.

LE COMTE.

Monsieur le baron, je commence à croire que tout ceci n'est qu'un malentendu, et qu'il est aisé de nous

---

* C'est ici que commence le changement fait dans l'édition de 1761. On le trouvera après la pièce, sous forme de variante. (R.)

éclaircir; laissez-moi seulement parler deux minutes tête à tête à ce jeune et honnête gentilhomme.

LE BARON.

Ah! il commence enfin à avouer, et la peur de la justice le presse. Rentrons. Monsieur le comte, écoutez sa déposition, je l'abandonne à votre miséricorde.

SCÈNE IV.

LE COMTE, LE CHEVALIER.

LE CHEVALIER.

Tout fâché que je suis contre lui, il me paraît si bien puni que je commence à sentir quelques remords.

LE COMTE.

Regarde-moi un peu en face, Chonchon.

LE CHEVALIER.

Cela est difficile; vous m'avez traité indignement, et je vous ai fait du mal. Il n'y a pas moyen après cela de se regarder. Que me voulez-vous?

LE COMTE.

Je conviens que je n'ai pas eu avec toi toute la condescendance qu'un aîné devait à son cadet. Tu t'en es bien vengé; tu es venu ici à ma place avec ce fripon de Maraudin. Tu vois le bel état où l'on m'a mis, et le ridicule dont je vais être chargé; fesons la paix : tu me demandais ce matin dix mille francs pour le reste de ta légitime; je t'en donne vingt, et laisse-moi épouser mademoiselle de La Cochonnière.

LE CHEVALIER.

Il n'est plus temps, vous m'avez appris à entendre

mes intérêts ; il n'y a pas d'apparence que je vous cède une fille de cinq cent mille francs pour une légitime de vingt mille.

LE COMTE.

Chonchon !

LE CHEVALIER.

J'ai eu de la peine à me résoudre à ce que j'ai fait ; mais la chose est sans remède.

LE COMTE.

Comment ! aurais-tu déja épousé ? Il faut que tu aies l'ame bien noire.

LE CHEVALIER.

Point, car j'ai eu quelque scrupule en épousant Thérèse, et vous n'en aviez point eu en me fesant mourir de faim.

LE COMTE.

Tu prétends donc, scélérat, pousser jusqu'au bout l'effronterie de ton procédé, et me rendre le jouet de cette maison-ci ?

LE CHEVALIER.

Je ne prétends que cinq cent mille francs ; tout ce que je puis faire pour votre service, c'est de partager le différend par la moitié.

LE COMTE.

C'est un accommodement, du moins.

LE CHEVALIER.

Je prendrai la dot, et je vous laisserai la femme.

LE COMTE.

Ah, Chonchon ! tu commences à faire le plaisant ; on voit bien que ta fortune est faite.

SCÈNE V.

LE BARON, LE BAILLI, Mlle THÉRÈSE, LE COMTE, LE CHEVALIER, Mme BARBE.

LE BAILLI.

Oui, je suis venu en toute diligence, et je ne puis trop vous remercier de l'heureuse occasion que vous me donnez de faire pendre quelqu'un; je n'ai point encore eu cet honneur depuis que je suis en charge; je vous devrai toute ma réputation.

LE BARON.

Corbleu! vous êtes plus heureux que vous ne pensez; notre homme a des complices, et vous avez sept ou huit personnes pour le moins à qui il faudra donner la question.

LE BAILLI.

Dieu soit loué! je ne me sens pas d'aise; instrumentons au plus tôt. Où est le corps du délit? où est l'accusé?

LE BARON.

Le voici, c'est ce coquin-là. Condamnez-le comme voleur de grand chemin, faussaire, et ravisseur de filles.

LE BAILLI.

Çà, dépêchons-nous : votre nom, votre âge, vos qualités... Ah, Dieu paternel! qu'est-ce que je vois là? C'est monsieur le comte de Boursoufle, le fils de monsieur le marquis mon parrain. Ah! monseigneur, mon bon patron! par quelle aventure étrange vous vois-je traité de la sorte?

LE BARON.

Ah! qu'est-ce que j'entends là?

Mlle THÉRÈSE.

En voici bien d'une autre!

Mme BARBE.

Miséricorde!

LE COMTE.

Bailli, ce vieux fou de baron s'est mis dans la tête que je n'ai pas l'honneur d'être monsieur le comte de Boursoufle; il me prend pour un aventurier, et il est tout résolu de me faire pendre au lieu de me donner sa fille. Le procédé est barbare, sur mon honneur.

LE BARON.

Quoi! ce serait en effet là monsieur le comte?

LE BAILLI.

Rien n'est si certain.

LE COMTE.

Il faut que ce baron soit un campagnard bien grossier pour s'y être mépris, foi de seigneur.

LE BARON.

Ah! monsieur le comte, je me jette à vos genoux : j'ai été trompé par ce scélérat de Maraudin et par cet autre coquin-ci; mais je vais les faire brûler tout à l'heure pour vous satisfaire. O ciel! qu'est-ce que j'ai fait? Délions vite monsieur le comte. Je mets ma vie entre vos mains, monsieur le comte; ordonnez du supplice des fripons qui m'ont abusé. Ah! que je suis un malheureux baron!

Mlle THÉRÈSE.

Et moi, que deviendrai-je? à qui suis-je? à qui suis-je donc?

LE COMTE.

Je suis enfin un peu plus libre dans ma taille. Qu'on appelle un peu mes gens, qu'on me donne de la poudre de senteur, car je pue furieusement l'écurie. Holà! eh! un pouf, un pouf.

LE BARON.

Monsieur le bailli, vous voyez que vous n'y perdrez rien; voilà toujours un criminel à expédier. Saisissez-vous de celui-ci, qui a pris insolemment le nom d'un autre pour ravir ma fille.

LE BAILLI.

C'est monsieur le chevalier de Boursoufle, c'est aussi le fils de mon parrain; je ne serai pas assez osé que d'instrumenter contre monsieur le chevalier.

LE COMTE.

Vieux fou de baron, écoutez; j'ai l'honneur, comme je vous l'ai dit, d'être ce comte de Boursoufle avec soixante mille livres de rente. Il est vrai que ce pauvre diable-ci est mon frère; mais c'est un cadet qui n'a pas le sou. Il voulait faire fortune en me jouant d'un tour; il sera assez puni quand il me verra épouser à ses yeux Jacqueline Thérèse, et emporter la dot.

Mlle THÉRÈSE.

Moi, de tout mon cœur; j'épouserai tous ceux que papa La Cochonnière voudra. Ça ne me fait rien, pourvu que j'aille à Paris, et que je sois grande dame.

LE BARON.

Hélas! monsieur le comte, je suis le plus malheureux des hommes, le contrat est signé; monsieur Maraudin a pressé la chose, et même...

Mlle THÉRÈSE.

Tout ça ne fait rien, papa; j'épouserai encore monsieur le comte; vous n'avez qu'à dire.

LE CHEVALIER.

Mademoiselle, je vous supplie de vous souvenir...

Mlle THÉRÈSE.

J'ai tout oublié; vous êtes un cadet qui n'avez rien, et je serai grande dame avec monsieur le comte.

LE COMTE.

Mais quoi, beau-père, le contrat serait signé!

LE CHEVALIER.

Oui, mon frère, et Jacqueline Thérèse a l'honneur d'être votre belle-sœur. Il est vrai, monsieur le baron, que je ne suis pas riche; mais je vous promets de faire une grande fortune à la guerre. Et vous, madame, je me flatte que vous me pardonnerez la petite supercherie que monsieur Maraudin vous a faite, et qui me vaut l'honneur de vous posséder.

Mlle THÉRÈSE.

Je n'entends rien à tout cela; et pourvu que j'aille à Paris dès ce soir, je pardonne tout. Voyez vous deux quel est celui dont je suis la femme.

LE BARON.

Monsieur le bailli, par charité, faites pendre au moins monsieur Maraudin, qui a fait toute la friponnerie.

LE BAILLI.

Très volontiers; il n'y a rien que je ne fasse pour mes amis.

LE COMTE.

On pourrait bien de tout ceci me tourner en ridicule à la cour; mais quand on est fait comme je suis, on est au dessus de tout, foi de seigneur.

FIN DU COMTE DE BOURSOUFLE.

VARIANTE

DU COMTE DE BOURSOUFLE.

Ce qui suit est le dénoûment de cette pièce dans les éditions où elle est nommée *l'Échange*. Les noms des personnages n'y sont point les mêmes.

LE CHEVALIER.
Arrêtez, monsieur le baron, il est temps de vous tirer d'erreur.

TRIGAUDIN.
Qu'allez-vous dire ?

LE CHEVALIER.
Voilà le véritable comte de Fattenville.

LE BARON.
Ah ! qu'est-ce que j'entends ?

MERLIN.
Y pensez-vous ?

GOTTON.
En voici bien d'une autre !

MICHELLE.
Miséricorde !

LE BARON.
Quoi ! ce serait en effet monsieur le comte !

LE CHEVALIER.
Rien n'est plus certain.

LE COMTE.
Il faut que le baron soit un campagnard bien grossier pour s'être mépris, foi de seigneur.

LE BARON.
Ah ! monsieur le comte, je vous demande pardon ! Qu'on rende les armes à monsieur le comte. J'ai été trompé par ce scélérat de Trigaudin, qui m'a fait signer un contrat. (au chevalier.) Mais qui êtes-vous donc, monsieur, vous, qui êtes-vous ?

LE CHEVALIER.
Un pauvre gentilhomme qui n'a rien que l'honneur ; qui ne veut point être heureux par une trahison ; qui rougit d'avoir pu vous

abuser un moment; qui vous respecte; qui adore mademoiselle votre fille, et qui préfère la misère la plus affreuse à tous les avantages qu'il pourrait acquérir au préjudice d'un frère qu'il aime encore, tout dénaturé qu'il est.

LE BARON.

Comment! vous êtes son frère?

LE CHEVALIER.

Oui, monsieur, je ne lui demande plus rien; qu'il jouisse de tout ce qui peut me revenir de ma légitime; qu'il épouse mademoiselle votre fille, et qu'il la rende heureuse, s'il est possible, ce sera mon unique consolation; je vous remets le contrat que vous m'avez signé.

TRIGAUDIN.

Peste soit de la probité!

MERLIN.

Voilà de belle besogne!

LE COMTE.

Que je t'embrasse, mon cher chevalier. J'admire ta générosité, et je dois y répondre. Je t'accorde les dix mille francs que tu m'as demandés; pars, épargne-moi tes remerciemens.

GOTTON.

Et moi, que deviendrai-je? à qui suis-je? à qui suis-je donc? Tenez, papa, quand je ne devrais jamais aller à Paris, j'aime mieux épouser ce monsieur-là, quoiqu'il n'ait rien; il me fait trop de peine.

LE BARON.

Tu as raison, Gotton. Monsieur le chevalier, je vous donne ma fille et tout mon bien : les belles actions valent mieux que des richesses. Vive l'honneur!

MERLIN.

Vivat!

LE COMTE.

On pourrait bien de tout ceci me tourner en ridicule à la cour; mais, quand on est fait comme je suis, on est au dessus de tout, foi de seigneur.

FIN DE LA VARIANTE DU COMTE DE BOURSOUFLE.

JULES CÉSAR,

TRAGÉDIE EN TROIS ACTES,

DE SHAKESPEARE.

AVERTISSEMENT

DES ÉDITEURS DE L'ÉDITION DE KEHL.

On a cru devoir joindre au théâtre les deux pièces suivantes, quoiqu'elles ne soient que de simples traductions.

On pourra comparer *la Mort de César* de Shakespeare avec la tragédie de M. de Voltaire, et juger si l'art tragique a fait ou non des progrès depuis le siècle d'Élisabeth. On verra aussi ce que l'un et l'autre ont cru devoir emprunter de Plutarque, et si M. de Voltaire doit autant à Shakespeare qu'on l'a prétendu.

L'*Héraclius* espagnol suffit pour donner une idée de la différence qui existe entre le théâtre espagnol et celui de Shakespeare. C'est la même irrégularité, le même mélange des situations les plus tragiques et des bouffonneries les plus grossières; mais il y a plus de passion dans le théâtre anglais, et plus de grandeur dans celui des Espagnols; plus d'extravagance dans Calderón et Vega, plus d'horreurs dégoûtantes dans Shakespeare.

M. de Voltaire a combattu pendant les vingt dernières années de sa vie contre la manie de quelques gens de lettres qui, ayant appris de lui à connaître les beautés de ces théâtres grossiers, ont cru devoir y louer presque tout, et ont imaginé une nouvelle poétique qui, s'ils avaient pu être écoutés, aurait absolument replongé l'art tragique dans le chaos.

AVERTISSEMENT

DU TRADUCTEUR.

Ayant entendu souvent comparer Corneille et Shakespeare, j'ai cru convenable de faire voir la manière différente qu'ils emploient l'un et l'autre dans les sujets qui peuvent avoir quelque ressemblance ; j'ai choisi les premiers actes de *la Mort de César*, où l'on voit une conspiration comme dans *Cinna*, et dans lesquels il ne s'agit que d'une conspiration jusqu'à la fin du troisième acte. Le lecteur pourra aisément comparer les pensées, le style et le jugement de Shakespeare, avec les pensées, le style et le jugement de Corneille. C'est aux lecteurs de toutes les nations de prononcer entre l'un et l'autre. Un Français et un Anglais seraient peut-être suspects de quelque partialité. Pour bien instruire ce procès, il a fallu faire une traduction exacte. On a mis en prose ce qui est en prose dans la tragédie de Shakespeare : on a rendu en vers blancs ce qui est en vers blancs, et presque toujours vers pour vers : ce qui est familier et bas est traduit avec familiarité et avec bassesse. On a tâché de s'élever avec l'auteur quand il s'élève, et lorsqu'il est enflé et guindé, on a eu soin de ne l'être ni plus ni moins que lui.

On peut traduire un poëte en exprimant seulement le fond de ses pensées ; mais pour le bien faire connaître, pour donner une idée juste de sa langue, il faut traduire non seulement ses pensées, mais tous les accessoires. Si le poëte a employé une métaphore, il ne faut pas lui substituer une autre métaphore ; s'il se sert d'un mot qui soit bas dans sa langue, on doit le rendre par un mot qui soit bas dans la nôtre. C'est un tableau dont il faut copier exactement l'ordonnance, les attitudes, le coloris, les défauts et les beautés, sans quoi vous donnez votre ouvage pour le sien.

Nous avons en français des imitations, des esquisses, des extraits de Shakespeare, mais aucune traduction : on a voulu apparemment ménager notre délicatesse. Par exemple, dans la traduction du *Maure de Venise*, Iago, au commencement de la pièce, vient avertir le sénateur Brabantio que le Maure a enlevé sa fille. L'auteur français fait parler ainsi Iago à la française :

« Je dis, monsieur, que vous êtes trahi, et que le « Maure est actuellement possesseur des charmes de « votre fille. »

Mais voici comme Iago s'exprime dans l'original anglais :

« Tête et sang, monsieur, vous êtes un de ceux qui « ne serviraient pas Dieu si le diable vous le comman- « dait : parce que nous venons vous rendre service, « vous nous traitez de ruffiens. Vous avez une fille cou- « verte par un cheval de Barbarie; vous aurez des pe- « tits-fils qui henniront, des chevaux de course pour « cousins-germains, et des chevaux de manége pour « beaux-frères.

LE SÉNATEUR.

« Qui es-tu, misérable profane ? »

IAGO.

« Je suis, monsieur, un homme qui vient vous dire « que le Maure et votre fille font maintenant la bête à « deux dos.

LE SÉNATEUR.

« Tu es un coquin, etc. »

Je ne dis pas que le traducteur ait mal fait d'épargner à nos yeux la lecture de ce morceau ; je dis seulement qu'il n'a pas fait connaître Shakespeare, et qu'on ne peut deviner quel est le génie de cet auteur, celui de son temps, celui de sa langue, par les imitations qu'on nous en a données sous le nom de *traduction*. Il n'y a pas six lignes de suite dans le *Jules César* français qui se trouvent dans le *César* anglais. La traduction qu'on donne ici de ce *César* est la plus fidèle qu'on ait jamais faite en notre langue d'un poëte ancien ou étranger. On trouve, à la vérité, dans l'original quelques mots qui ne peuvent se rendre littéralement en français, de même que nous en avons que les Anglais ne peuvent traduire ; mais ils sont en très petit nombre.

Je n'ai qu'un mot à ajouter, c'est que les vers blancs ne coûtent que la peine de les dicter ; cela n'est pas plus difficile à faire qu'une lettre. Si on s'avise de faire des tragédies en vers blancs, et de les jouer sur notre théâtre, la tragédie est perdue. Dès que vous ôtez la difficulté, vous ôtez le mérite.

PERSONNAGES.

JULES CÉSAR.
ANTOINE, \
LÉPIDE, / qui devinrent triumvirs avec Octave César, après la mort de Jules César.

CICÉRON, \
PUBLIUS, } sénateurs.
POPILIUS, /

BRUTUS, \
CASSIUS,
TRÉBONIUS,
CASCA,
LIGARIUS, } conjurés.
DÉCIUS,
MÉTELLUS,
CIMBER,
CINNA, /

FLAVIUS, \
MARULLUS, / tribuns.

ARTÉMIDORE, de Gnide, devin; autre Devin.
Un Astrologue.
Un Homme du peuple et un Savetier.
CALPURNIA, femme de César.
PORCIA, femme de Brutus.
Un Domestique de César.
LUCIUS, l'un des domestiques de Brutus.
Sénateurs, Citoyens, Gardes, Suite, etc.

JULES CÉSAR,

TRAGÉDIE.

ACTE PREMIER.

SCÈNE I [1].

FLAVIUS, MARULLUS; UN HOMME DU PEUPLE, UN SAVETIER.

FLAVIUS.

Hors d'ici; à la maison; retournez chez vous, fainéans : est-ce aujourd'hui jour de fête? ne savez-vous pas, vous qui êtes des ouvriers, que vous ne devez pas vous promener dans les rues un jour ouvrable sans les marques de votre profession [2]? Parle, toi, quel est ton métier?

L'HOMME DU PEUPLE.

Eh mais, monsieur, je suis charpentier.

MARULLUS.

Où est ton tablier de cuir? où est ta règle? pour-

---

[1] Il y a trente-huit acteurs dans cette pièce, sans compter les assistans. Les trois premiers actes se passent à Rome. Le quatrième et le cinquième se passent à Modène et en Grèce. La première scène représente des rues de Rome. Une foule de peuple est sur le théâtre. Deux tribuns, Marullus et Flavius, leur parlent. Cette première scène est en prose.

[2] C'était alors la coutume en Angleterre.

quoi portes-tu ton bel habit? (en s'adressant à un autre.) Et toi, de quel métier es-tu?

LE SAVETIER.

En vérité... pour ce qui regarde les bons ouvriers... je suis... comme qui dirait, un savetier.

MARULLUS.

Mais, dis-moi, quel est ton métier, te dis-je? réponds positivement.

LE SAVETIER.

Mon métier, monsieur? mais j'espère que je peux l'exercer en bonne conscience. Mon métier est, monsieur, raccommodeur d'ames [1].

MARULLUS.

Quel métier, faquin, quel métier, te dis-je, vilain salope?

LE SAVETIER.

Eh, monsieur! ne vous mettez pas hors de vous; je pourrais vous raccommoder.

FLAVIUS.

Qu'appelles-tu, me raccommoder? que veux-tu dire par là?

LE SAVETIER.

Eh mais, vous ressemeler.

FLAVIUS.

Ah! tu es donc en effet savetier? l'es-tu? parle.

---

[1] Il prononce ici le mot de *semelle* comme on prononce celui d'*ame* en anglais.

Il faut savoir que Shakespeare avait eu peu d'éducation, qu'il avait le malheur d'être réduit à être comédien, qu'il fallait plaire au peuple; que le peuple, plus riche en Angleterre qu'ailleurs, fréquente les spectacles, et que Shakespeare le servait selon son goût.

ACTE I, SCÈNE I.

LE SAVETIER.

Il est vrai, monsieur, je vis de mon alène; je ne me mêle point des affaires des autres marchands, ni de celles des femmes; je suis un chirurgien de vieux souliers; lorsqu'ils sont en grand danger, je les rétablis.

FLAVIUS.

Mais pourquoi n'es-tu pas dans ta boutique? pourquoi es-tu avec tant de monde dans les rues?

LE SAVETIER.

Eh! monsieur, c'est pour user leurs souliers, afin que j'aie plus d'ouvrage. Mais la vérité, monsieur, est que nous nous fesons une fête de voir passer César, et que nous nous réjouissons de son triomphe.

MARULLUS.

(Il parle en vers blancs.)

Pourquoi vous réjouir? quelles sont ses conquêtes?
Quels rois par lui vaincus, enchaînés à son char,
Apportent des tributs aux souverains du monde?
Idiots, insensés, cervelles sans raison,
Cœurs durs, sans souvenir et sans amour de Rome,
Oubliez-vous Pompée et toutes ses vertus?
Que de fois dans ces lieux, dans les places publiques,
Sur les tours, sur les toits, et sur les cheminées,
Tenant des jours entiers vos enfans dans vos bras,
Attendiez-vous le temps où le char de Pompée
Traînait cent rois vaincus au pied du Capitole!
Le ciel retentissait de vos voix, de vos cris,
Les rivages du Tibre et ses eaux s'en émurent.
Quelle fête, grands dieux! vous assemble aujourd'hui?

Quoi! vous couvrez de fleurs le chemin d'un coupable,
Du vainqueur de Pompée, encor teint de son sang!
Lâches, retirez-vous; retirez-vous, ingrats:
Implorez à genoux la clémence des dieux;
Tremblez d'être punis de tant d'ingratitude [1].

FLAVIUS.

Allez, chers compagnons, allez, compatriotes;
Assemblez vos amis, et les pauvres surtout:
Pleurez aux bords du Tibre, et que ces tristes bords
Soient couverts de ses flots qu'auront enflés vos larmes.

(Le peuple s'en va.)

Tu les vois, Marullus, à peine repentans;
Mais ils n'osent parler, ils ont senti leurs crimes.
Va vers le Capitole, et moi par ce chemin,
Renversons d'un tyran les images sacrées.

MARULLUS.

Mais quoi! le pouvons-nous, le jour des lupercales?

FLAVIUS.

Oui, te dis-je, abattons ces images funestes.
Aux ailes de César il faut ôter ces plumes:
Il volerait trop haut, et trop loin de nos yeux:
Il nous tiendrait de loin dans un lâche esclavage.

---

[1] Si le commencement de la scène est pour la populace, ce morceau est pour la cour, pour les hommes d'état, pour les connaisseurs.

SCÈNE II.

CÉSAR, ANTOINE, *habillés comme l'étaient ceux qui couraient dans la fête des lupercales, avec un fouet à la main pour toucher les femmes grosses;* CALPURNIA, *femme de César;* PORCIA, *femme de Brutus;* DÉCIUS, CICÉRON, BRUTUS, CASSIUS, CASCA, *et* UN ASTROLOGUE.

(Cette scène est moitié en vers et moitié en prose.)

CÉSAR.
Écoutez, Calpurnia.

CASCA [1].
Paix, messieurs, holà! César parle.

CÉSAR.
Calpurnia?

CALPURNIA.
Quoi, milord?

CÉSAR.
Ayez soin de vous mettre dans le chemin d'Antoine quand il courra.

ANTOINE.
Pourquoi, milord?

CÉSAR.
Quand vous courrez, Antoine, il faut toucher ma femme.
Nos aïeux nous ont dit qu'en cette course sainte
C'est ainsi qu'on guérit de la stérilité.

---

[1] Shakespeare fait de Casca, sénateur, une espèce de bouffon.

ANTOINE.

C'est assez; César parle, on obéit soudain.

CÉSAR.

Va, cours, acquitte-toi de la cérémonie.

L'ASTROLOGUE, *avec une voix grêle.*

César!

CÉSAR.

Qui m'appelle?

CASCA.

Ne faites donc pas tant de bruit; paix, encore une fois.

CÉSAR.

Qui donc m'a appelé dans la foule? J'ai entendu une voix, plus claire que de la musique, qui fredonnait César. Parle, qui que tu sois, parle; César se tourne pour t'écouter.

L'ASTROLOGUE.

César, prends garde aux ides de mars [1].

CÉSAR.

Quel homme est-ce là?

BRUTUS.

C'est un astrologue qui vous dit de prendre garde aux ides de mars.

CÉSAR.

Qu'il paraisse devant moi, que je voie son visage.

---

[1] Cette anecdote est dans Plutarque, ainsi que la plupart des incidens de la pièce. Shakespeare l'avait donc lu : comment a-t-il donc pu avilir la majesté de l'histoire romaine, jusqu'à faire parler quelquefois ces maîtres du monde comme des insensés, des bouffons, des crocheteurs? On l'a déja dit; il voulait plaire à la populace de son temps.

ACTE I, SCENE III.

CASCA, *à l'astrologue.*

L'ami, fends la presse, regarde César.

CÉSAR.

Que disais-tu tout à l'heure? répète encore.

L'ASTROLOGUE.

Prends garde aux ides de mars.

CÉSAR.

C'est un rêveur, laissons-le aller; passons.

(César s'en va avec toute sa suite.)

SCÈNE III.

BRUTUS, CASSIUS.

CASSIUS.

Voulez-vous venir voir les courses des lupercales?

BRUTUS.

Non pas moi.

CASSIUS.

Ah! je vous en prie, allons-y.

BRUTUS.

(En vers.)

Je n'aime point ces jeux; les goûts, l'esprit d'Antoine,
Ne sont point faits pour moi : courez si vous voulez.

CASSIUS.

Brutus, depuis un temps je ne vois plus en vous
Cette affabilité, ces marques de tendresse,
Dont vous flattiez jadis ma sensible amitié.

BRUTUS.

Vous vous êtes trompé : quelques ennuis secrets,
Des chagrins peu connus, ont changé mon visage;

Ils me regardent seul, et non pas mes amis.
Non, n'imaginez point que Brutus vous néglige;
Plaignez plutôt Brutus en guerre avec lui-même:
J'ai l'air indifférent, mais mon cœur ne l'est pas.

CASSIUS.

Cet air sévère et triste, où je m'étais mépris,
M'a souvent avec vous imposé le silence.
Mais, parle-moi, Brutus; peux-tu voir ton visage?

BRUTUS.

Non, l'œil ne peut se voir, à moins qu'un autre objet [1]
Ne réfléchisse en lui les traits de son image.

CASSIUS.

Oui, vous avez raison : que n'avez-vous, Brutus,
Un fidèle miroir qui vous peigne à vous-même,
Qui déploie à vos yeux vos mérites cachés,
Qui vous montre votre ombre! Apprenez, apprenez
Que les premiers de Rome ont les mêmes pensées;
Tous disent, en plaignant ce siècle infortuné,
Ah! si du moins Brutus pouvait avoir des yeux!

BRUTUS.

A quel écueil étrange oses-tu me conduire?
Et pourquoi prétends-tu que, me voyant moi-même,
J'y trouve des vertus que le ciel me refuse?

CASSIUS.

Écoute, cher Brutus, avec attention.
Tu ne saurais te voir que par réflexion.

---

[1] Rien n'est plus naturel que le fond de cette scène, rien n'est même plus adroit. Mais comment peut-on exprimer un sentiment si naturel et si vrai par des tours qui le sont si peu? C'est que le goût n'était pas formé.

ACTE I, SCENE III.

Supposons qu'un miroir puisse *avec modestie*
Te montrer quelques traits à toi-même inconnus;
Pardonne : tu le sais, je ne suis point flatteur;
Je ne fatigue point par d'indignes sermens
D'infidèles amis qu'en secret je méprise;
Je n'embrasse personne afin de le trahir :
Mon cœur est tout ouvert, et Brutus y peut lire.
(On entend des acclamations et le son des trompettes.)

BRUTUS.

Que peuvent annoncer ces trompettes, ces cris?
Le peuple voudrait-il choisir César pour roi?

CASSIUS.

Tu ne voudrais donc pas voir César sur le trône?

BRUTUS.

Non, ami, non, jamais, quoique j'aime César.
Mais pourquoi si long-temps me tenir incertain?
Que ne t'expliques-tu? que voulais-tu me dire?
D'où viennent tes chagrins dont tu cachais la cause?
Si l'amour de l'état les fait naître en ton sein,
Parle, ouvre-moi ton cœur, montre-moi sans frémir
La gloire dans un œil, et le trépas dans l'autre.
Je regarde la gloire, et brave le trépas;
Car le ciel m'est témoin que ce cœur tout romain
Aima toujours l'honneur plus qu'il n'aima le jour.

CASSIUS.

Je n'en doutai jamais; je connais ta vertu,
Ainsi que je connais ton amitié fidèle.
Oui, c'est l'honneur, ami, qui fait tous mes chagrins.
J'ignore de quel œil tu regardes la vie;
Je n'examine point ce que le peuple en pense.

Mais pour moi, cher ami, j'aime mieux n'être pas
Que d'être sous les lois d'un mortel mon égal.
Nous sommes nés tous deux libres comme César:
Bien nourris comme lui, comme lui nous savons
Supporter la fatigue et braver les hivers.
Je me souviens qu'un jour, au milieu d'un orage,
Quand le Tibre en courroux luttait contre ses bords,
« Veux-tu, me dit César, te jeter dans le fleuve?
« Oseras-tu nager, malgré tout son courroux? »
Il dit; et dans l'instant, sans ôter mes habits,
Je plonge, et je lui dis : « César, ose me suivre. »
Il me suit en effet, et de nos bras nerveux
Nous combattons les flots, nous repoussons les ondes.
Bientôt j'entends César qui me crie : « Au secours!
« Au secours! ou j'enfonce; » et moi, dans le moment,
Semblable à notre aïeul, à notre auguste Énée,
Qui, dérobant Anchise aux flammes dévorantes,
L'enleva sur son dos dans les débris de Troie,
J'arrachai ce César aux vagues en fureur:
Et maintenant cet homme est un dieu parmi nous!
Il tonne, et Cassius doit se courber à terre,
Quand ce dieu par hasard daigne le regarder!
Je me souviens encor qu'il fut pris en Espagne [1]
D'un grand accès de fièvre, et que, dans le frisson,
Je crois le voir encore, il tremblait comme un homme;
Je vis ce dieu trembler. La couleur des rubis

---

[1] Tous ces contes que fait Cassius ressemblent à un discours de *Gilles à la Foire*. Cela est naturel; oui : mais c'est le naturel d'un homme de la populace qui s'entretient avec son compère dans un cabaret. Ce n'est pas ainsi que parlaient les plus grands hommes de la république romaine.

ACTE I, SCENE III.

S'enfuyait tristement de ses lèvres poltronnes.
Ces yeux, dont un regard fait fléchir les mortels,
Ces yeux étaient éteints : j'entendis ces soupirs,
Et cette même voix qui commande à la terre.
Cette terrible voix, remarque bien, Brutus,
Remarque, et que ces mots soient écrits dans tes livres,
Cette voix qui tremblait, disait : « Titinius,
« Titinius [1], à boire! » Une fille, un enfant,
N'eût pas été plus faible : et c'est donc ce même homme,
C'est ce corps faible et mou qui commande aux Romains!
Lui notre maître! ô dieux!

BRUTUS.

J'entends un nouveau bruit,
J'entends des cris de joie. Ah! Rome trop séduite
Surcharge encor César et de biens et d'honneurs.

CASSIUS.

Quel homme! quel prodige! il enjambe ce monde
Comme un vaste colosse; et nous, petits humains,
Rampans entre ses pieds, nous sortons notre tête
Pour chercher, en tremblant, des tombeaux sans hon- [neur.
Ah! l'homme est quelquefois le maître de son sort :
La faute est dans son cœur, et non dans les étoiles;
Qu'il s'en prenne à lui seul s'il rampe dans les fers.
César! Brutus! eh bien! quel est donc ce César?
Son nom sonne-t-il mieux que le mien ou le vôtre?
Écrivez votre nom; sans doute il vaut le sien :
Prononcez-les; tous deux sont égaux dans la bouche :
Pesez-les; tous les deux ont un poids bien égal.

[1] L'acteur autrefois prenait en cet endroit le ton d'un homme qui a la fièvre, et qui parle d'une voix grêle.

Conjurez en ces noms les démons du Tartare,
Les démons évoqués viendront également [1].
Je voudrais bien savoir ce que ce César mange
Pour s'être fait si grand. O siècle! ô jours honteux!
O Rome! c'en est fait; tes enfans ne sont plus.
Tu formes des héros; et, depuis le déluge,
Aucun temps ne te vit sans mortels généreux;
Mais tes murs aujourd'hui contiennent un seul homme.

(Cassius continue, et dit:)

Ah! c'est aujourd'hui que Roume existe en effet;
car il n'y a de roum (de place) que pour César [2].

(Cassius achève son récit par ces vers:)

Ah! dans Rome jadis il était un Brutus,
Qui se serait soumis au grand diable d'enfer
Aussi facilement qu'aux ordres d'un monarque.

BRUTUS.

Va, je me fie à toi; tu me chéris, je t'aime:
Je vois ce que tu veux; j'y pensai plus d'un jour:
Nous en pourrons parler; mais, dans ces conjonctures,
Je te conjure, ami, de n'aller pas plus loin.
J'ai pesé tes discours; tout mon cœur s'en occupe;
Nous en reparlerons; je ne t'en dis pas plus.

[1] Ces idées sont prises des contes de sorciers, qui étaient plus communs dans la superstitieuse Angleterre qu'ailleurs, avant que cette nation fût devenue philosophe, grace aux Bacon, aux Shaftesbury, aux Collins, aux Wollaston, aux Dodwell, aux Middleton, aux Bolingbrocke, et à tant d'autres génies hardis.

[2] Il y a ici une plaisante pointe: Rome, en anglais, se prononce *Roum*; et *room*, qui signifie place, se prononce aussi *roum*. Cela n'est pas tout-à-fait dans le style de *Cinna:* mais chaque peuple et chaque siècle ont leur style et leur sorte d'éloquence.

Va, sois sûr que Brutus aimerait mieux cent fois
Etre un vil paysan que d'être un sénateur,
Un citoyen romain menacé d'esclavage.

SCÈNE IV.

CÉSAR *rentre avec tous ses courtisans*; BRUTUS, CASSIUS.

BRUTUS.

César est de retour; il a fini son jeu.

CASSIUS.

Crois-moi, tire Casca doucement par la manche;
Il passe : il te dira, dans son étrange humeur,
Avec son ton grossier, tout ce qu'il aura vu.

BRUTUS.

Je n'y manquerai pas; mais observe avec moi
Combien l'œil de César annonce de colère;
Vois tous ces courtisans près de lui consternés;
La pâleur se répand au front de Calpurnie.
Regarde Cicéron, comme il est inquiet,
Impatient, troublé; tel que, dans nos comices,
Nous l'avons vu souvent, quand quelques sénateurs,
Réfutant ses raisons, bravent son éloquence.

CASSIUS.

Tu sauras de Casca tout ce qu'il faut savoir.

CÉSAR, *dans le fond.*

Eh bien, Antoine!

ANTOINE.

Eh bien, César!

CÉSAR, *regardant Cassius et Brutus, qui sont sur
le devant.*

Puissé-je désormais n'avoir autour de moi [mables!
Que ceux dont l'embonpoint marque des mœurs ai-
Cassius est trop maigre; il a les yeux trop creux;
Il pense trop : je crains ces sombres caractères.

ANTOINE.

Ne le crains point, César, il n'est pas dangereux;
C'est un noble Romain qui t'est fort attaché.

CÉSAR[1].

Je le voudrais plus gras, mais je ne puis le craindre.
Cependant si César pouvait craindre un mortel,
Cassius est celui dont j'aurais défiance :
Il lit beaucoup; je vois qu'il veut tout observer;
Il prétend par les faits juger du cœur des hommes;
Il fuit l'amusement, les concerts, les spectacles,
Tout ce qu'Antoine et moi nous goûtons sans remords;
Il sourit rarement; et, dans son dur sourire,
Il semble se moquer de son propre génie;
Il paraît insulter au sentiment secret
Qui malgré lui l'entraîne et le force à sourire.
Un esprit de sa trempe est toujours en colère,
Quand il voit un mortel qui s'élève sur lui.
D'un pareil caractère il faut qu'on se défie.
Je te dis, après tout, ce qu'on peut redouter,
Non pas ce que je crains; je suis toujours moi-même.
Passe à mon côté droit; je suis sourd d'une oreille :
Dis-moi sur Cassius ce que je dois penser.

(César sort avec Antoine et sa suite.)

[1] Cela est encore tiré de Plutarque.

SCÈNE V.

BRUTUS, CASSIUS, CASCA.

(Brutus tire Casca par la manche.)

CASCA, *à Brutus*.

César sort, et Brutus par la manche me tire;
Voudrait-il me parler?

BRUTUS.

Oui, je voudrais savoir
Quel sujet à César cause tant de tristesse?

CASCA.

Vous le savez assez : ne le suiviez-vous pas?

BRUTUS.

Eh! si je le savais, vous le demanderais-je?

(Cette scène est continuée en prose.)

CASCA.

Oui-dà! eh bien! on lui a offert une couronne, et cette couronne lui étant présentée, il l'a rejetée du revers de la main. (Il fait ici le geste qu'a fait César.) Alors le peuple a applaudi par mille acclamations.

BRUTUS.

Pourquoi ce bruit a-t-il redoublé?

CASCA.

Pour la même raison.

CASSIUS.

Mais on a applaudi trois frois : pourquoi ce troisième applaudissement?

CASCA.

Pour cette même raison-là, vous dis-je.

BRUTUS.

Quoi! on lui a offert trois fois la couronne?

CASCA.

Eh! pardieu oui, et à chaque fois il l'a toujours doucement refusée, et à chaque signe qu'il fesait de n'en vouloir point, tous mes honnêtes voisins l'applaudissaient à haute voix.

CASSIUS.

Qui lui a offert la couronne?

CASCA.

Eh! qui donc? Antoine.

BRUTUS.

De quelle manière s'y est-il pris, cher Casca?

CASCA.

Je veux être pendu si je sais précisément la manière; c'était une pure farce : je n'ai pas tout remarqué. J'ai vu Marc-Antoine lui offrir la couronne; ce n'était pourtant pas une couronne tout-à-fait, c'était un petit coronet[1]; et, comme je vous l'ai déja dit, il l'a rejeté; mais, selon mon jugement, il aurait bien voulu le prendre. On le lui a offert encore, il l'a rejeté encore: mais, à mon avis, il était bien fâché de ne pas mettre les doigts dessus. On le lui a encore présenté, il l'a encore refusé; et à ce dernier refus, la canaille a poussé de si hauts cris, et a battu de ses vilaines

---

[1] Les coronets sont de petites couronnes que les pairesses d'Angleterre portent sur la tête au sacre des rois et des reines, et dont les pairs ornent leurs armoiries. Il est bien étrange que Shakespeare ait traité en comique un récit dont le fond est si noble et si intéressant : mais il s'agit de la populace de Rome, et Shakespeare cherchait les suffrages de celle de Londres.

mains avec tant de fracas, et a tant jeté en l'air ses sales bonnets, et a laissé échapper tant de bouffées de sa puante haleine, que César en a été presque étouffé : il s'est évanoui, il est tombé par terre; et, pour ma part, je n'osais rire, de peur qu'en ouvrant ma bouche, je ne reçusse le mauvais air infecté par la racaille.

CASSIUS.

Doucement, doucement. Dis-moi, je te prie, César s'est évanoui?

CASCA.

Il est tombé tout au milieu du marché; sa bouche écumait; il ne pouvait parler.

BRUTUS.

Cela est vraisemblable; il est sujet à tomber du haut-mal.

CASSIUS.

Non, César ne tombe point du haut-mal; c'est vous et moi qui tombons; c'est nous, honnête Casca, qui sommes en épilepsie.

CASCA.

Je ne sais pas ce que vous entendez par là, mais je suis sûr que Jules César est tombé; et regardez-moi comme un menteur, si tout ce peuple en guenilles ne l'a pas claqué et sifflé, selon qu'il lui plaisait ou déplaisait, comme il fait les comédiens sur le théâtre.

BRUTUS.

Mais qu'a-t-il dit quand il est revenu à lui?

CASCA.

Jarni! avant de tomber, quand il a vu la populace si aise de son refus de la couronne, il m'a ouvert son manteau, et leur a offert de se couper la gorge... Quand il a eu repris ses sens, il a dit à l'assemblée : « Messieurs, si j'ai dit ou fait quelque chose de peu con-« venable, je prie vos seigneuries de ne l'attribuer « qu'à mon infirmité. » Trois ou quatre filles qui étaient auprès de moi se sont mises à crier : « Hélas ! la bonne « ame ! » Mais il ne faut pas prendre garde à elles ; car s'il avait égorgé leurs mères, elles en auraient dit autant.

BRUTUS.

Et après tout cela il s'en est retourné tout triste ?

CASCA.

Oui.

CASSIUS.

Cicéron a-t-il dit quelque chose ?

CASCA.

Oui, il a parlé grec.

CASSIUS.

Pourquoi ?

CASCA.

Ma foi, je ne sais ; je ne pourrai plus guère vous regarder en face. Ceux qui l'ont entendu se sont regardés en souriant, et ont branlé la tête. Tout cela était du grec pour moi. Je n'ai plus de nouvelles à vous dire. Marullus et Flavius, pour avoir dépouillé les images de César de leurs ornemens, sont réduits au silence. Adieu : il y a eu encore bien d'autres sottises ; mais je ne m'en souviens pas.

CASSIUS.

Casca, veux-tu souper avec moi ce soir ?

ACTE I, SCÈNE V.

CASCA.

Non, je suis engagé.

CASSIUS.

Veux-tu dîner avec moi demain?

CASCA.

Oui, si je suis en vie, si tu ne changes pas d'avis, et si ton dîner vaut la peine d'être mangé.

CASSIUS.

Fort bien, nous t'attendrons.

CASCA.

Attends-moi. Adieu, tous deux.

(*Le reste de cette scène est en vers.*)

BRUTUS.

L'étrange compagnon! qu'il est devenu brute!
Je l'ai vu tout de feu jadis dans ma jeunesse.

CASSIUS.

Il est le même encor quand il faut accomplir
Quelque illustre dessein, quelque noble entreprise.
L'apparence est chez lui rude, lente et grossière;
C'est la sauce, crois-moi, qu'il met à son esprit,
Pour faire avec plaisir digérer ses paroles.

BRUTUS.

Oui, cela me paraît : ami, séparons-nous;
Demain, si vous voulez, nous parlerons ensemble.
Je viendrai vous trouver, ou vous viendrez chez moi :
J'y resterai pour vous.

CASSIUS.

Volontiers, j'y viendrai.
Allez; en attendant, souvenez-vous de Rome.

SCÈNE VI.

CASSIUS.

Brutus, ton cœur est bon, mais cependant je vois
Que ce riche métal peut d'une adroite main
Recevoir aisément des formes différentes.
Un grand cœur doit toujours fréquenter ses semblables :
Le plus beau naturel est quelquefois séduit.
César me veut du mal, mais il aime Brutus ;
Et si j'étais Brutus, et qu'il fût Cassius,
Je sens que sur mon cœur il aurait moins d'empire.
Je prétends, cette nuit, jeter à sa fenêtre
Des billets sous le nom de plusieurs citoyens ;
Tous lui diront que Rome espère en son courage,
Et tous obscurément condamneront César ;
Son joug est trop affreux, songeons à le détruire,
Ou songeons à quitter le jour que je respire.
(Il sort.)

(Les deux derniers vers de cette scène sont rimés dans l'original.)

SCÈNE VII.

On entend le tonnerre, on voit des éclairs. CASCA *entre l'épée à la main ;* CICÉRON *entre par un autre côté, et rencontre Casca.*

CICÉRON.

Bonsoir, mon cher Casca. César est-il chez lui ?
Tu parais sans haleine, et les yeux effarés.

CASCA.

N'êtes-vous pas troublé quand vous voyez la terre

ACTE I, SCÈNE VII.

Trembler avec effroi jusqu'en ses fondemens?
J'ai vu cent fois les vents et les fières tempêtes
Renverser les vieux troncs des chênes orgueilleux;
Le fougueux Océan, tout écumant de rage,
Élever jusqu'au ciel ses flots ambitieux;
Mais, jusqu'à cette nuit, je n'ai point vu d'orage
Qui fît pleuvoir ainsi les flammes sur nos têtes.
Ou la guerre civile est dans le firmament,
Ou le monde impudent met le ciel en colère,
Et le force à frapper les malheureux humains.

CICÉRON.

Casca, n'as-tu rien vu de plus épouvantable?

CASCA.

Un esclave, je crois qu'il est connu de vous,
A levé sa main gauche; elle a flambé soudain,
Comme si vingt flambeaux s'allumaient tous ensemble,
Sans que sa main brûlât, sans qu'il sentît les feux :
Bien plus (depuis ce temps j'ai ce fer à la main)
Un lion a passé tout près du Capitole;
Ses yeux étincelans se sont tournés sur moi;
Il s'en va fièrement, sans me faire de mal.
Cent femmes en ces lieux, immobiles, tremblantes,
Jurent qu'elles ont vu des hommes enflammés
Parcourir, sans brûler, la ville épouvantée.
Le triste et sombre oiseau qui préside à la nuit
A dans Rome, en plein jour, poussé ses cris funèbres.
Croyez-moi, quand le ciel assemble ces prodiges,
Gardons-nous d'en chercher d'inutiles raisons,
Et de vouloir sonder les lois de la nature.
C'est le ciel qui nous parle, et qui nous avertit.

CICÉRON.

Tous ces événemens paraissent effroyables ;
Mais, pour les expliquer, chacun suit ses pensées :
On s'écarte du but en croyant le trouver.
Casca, César demain vient-il au Capitole ?

CASCA.

Il y viendra ; sachez qu'Antoine de sa part
Doit vous faire avertir de vous y rendre aussi.

CICÉRON.

Bonsoir donc, cher Casca ; les cieux chargés d'orages
Ne nous permettent pas de demeurer : adieu.

SCÈNE VIII.

CASSIUS, CASCA.

CASSIUS.

Qui marche dans ces lieux à cette heure ?

CASCA.

                                  Un Romain.

CASSIUS.

C'est la voix de Casca.

CASCA.

                    Votre oreille est fort bonne.
Quelle effroyable nuit !

CASSIUS.

                    Ne vous en plaignez pas ;
Pour les honnêtes gens cette nuit a des charmes.

CASCA.

Quelqu'un vit-il jamais les cieux plus courroucés ?

ACTE I, SCÈNE VIII.

CASSIUS.

Oui, celui qui connaît les crimes de la terre.
Pour moi, dans cette nuit j'ai marché dans les rues;
J'ai présenté mon corps à la foudre, aux éclairs;
La foudre et les éclairs ont épargné ma vie.

CASCA.

Mais pourquoi tentiez-vous la colère des dieux?
C'est à l'homme à trembler lorsque le ciel envoie
Ses messagers de mort à la terre coupable.

CASSIUS.

Que tu parais grossier! que ce feu du génie,
Qui luit chez les Romains, est éteint dans tes sens!
Ou tu n'as point d'esprit, ou tu n'en uses pas.
Pourquoi ces yeux hagards, et ce visage pâle?
Pourquoi tant t'étonner des prodiges des cieux?
De ce bruyant courroux veux-tu savoir la cause?
Pourquoi ces feux errans, ces mânes déchaînés,
Ces monstres, ces oiseaux, ces enfans qui prédisent?
Pourquoi tout est sorti de ses bornes prescrites?
Tant de monstres, crois-moi, doivent nous avertir
Qu'il est dans la patrie un plus grand monstre encore;
Et si je te nommais un mortel, un Romain,
Non moins affreux pour nous que cette nuit affreuse,
Que la foudre, l'éclair, et les tombeaux ouverts;
Un insolent mortel, dont les rugissemens
Semblent ceux du lion qui marche au Capitole;
Un mortel par lui-même aussi faible que nous,
Mais que le ciel élève au dessus de nos têtes,
Plus terrible pour nous, plus odieux cent fois,
Que ces feux, ces tombeaux, et ces affreux prodiges.

CASCA.

C'est César; c'est de lui que tu prétends parler.

CASSIUS.

Qui que ce soit, n'importe. Eh, quoi donc! les Romains
N'ont-ils pas aujourd'hui des bras comme leurs pères?
Ils n'en ont point l'esprit, ils n'en ont point les mœurs,
Ils n'ont que la faiblesse et l'esprit de leurs mères.
Les Romains, dans nos jours, ont donc cessé d'être [hommes.

CASCA.

Oui, si l'on m'a dit vrai, demain les sénateurs
Accordent à César ce titre affreux de roi ;
Et sur terre et sur mer il doit porter le sceptre,
En tous lieux, hors de Rome, où déja César règne.

CASSIUS.

Tant que je porterai ce fer à mon côté,
Cassius sauvera Cassius d'esclavage.
Dieux! c'est vous qui donnez la force aux faibles cœurs,
C'est vous qui des tyrans punissez l'injustice.
Ni les superbes tours, ni les portes d'airain,
Ni les gardes armés, ni les chaînes de fer,
Rien ne retient un bras que le courage anime;
Rien n'ôte le pouvoir qu'un homme a sur soi-même.
N'en doute point, Casca, tout mortel courageux
Peut briser à son gré les fers dont on le charge.

CASCA.

Oui, je m'en sens capable; oui, tout homme en ses
Porte la liberté de sortir de la vie. [mains

CASSIUS.

Et pourquoi donc César nous peut-il opprimer ?

ACTE I, SCÈNE VIII.

Il n'eût jamais osé régner sur les Romains ;
Il ne serait pas loup, s'il n'était des moutons [1].
Il nous trouva chevreuils, quand il s'est fait lion.
Qui veut faire un grand feu se sert de faible paille.
Que de paille dans Rome! et que d'ordure, ô ciel!
Notre indigne bassesse a fait toute sa gloire.
Mais que dis-je! ô douleurs! où vais-je m'emporter?
Devant qui mes regrets se sont-ils fait entendre?
Êtes-vous un esclave? êtes-vous un Romain?
Si vous servez César, ce fer est ma ressource :
Je ne crains rien de vous, je brave tout danger.

CASCA.

Vous parlez à Casca, que ce mot vous suffise :
Je ne sais point flatter César par des rapports. [Rome.
Prends ma main, parle, agis, fais tout pour sauver
Si quelqu'un fait un pas dans ce noble dessein,
Je le devancerai; compte sur ma parole.

CASSIUS.

Voilà le marché fait : je veux te confier
Que de plus d'un Romain j'ai soulevé la haine.
Ils sont prêts à former une grande entreprise,
Un terrible complot, dangereux, important.
Nous devons nous trouver au porche de Pompée :
Allons, car à présent dans cette horrible nuit,
On ne peut se tenir, ni marcher dans les rues.
Les élémens armés, ensemble confondus,
Sont, comme mes projets, fiers, sanglans et terribles.

---

[1] Le loup et les moutons ne gâtent point les beautés de ce morceau, parce que les Anglais n'attachent point à ces mots une idée basse : ils n'ont point le proverbe, *qui se fait brebis, le loup le mange*.

CASCA.

Arrête, quelqu'un vient à pas précipités.

CASSIUS.

C'est Cinna; sa démarche est aisée à connaître :
C'est un ami [1].

SCÈNE IX.

CASSIUS, CASCA, CINNA.

CASSIUS.

Cinna, qui vous hâte à ce point?

CINNA.

Je vous cherchais. Cimber serait-il avec vous?

CASSIUS.

Non, c'est Casca : je peux répondre de son zèle;
C'est un des conjurés.

CINNA.

J'en rends graces au ciel.
Mais quelle horrible nuit! Des visions étranges
De quelques uns de nous ont glacé les esprits.

CASSIUS.

M'attendiez-vous?

CINNA.

Sans doute avec impatience.
Ah! si le grand Brutus était gagné par vous!

CASSIUS.

Il le sera, Cinna. Va porter ce papier [2]

---

[1] Presque toute cette scène me paraît pleine de grandeur, de force et de beautés vraies.

[2] Un papier, du temps de César, n'est pas trop dans le costume;

ACTE I, SCENE IX.

Sur la chaire où se sied le préteur de la ville;
Et jette adroitement cet autre à sa fenêtre;
Mets cet autre papier aux pieds de la statue
De l'antique Brutus, qui sut punir les rois :
Tu te rendras après au porche de Pompée.
Avons-nous Décius avec Trébonius?

CINNA.

Tous, excepté Cimber, au porche vous attendent,
Et Cimber est allé chez vous pour vous parler.
Je cours exécuter vos ordres respectables.

CASSIUS.

Allons, Casca; je veux parler avant l'aurore
Au généreux Brutus : les trois quarts de lui-même
Sont déja dans nos mains; nous l'aurons tout entier.
Et deux mots suffiront pour subjuguer son ame.

CASCA.

Il nous est nécessaire, il est aimé dans Rome;
Et ce qui dans nos mains peut paraître un forfait,
Quand il nous aidera, passera pour vertu.
Son crédit dans l'état est la riche alchimie,
Qui peut changer ainsi les espèces des choses.

CASSIUS.

J'attends tout de Brutus, et tout de son mérite.
Allons : il est minuit; et devant qu'il soit jour
Il faudra l'éveiller, et s'assurer de lui.

mais il n'y faut pas regarder de si près; il faut songer que Shakespeare n'avait point eu d'éducation, qu'il devait tout à son seul génie.

FIN DU PREMIER ACTE.

BRUTUS.
            Prends le calendrier,
Et viens m'en rendre compte.
LUCIUS.
            Oui, j'y cours à l'instant.
BRUTUS, *décachetant le billet.*
Ouvrons; car les éclairs et les exhalaisons
Font assez de clarté pour que je puisse lire.
(Il lit.)
« Tu dors; éveille-toi, Brutus, et songe à Rome;
« Tourne les yeux sur toi, tourne les yeux sur elle.
« Es-tu Brutus encor? peux-tu dormir, Brutus?
« Debout; sers ton pays; parle, frappe, et nous venge.»
J'ai reçu quelquefois de semblables conseils;
Je les ai recueillis. On me parle de Rome;
Je pense à Rome assez. — Rome, c'est de tes rues
Que mon aïeul Brutus osa chasser Tarquin.
Tarquin! c'était un roi.—«Parle, frappe, et nous venge.»
Tu veux donc que je frappe; — oui, je te le promets,
Je frapperai : ma main vengera tes outrages;
Ma main, n'en doute point, remplira tous tes vœux.
LUCIUS *rentre.*
Nous avons ce matin le quinzième du mois.
BRUTUS.
C'est fort bien; cours ouvrir; quelqu'un frappe à la porte.
            (Lucius va ouvrir.)
Depuis que Cassius m'a parlé de César,
Mon cœur s'est échauffé, je n'ai pas pu dormir.
Tout le temps qui s'écoule entre un projet terrible
Et l'accomplissement, n'est qu'un fantôme affreux,

ACTE II, SCÈNE I.

Un rêve épouvantable, un assaut du génie,
Qui dispute en secret avec cet attentat [1];
C'est la guerre civile en notre ame excitée.

LUCIUS.

Cassius votre frère [2] est là qui vous demande.

BRUTUS.

Est-il seul?

LUCIUS.

Non, monsieur, sa suite est assez grande.

BRUTUS.

En connais-tu quelqu'un?

LUCIUS

Je n'en connais pas un.
Couverts de leurs chapeaux jusques à leurs oreilles [3],
Ils ont dans leurs manteaux enterré leurs visages,
Et nul à Lucius ne s'est fait reconnaître :
Pas la moindre amitie.

BRUTUS.

Ce sont nos conjurés.
O conspiration! quoi! dans la nuit tu trembles,
Dans la nuit favorable aux autres attentats!
Ah! quand le jour viendra, dans quels antres profonds
Pourras-tu donc cacher ton monstrueux visage?
Va, ne te montre point; prends le masque imposant
De l'affabilité, des respects, des caresses.

---

[1] Il y a dans l'original : *Le génie tient conseil avec ces instrumens de mort.* Cet endroit se retrouve dans une note de *Cinna*, mais moins exactement traduit.

[2] *Votre frère* veut dire ici *votre ami.*

[3] *Hats,* chapeaux.

Si tu ne sais cacher tes traits épouvantables,
Les ombres de l'enfer ne sont pas assez fortes
Pour dérober ta marche aux regards de César.

SCÈNE II.

CASSIUS, CASCA, DÉCIUS, CINNA, MÉTELLUS, TRÉBONIUS, *enveloppés dans leurs manteaux.*

TRÉBONIUS, *en se découvrant.*

Nous venons hardiment troubler votre repos.
Bonjour, Brutus; parlez, sommes-nous importuns?

BRUTUS.

Non, le sommeil me fuit; non, vous ne pouvez l'être.
(à part, à Cassius.)
Ceux que vous amenez sont-ils connus de moi?

CASSIUS.

Tous le sont; chacun d'eux vous aime et vous honore.
Puissiez-vous seulement, en vous rendant justice,
Vous estimer, Brutus, autant qu'ils vous estiment!
Voici Trébonius.

BRUTUS.

Qu'il soit le bien venu.

CASSIUS.

Celui qui l'accompagne est Décius Brutus.

BRUTUS.

Très bien venu de même.

CASSIUS.

Et cet autre est Casca.
Celui-là, c'est Cimber, et celui-ci, Cinna.

BRUTUS.

Tous les très bien venus. — Quels projets importans
Les mènent dans ces lieux entre vous et la nuit?

CASSIUS.

Puis-je vous dire un mot?

(Il lui parle à l'oreille, et pendant ce temps-là les conjurés se retirent un peu.)

DÉCIUS.

L'orient est ici; le soleil va paraître.

CASCA.

Non.

DÉCIUS.

Pardonnez, monsieur; déja quelques rayons,
Messagers de l'aurore, ont blanchi les nuages.

CASCA.

Avouez que tous deux vous vous êtes trompés:
Tenez, le soleil est au bout de mon épée;
Il s'avance de loin vers le milieu du ciel,
Amenant avec lui les beaux jours du printemps.
Vous verrez dans deux mois qu'il s'approche de l'ourse;
Mais ses traits à présent frappent au Capitole [1].

BRUTUS.

Donnez-moi tous la main, amis, l'un après l'autre.

CASSIUS.

Jurez tous d'accomplir vos desseins généreux.

BRUTUS.

Laissons là les sermens. Si la patrie en larmes,
Si d'horribles abus, si nos malheurs communs,
Ne sont pas des motifs assez puissans sur vous,

---

[1] On a traduit cette dissertation, parce qu'il faut tout traduire.

Rompons tout; hors d'ici, retournez dans vos lits;
Dormez, laissez veiller l'affreuse tyrannie;
Que sous son bras sanglant chacun tombe à son tour.
Mais si tant de malheurs, ainsi que je m'en flatte,
Doivent remplir de feu les cœurs froids et poltrons,
Inspirer la valeur aux plus timides femmes,
Qu'avons-nous donc besoin d'un nouvel éperon?
Quel lien nous faut-il que notre propre cause;
Et quel autre serment que l'honneur, la parole?
L'amour de la patrie est notre engagement;
La vertu, mes amis, se fie à la vertu [1].
Les prêtres, les poltrons, les fripons, et les faibles,
Ceux dont on se défie, aux sermens ont recours.
Ne souillez pas l'honneur d'une telle entreprise;
Ne faites pas la honte à votre juste cause
De penser qu'un serment soutienne vos grands cœurs.
Un Romain est bâtard s'il manque à sa promesse.

CASSIUS.

Aurons-nous Cicéron? voulez-vous le sonder?
Je crois qu'avec vigueur il sera du parti.

CASCA.

Ah! ne l'oublions pas.

CINNA.

Ne fesons rien sans lui.

CIMBER.

Pour nous faire approuver, ses cheveux blancs suffisent;
Il gagnera des voix; on dira que nos bras

---

[1] Y a-t-il rien de plus beau que le fond de ce discours? Il est vrai que la grandeur en est un peu avilie par quelques idées un peu basses; mais toutes sont naturelles et fortes, sans épithètes et sans langueur.

ACTE II, SCÈNE II.

Ont été dans ce jour guidés par sa prudence :
Notre âge, jeune encore, et notre emportement,
Trouveront un appui dans sa grave vieillesse.

BRUTUS.

Non, ne m'en parlez point; ne lui confiez rien:
Il n'achève jamais ce qu'un autre commence;
Il prétend que tout vienne et dépende de lui.

CASSIUS.

Laissons donc Cicéron.

CASCA.

Il nous servirait mal.

CIMBER.

César est-il le seul que nous devions frapper?

CASSIUS.

Je crois qu'il ne faut pas qu'Antoine lui survive;
Il est trop dangereux : vous savez ses mesures;
Il peut les pousser loin, il peut nous perdre tous;
Il faut le prévenir : que César et lui meurent.

BRUTUS.

Cette *course* [1] aux Romains paraîtrait trop sanglante.
On nous reprocherait la colère et l'envie,
Si nous coupons la tête, et puis hachons les membres;
Car Antoine n'est rien qu'un membre de César:
Ne soyons point bouchers, mais sacrificateurs [2].
Qui voulons-nous punir? c'est l'esprit de César:

---

[1] Le mot *course* fait peut-être allusion à la course des lupercales. *Course* signifie aussi *service de plats sur table*.

[2] Observez que c'est ici un morceau des plus admirés sur le théâtre de Londres. Pope et l'évêque Warburton l'ont imprimé avec des guillemets, pour en faire mieux remarquer les beautés. Il est traduit vers pour vers avec exactitude.

Mais dans l'esprit d'un homme on ne voit point de sang.
Ah! que ne pouvons-nous, en punissant cet homme,
Exterminer l'esprit sans démembrer le corps!
Hélas! il faut qu'il meure. — O généreux amis!
Frappons avec audace et non pas avec rage;
Fesons de la victime un plat digne des dieux,
Non pas une carcasse aux chiens abandonnée : [bile
Que nos cœurs aujourd'hui soient comme un maître ha-
Qui fait par ses laquais commettre quelque crime,
Et qui les gronde ensuite. Ainsi notre vengeance
Paraîtra nécessaire et non pas odieuse.
Nous serons médecins et non pas assassins.
Ne pensons plus, amis, à frapper Marc-Antoine:
Il ne peut, croyez-moi, rien de plus contre nous,
Que le bras de César, quand la tête est coupée.

CASSIUS.

Cependant je le crains; je crains cette tendresse
Qu'en son cœur pour César il porte enracinée.

BRUTUS.

Hélas! bon Cassius, ne le redoute point;
S'il aime tant César, il pourrait tout au plus
S'en occuper, le plaindre, et peut-être mourir :
Il ne le fera pas, car il est trop livré
Aux plaisirs, aux festins, aux jeux, à la débauche.

TRÉBONIUS.

Non, il n'est point à craindre; il ne faut point qu'il meure;
Nous le verrons bientôt rire de tout ceci.

(On entend sonner l'horloge; ce n'est pas que les Romains eussent
des horloges sonnantes, mais le *costume* est observé ici comme
dans tout le reste.)

ACTE II, SCÈNE II.

BRUTUS.

Paix, comptons.

CASSIUS.

Vous voyez qu'il est déja trois heures.

TRÉBONIUS.

Il faut nous séparer.

CASCA.

Il est douteux encore
Si César osera venir au Capitole.
Il change, il s'abandonne aux superstitions;
Il ne méprise plus les revenans, les songes;
Et l'on dirait qu'il croit à la religion.
L'horreur de cette nuit, ces effrayans prodiges,
Les discours des devins, les rêves des augures,
Pourraient le détourner de marcher au sénat.

DÉCIUS.

Ne crains rien; si telle est sa résolution,
Je l'en ferai changer. Il aime tous les contes;
Il parle volontiers de la chasse aux licornes;
Il dit qu'avec du bois on prend ces animaux,
Qu'à l'aide d'un miroir on attrape les ours,
Et que dans des filets on saisit les lions :
Mais les flatteurs, dit-il, sont les filets des hommes.
Je le louerai surtout de haïr les flatteurs :
Il dira qu'il les hait, étant flatté lui-même [1].
Je lui tendrai ce piége et le gouvernerai.
J'engagerai César à sortir sans rien craindre.

---

[1] L'évêque Warburton, dans son Commentaire sur Shakespeare, dit que cela est admirablement imaginé.

CASSIUS.

Allons tous le prier d'aller au Capitole.

BRUTUS.

A huit heures, amis, à ce temps au plus tard.

CINNA.

N'y manquons pas au moins; au plus tard à huit heures.

CIMBER.

Caïus Ligarius veut du mal à César.
César, vous le savez, l'avait persécuté,
Pour avoir noblement dit du bien de Pompée.
Pourquoi Ligarius n'est-il pas avec nous?

BRUTUS.

Va le trouver, Cimber; je le chéris, il m'aime :
Qu'il vienne; à nous servir je saurai l'engager.

CASSIUS.

L'aube du jour paraît; nous vous laissons, Brutus.
Amis, dispersez-vous; songez à vos promesses;
Qu'on reconnaisse en vous des Romains véritables.

BRUTUS.

Paraissez gais, contens, mes braves gentilshommes [1];
Gardez que vos regards trahissent vos desseins;
Imitez les acteurs du théâtre de Rome;
Ne vous rebutez point, soyez fermes, constans.
Adieu; je donne à tous le bonjour, et partez.

(Lucius est endormi dans un coin.)

Hé! garçon! — Lucius! — Il dort profondément.
Ah! de ce doux sommeil goûte bien la rosée.
Tu n'as point en dormant de ces rêves cruels

---

[1] On traduit exactement.

Dont notre inquiétude accable nos pensées :
Nous sommes agités; ton ame est en repos.

SCÈNE III.

BRUTUS, et PORCIA *sa femme.*

PORCIA.

Brutus! — Milord!

BRUTUS.

Pourquoi paraître si matin?
Que voulez-vous? songez que rien n'est plus malsain,
Pour une santé faible ainsi que vous l'avez,
D'affronter, le matin, la crudité de l'air.

PORCIA.

Si l'air est si malsain, il doit l'être pour vous.
Ah, Brutus! ah! pourquoi vous dérober du lit?
Hier, quand nous soupions, vous quittâtes la table,
Et vous vous promeniez pensif et soupirant;
Je vous dis : « Qu'avez-vous? » Mais en croisant les mains,
Vous fixâtes sur moi des yeux sombres et tristes.
J'insistai, je pressai; mais ce fut vainement :
Vous frappâtes du pied en vous grattant la tête.
Je redoublai d'instance; et vous, sans dire un mot,
D'un revers de la main, signe d'impatience,
Vous fîtes retirer votre femme interdite.
Je craignis de choquer les ennuis d'un époux,
Et je pris ce moment pour un moment d'humeur
Que souvent les maris font sentir à leurs femmes [1].

---

[1] C'est encore un des endroits qu'on admire, et qui sont marqués avec des guillemets.

Non, je ne puis, Brutus, ni vous laisser parler,
Ni vous laisser manger, ni vous laisser dormir,
Sans savoir le sujet qui tourmente votre ame.
Brutus, mon cher Brutus! — Ah! ne me cachez rien.

BRUTUS.

Je me porte assez mal; c'est là tout mon secret.

PORCIA.

Brutus est homme sage; et, s'il se portait mal,
Il prendrait les moyens d'avoir de la santé.

BRUTUS.

Aussi fais-je : ma femme, allez vous mettre au lit.

PORCIA.

Quoi! vous êtes malade; et, pour vous restaurer,
A l'air humide et froid vous marchez presque nu,
Et vous sortez du lit pour amasser un rhume!
Pensez-vous vous guérir en étant plus malade?
Non, Brutus, votre esprit roule de grands projets;
Et moi, par ma vertu, par les droits d'une épouse,
Je dois en être instruite, et je vous en conjure.
Je tombe à vos genoux. — Si jadis ma beauté
Vous fit sentir l'amour, et si notre hyménée
M'incorpore avec vous, fait un être de deux,
Dites-moi ce secret, à moi votre moitié,
A moi qui vis pour vous, à moi qui suis vous-même.
Eh bien! vous soupirez! parlez; quels inconnus
Sont venus vous chercher en voilant leurs visages?
Se cacher dans la nuit! pourquoi? quelles raisons?
Que voulaient-ils?

BRUTUS.

Hélas! Porcia, levez-vous.

ACTE II, SCÈNE III.

PORCIA.

Si vous étiez encor le bon, l'humain Brutus,
Je n'aurais pas besoin de me mettre à vos pieds.
Parlez; dans mon contrat est-il donc stipulé
Que je ne saurai rien des secrets d'un mari?
N'êtes-vous donc à moi, Brutus, qu'avec réserve?
Et moi, ne suis-je à vous que comme une compagne,
Soit au lit, soit à table, ou dans vos entretiens,
Vivant dans les faubourgs de votre volonté?
S'il est ainsi, Porcie est votre concubine[1],
Et non pas votre femme.

BRUTUS.

Ah! vous êtes ma femme,
Femme tendre, honorable, et plus chère à mon cœur
Que les gouttes de sang dont il est animé.

PORCIA.

S'il est ainsi, pourquoi me cacher vos secrets?
Je suis femme, il est vrai, mais femme de Brutus,
Mais fille de Caton; pourriez-vous bien douter
Que je sois élevée au dessus de mon sexe,
Voyant qui m'a fait naître, et qui j'ai pour époux[2]?
Confiez-vous à moi; soyez sûr du secret.

[1] Il y a dans l'original *whore*, putain.

[2] Corneille dit la même chose dans *Pompée*. César parle ainsi à Cornélie:

> Certes, vos sentimens font assez reconnaître
> Qui vous donna la main, et qui vous donna l'être:
> Et l'on juge aisément, au cœur que vous portez,
> Où vous êtes entrée, et de qui vous sortez.

Il est vrai qu'un vers suffisait, que cette noble pensée perd de son prix en étant répétée, retournée; mais il est beau que Shakespeare et Corneille aient eu la même idée.

J'ai déja sur moi-même essayé ma constance;
J'ai percé d'un poignard ma cuisse en cet endroit :
J'ai souffert sans me plaindre, et ne saurais me taire!
BRUTUS. [d'elle.
Dieux, qu'entends-je? grands dieux! rendez-moi digne
Écoute, écoute; on frappe, on frappe; écarte-toi.
Bientôt tous mes secrets dans mon cœur enfermés
Passeront dans le tien. Tu sauras tout, Porcie :
Va, mes sourcils froncés prennent un air plus doux.

SCÈNE IV.

BRUTUS, LUCIUS, LIGARIUS.

LUCIUS, *courant à la porte.*
Qui va là? répondez.
(En entrant, et adressant la parole à Brutus.)
Un homme languissant,
Un malade qui vient pour vous dire deux mots.
BRUTUS.
C'est ce Ligarius dont Cimber m'a parlé.
(à Lucius.)
Garçon, retire-toi. Eh bien, Ligarius?
LIGARIUS.
C'est d'une faible voix que je te dis bonjour.
BRUTUS.
Tu portes une écharpe! hélas, quel contre-temps!
Que ta santé n'est-elle égale à ton courage!
LIGARIUS.
Si le cœur de Brutus a formé des projets

ACTE II, SCENE IV.

Qui soient dignes de nous, je ne suis plus malade.

BRUTUS.

J'ai formé des projets dignes d'être écoutés,
Et d'être secondés par un homme en santé.

LIGARIUS.

Je sens, par tous les dieux vengeurs de ma patrie,
Que je me porte bien. O toi l'ame de Rome!
Toi, brave descendant du vainqueur des Tarquins,
Qui, comme un exorciste, as conjuré dans moi [1]
L'esprit de maladie à qui j'étais livré,
Ordonne, et mes efforts combattront l'impossible;
Ils en viendront à bout. Que faut-il faire? dis.

BRUTUS.

Un exploit qui pourra guérir tous les malades.

LIGARIUS.

Je crois que des gens sains pourront s'en trouver mal.

BRUTUS.

Je le crois bien aussi. Viens, je te dirai tout.

LIGARIUS.

Je te suis; ce seul mot vient d'enflammer mon cœur.
Je ne sais pas encor ce que tu veux qu'on fasse;
Mais viens, je le ferai : tu parles, il suffit.

(Ils s'en vont.)

---

[1] L'exorciste dans la bouche des Romains est singulier. Toute cette pièce pourrait être chargée de pareilles notes; mais il faut laisser faire les réflexions au lecteur.

SCÈNE V.

Le théâtre représente le palais de CÉSAR. La foudre gronde, les éclairs étincellent.

CÉSAR.

La terre avec le ciel est, cette nuit, en guerre;
Calpurnie a trois fois crié dans cette nuit :
« Au secours! César meurt : venez; on l'assassine. »
Holà! quelqu'un.

UN DOMESTIQUE.

Milord.

CÉSAR.

Va-t'en dire à nos prêtres
De faire un sacrifice, et tu viendras soudain
M'avertir du succès.

LE DOMESTIQUE.

Je n'y manquerai pas.

CALPURNIE.

Où voulez-vous aller? vous ne sortirez point,
César; vous resterez ce jour à la maison.

CÉSAR.

Non, non, je sortirai; tout ce qui me menace
Ne s'est jamais montré que derrière mon dos [1];
Tout s'évanouira quand il verra ma face.

CALPURNIE.

Je n'assistai jamais à ces cérémonies;
Mais je tremble à présent. Les gens de la maison
Disent que l'on a vu des choses effroyables :
Une lionne a fait ses petits dans la rue;

---

[1] Encore une fois, la traduction est fidèle.

Des tombeaux qui s'ouvraient des morts sont échappés;
Des bataillons armés, combattant dans les nues,
Ont fait pleuvoir du sang sur le mont Tarpéien;
Les airs ont retenti des cris des combattans;
Les chevaux hennissaient; les mourans soupiraient;
Des fantômes criaient et hurlaient dans les places.
On n'avait jamais vu de pareils accidens :
Je les crains.

CÉSAR.

Pourquoi craindre? on ne peut éviter
Ce que l'arrêt des dieux a prononcé sur nous.
César prétend sortir. Sachez que ces augures
Sont pour le monde entier autant que pour César.

CALPURNIE.

Quand les gueux vont mourir, il n'est point de comètes;
Mais le ciel enflammé prédit la mort des princes.

CÉSAR.

Un poltron meurt cent fois avant de mourir une;
Et le brave ne meurt qu'au moment du trépas.
Rien n'est plus étonnant, rien ne me surprend plus,
Que lorsque l'on me dit qu'il est des gens qui craignent.
Que craignent-ils? la mort est un but nécessaire.
Mourons quand il faudra.
(Le domestique revient.)
Que disent les augures?

LE DOMESTIQUE.

Gardez-vous, disent-ils, de sortir de ce jour :
En sondant l'avenir dans le sein des victimes,
Vainement de leur bête ils ont cherché le cœur.
(Il s'en va.)

CÉSAR.

Le ciel prétend ainsi se moquer des poltrons.
César serait lui-même une bête sans cœur
S'il était au logis arrêté par la crainte.
Il sortira, vous dis-je ; et le danger sait bien [1]
Que César est encor plus dangereux que lui.
Nous sommes deux lions de la même portée ;
Je suis l'aîné : je suis le plus vaillant des deux ;
Je ne sortirais point !

CALPURNIE.

Hélas ! mon cher milord,
Votre témérité détruit votre prudence.
Ne sortez point ce jour. Songez que c'est ma crainte,
Et non la vôtre enfin qui doit vous retenir.
Nous enverrons Antoine au sénat assemblé ;
Il dira que César est aujourd'hui malade.
J'embrasse vos genoux ; faites-moi cette grace.

CÉSAR.

Antoine dira donc que je me trouve mal ;
Et pour l'amour de vous je reste à la maison.

SCÈNE VI.

DÉCIUS *entre.*

CÉSAR, *à Décius.*

Ah ! voilà Décius ; il fera le message.

DÉCIUS.

Serviteur et bonjour, noble et vaillant César :

---

[1] Traduit mot à mot.

ACTE II, SCÈNE VI.

Je viens pour vous chercher; le sénat vous attend.

CÉSAR.

Vous venez à propos, cher Décius Brutus.
A tous les sénateurs faites mes complimens;
Dites-leur qu'au sénat je ne saurais aller.
    (à part.)   (à part.)
Je ne peux (c'est très faux), je n'ose (encor plus faux).
Dites-leur, Décius, que je ne le veux pas.

CALPURNIE.

Dites qu'il est malade.

CÉSAR.

    Eh quoi! César mentir!
Ai-je au nord de l'Europe étendu mes conquêtes
Pour n'oser dire vrai devant ces vieilles barbes?
Vous direz seulement que je ne le veux pas.

DÉCIUS.

Grand César, dites-moi du moins quelque raison;
Si je n'en disais pas, on me rirait au nez.

CÉSAR.

La raison, Décius, est dans ma volonté :
Je ne veux pas, ce mot suffit pour le sénat.
Mais César vous chérit : mais je vous aime, vous;
Et pour vous satisfaire il faut vous avouer
Qu'au logis aujourd'hui je suis, malgré moi-même,
Retenu par ma femme : — elle a rêvé la nuit
Qu'elle a vu ma statue, en fontaine changée,
Jeter par cent canaux des ruisseaux de pur sang.
De vigoureux Romains accouraient en riant;
Et dans ce sang, dit-elle, ils ont lavé leurs mains.
Elle croit que ce songe est un avis des dieux :

Elle m'a conjuré de demeurer chez moi.
DÉCIUS.
Elle interprète mal ce songe favorable ;
C'est une vision très belle et très heureuse :
Tous ces ruisseaux de sang sortant de la statue,
Ces Romains se baignant dans ce sang précieux,
Figurent que par vous Rome vivifiée
Reçoit un nouveau sang et de nouveaux destins.
CÉSAR.
C'est très bien expliquer le songe de ma femme.
DÉCIUS.
Vous en serez certain lorsque j'aurai parlé.
Sachez que le sénat va vous couronner roi ;
Et, s'il apprend par moi que vous ne venez pas,
Il est à présumer qu'il changera d'avis.
C'est se moquer de lui, César, que de lui dire :
« Sénat, séparez-vous ; vous vous rassemblerez
« Lorsque sa femme aura des rêves plus heureux. »
Ils diront tous : « César est devenu timide. »
Pardonnez-moi, César, excusez ma tendresse ;
Vos refus m'ont forcé de vous parler ainsi.
L'amitié, la raison, vous font ces remontrances.
CÉSAR.
Ma femme, je rougis de vos sottes terreurs,
Et je suis trop honteux de vous avoir cédé.
Qu'on me donne ma robe, et je vais au sénat.

SCÈNE VII.

CÉSAR, BRUTUS, LIGARIUS, CIMBER, TRÉBONIUS, CINNA, CASCA, CALPURNIE, PUBLIUS.

CÉSAR.

Ah! voilà Publius qui vient pour me chercher.

PUBLIUS.

Bonjour, César.

CÉSAR.

Soyez bien-venu, Publius.
Eh quoi! Brutus aussi, vous venez si matin!
Bonjour, Casca; bonjour, Caïus Ligarius.
Je vous ai fait, je crois, moins de mal que la fièvre
Qui ne vous a laissé que la peau sur les os.
Quelle heure est-il?

BRUTUS.

César, huit heures sont sonnées.

CÉSAR.

Je vous suis obligé de votre courtoisie.
(Antoine entre, et César continue.)
Antoine dans les jeux passe toutes les nuits,
Et le premier debout! Bonjour, mon cher Antoine.

ANTOINE.

Bonjour, noble César.

CÉSAR.

Va, fais tout préparer:
On doit fort me blâmer de m'être fait attendre.
Cinna, Cimber, et vous, mon cher Trébonius,

J'ai pour une heure entière à vous entretenir.
Au sortir du sénat venez à ma maison;
Mettez-vous près de moi pour que je m'en souvienne.

TRÉBONIUS.
(à part.)

Je n'y manquerai pas... Va, j'en serai si près
Que tes amis voudraient que j'eusse été bien loin.

CÉSAR.

Allons tous au logis, buvons bouteille ensemble [1],
Et puis en bons amis nous irons au sénat.

BRUTUS, *à part.*

Ce qui paraît semblable est souvent différent.
Mon cœur saigne en secret de ce que je vais faire.

(Ils sortent tous, et César reste avec Calpurnie.)

SCÈNE VIII.

Le théâtre représente une rue près du Capitole. Un devin, nommé ARTÉMIDORE, arrive en lisant un papier dans le fond du théâtre.

ARTÉMIDORE *lisant.*

« César, garde-toi de Brutus; prends garde à Cas-
« sius; ne laisse point Casca t'approcher; observe bien
« Cinna; défie-toi de Trébonius; examine bien Cim-
« ber, Décius; Brutus ne t'aime point; tu as outragé
« Ligarius : tous ces gens-là sont animés du même
« esprit, ils sont aigris contre César. Si tu n'es pas
« immortel, prends garde à toi. La sécurité enhardit
« la conspiration. Que les dieux tout puissans te dé-
« fendent. »   « Ton fidèle ARTÉMIDORE. »

---

[1] Toujours la plus grande fidélité dans la traduction.

ACTE II, SCÈNE VIII.

Prenons mon poste ici. Quand César passera,
Présentons cet écrit ainsi qu'une requête.
Je suis outré de voir que toujours la vertu
Soit exposée aux dents de la cruelle envie.
Si César lit cela, ses jours sont conservés,
Sinon la destinée est du parti des traîtres.

(Il sort, et se met dans un coin.)

(Porcia arrive avec Lucius.)

PORCIA, *à Lucius*.

Garçon, cours au sénat, ne me réponds point, vole.
Quoi! tu n'es pas parti?

LUCIUS.

Donnez-moi donc vos ordres.

PORCIA.

Je voudrais que déja tu fusses de retour
Avant que t'avoir dit ce que tu dois y faire.
O constance! ô courage! animez mes esprits,
Séparez par un roc mon cœur d'avec ma langue.
Je ne suis qu'une femme et pense comme un homme.
(à Lucius.)
Quoi! tu restes ici?

LUCIUS.

Je ne vous comprends pas;
Que j'aille au Capitole, et puis que je revienne,
Sans me dire pourquoi, ni ce que vous voulez!

PORCIA.

Garçon... tu me diras... comment Brutus se porte;
Il est sorti malade... attends... observe bien —
Tout ce que César fait, quels courtisans l'entourent.—

Reste un moment, garçon. Quel bruit, quels cris j'en-[tends!

LUCIUS.

Je n'entends rien, madame.

PORCIA.

Ouvre l'oreille, écoute;
J'entends des voix, des cris, un bruit de combattans,
Que le vent porte ici du haut du Capitole.

LUCIUS.

Madame, en vérité, je n'entends rien du tout.

(Artémidore entre.)

SCÈNE IX.

PORCIA, ARTÉMIDORE.

PORCIA.

Approche ici, l'ami; que fais-tu? d'ou viens-tu?

ARTÉMIDORE.

Je viens de ma maison.

PORCIA.

Sais-tu quelle heure il est?

ARTÉMIDORE.

Neuf heures.

PORCIA.

Mais César est-il au Capitole?

ARTÉMIDORE.

Pas encor; je l'attends ici sur son chemin.

PORCIA.

Tu veux lui présenter quelque placet, sans doute?

ARTÉMIDORE.

Oui; puisse ce placet plaire aux yeux de César!

ACTE II, SCÈNE IX.

Que César s'aime assez pour m'écouter, madame !
Mon placet est pour lui beaucoup plus que pour moi.

PORCIA.

Que dis-tu ? l'on ferait quelque mal à César ?

ARTÉMIDORE.

Je ne sais ce qu'on fait ; je sais ce que je crains.
Bonjour, madame, adieu ; la rue est fort étroite ;
Les sénateurs, préteurs, courtisans, demandeurs,
Font une telle foule, une si grande presse,
Qu'en ce passage étroit ils pourraient m'étouffer ;
Et j'attendrai plus loin César à son passage.
(Il sort.)

PORCIA.

Allons, il faut le suivre... Hélas ! quelle faiblesse
Dans le cœur d'une femme ! Ah, Brutus ! ah, Brutus !
Puissent les immortels hâter ton entreprise !
Mais cet homme, grands dieux ! m'aurait-il écoutée ?
Ah ! Brutus à César va faire une requête
Qui ne lui plaira pas. Ah ! je m'évanouis.
(à Lucius.)
Va, Lucius, cours vite, et dis bien à Brutus...
Que je suis très joyeuse, et revole me dire...

LUCIUS.

Quoi ?

PORCIA.

Tout ce que Brutus t'aura dit pour Porcie.

FIN DU SECOND ACTE.

ACTE TROISIÈME.

SCÈNE I.

Le théâtre représente une rue qui mène au Capitole : le Capitole est ouvert. CÉSAR *marche au son des trompettes, avec* BRUTUS, CASSIUS, CIMBER, DÉCIUS, CASCA, CINNA, TRÉBONIUS, ANTOINE, LÉPIDE, POPILIUS, PUBLIUS, ARTÉMIDORE, *et* UN AUTRE DEVIN.

CÉSAR, *à l'autre devin.*
Eh bien! nous avons donc ces ides si fatales!
LE DEVIN.
Oui, ce jour est venu, mais il n'est pas passé.
ARTÉMIDORE, *d'un autre côté.*
Salut au grand César, qu'il lise ce mémoire.
DÉCIUS, *du côté opposé.*
Trébonius par moi vous en présente un autre;
Daignez le parcourir quand vous aurez le temps.
ARTÉMIDORE.
Lisez d'abord le mien; il est de conséquence;
Il vous touche de près; lisez, noble César.
CÉSAR.
L'affaire me regarde? elle est donc la dernière.
ARTÉMIDORE.
Eh! ne différez pas, lisez dès ce moment.
CÉSAR.
Je pense qu'il est fou.

PUBLIUS, à Artémidore.
　　　　　Allons, maraud, fais place.
　　　　CASSIUS.
Peut-on donner ici des placets dans les rues!
Va-t'en au Capitole.
　　　　POPILIUS, *s'approchant de Cassius.*
　　　　　Écoutez, Cassius;
Puisse votre entreprise avoir un bon succès!
　　　　CASSIUS, *étonné.*
Comment! quelle entreprise?
　　　　POPILIUS.
　　　　　　　Adieu; portez-vous bien.
　　　　BRUTUS, *à Cassius.*
Que vous a dit tout bas Popilius Léna?
　　　　CASSIUS.
Il parle de succès et de notre entreprise.
Je crains que le projet n'ait été découvert.
　　　　BRUTUS.
Il aborde César, il lui parle; observons.
　　　　CASSIUS, *à Casca.*
Sois donc prêt à frapper, de peur qu'on ne nous prévienne.
Mais si César sait tout, qu'allons-nous devenir?
Cassius à César tournerait-il le dos?
Non, j'aime mieux mourir.
　　　　CASCA, *à Cassius.*
　　　　　Va, ne prends point d'alarme:
Popilius Léna ne parle point de nous.
Vois comme César rit; son visage est le même.
　　　　CASSIUS, *à Brutus.*
Ah! que Trébonius agit adroitement!

Regarde bien, Brutus, comme il écarte Antoine.
DÉCIUS.
Que Métellus commence, et que dès ce moment,
Pour occuper César, il lui donne un mémoire.
BRUTUS.
Le mémoire est donné. Serrons-nous près de lui.
CINNA, *à Casca.*
Souviens-toi de frapper et de donner l'exemple.

CÉSAR *s'assied ici, et on suppose qu'ils sont tous dans la salle du sénat.*

Eh bien! tout est-il prêt? est-il quelques abus
Que le sénat et moi nous puissions corriger?
CIMBER, *se mettant à genoux devant César.*
O très grand, très puissant, très redouté César,
Je mets très humblement ma requête à vos pieds.
CÉSAR.
Cimber, je t'avertis que ces prosternemens,
Ces génuflexions, ces basses flatteries,
Peuvent sur un cœur faible avoir quelque pouvoir,
Et changer quelquefois l'ordre éternel des choses
Dans l'esprit des enfans. Ne t'imagine pas
Que le sang de César puisse se fondre ainsi.
Les prières, les cris, les vaines simagrées,
Les airs d'un chien couchant peuvent toucher un sot;
Mais le cœur de César résiste à ces bassesses.
Par un juste décret ton frère est exilé;
Flatte, prie à genoux, et lèche-moi les pieds;
Va, je te rosserai comme un chien; loin d'ici [1]!

---

[1] Traduit fidèlement.

ACTE III, SCÈNE I. 375

Lorsque César fait tort il a toujours raison.

CIMBER, *en se retournant vers les conjurés.*

N'est-il point quelque voix plus forte que la mienne,
Qui puisse mieux toucher l'oreille de César,
Et fléchir son courroux en faveur de mon frère?

BRUTUS, *en baisant la main de César.*

Je baise cette main, mais non par flatterie;
Je demande de toi que Publius Cimber
Soit dans le même instant rappelé de l'exil.

CÉSAR.

Quoi, Brutus!

CASSIUS.

Ah! pardon, César; César, pardon!
Oui, Cassius s'abaisse à te baiser les pieds
Pour obtenir de toi qu'on rappelle Cimber.

CÉSAR.

On pourrait me fléchir si je vous ressemblais :
Qui ne saurait prier résiste à des prières.
Je suis plus affermi que l'étoile du nord,
Qui dans le firmament n'a point de compagnon [1]
Constant de sa nature, immobile comme elle.
Les vastes cieux sont pleins d'étoiles innombrables :
Ces astres sont de feu, tous sont étincelans,
Un seul ne change point, un seul garde sa place.
Telle est la terre entière : on y voit des mortels,
Tous de chair et de sang, tous formés pour la crainte.
Dans leur nombre infini, sachez qu'il n'est qu'un homme
Qu'on ne puisse ébranler, qui soit ferme en son rang,

[1] Traduit avec la plus grande exactitude.

Qui sache résister; et cet homme, c'est moi.
Je veux vous faire voir que je suis inflexible :
Tel je parus à tous quand je bannis Cimber,
Et tel je veux paraître en ne pardonnant point.

CIMBER.

O César!

CÉSAR.

Prétends-tu faire ébranler l'Olympe?

DÉCIUS, *à genoux.*

Grand César!

CÉSAR, *repoussant Décius.*

Va, Brutus en vain l'a demandé.

CASCA, *levant la robe de César.*

Poignards, parlez pour nous.

(Il le frappe; les autres conjurés le secondent. César se débat contre eux, il marche en chancelant, tout percé de coups, et vient jusqu'auprès de Brutus, qui, en détournant le corps, le frappe comme à regret. César tombe, en s'écriant:)

Et toi, Brutus, aussi?

CINNA.

Liberté, liberté!

CIMBER.

La tyrannie est morte.
Courons tous, et crions, Liberté! dans les rues.

CASSIUS.

Allez à la tribune, et criez, Liberté!

BRUTUS, *aux sénateurs et au peuple, qui arrivent.*

Ne vous effrayez point, ne fuyez point, restez.
Peuple, l'ambition vient de payer ses dettes.

CASSIUS.

Brutus, à la tribune.

CIMBER.

Et vous aussi, volez.

BRUTUS.

Où donc est Publius ?

CINNA.

Il est tout confondu.

CIMBER.

Soyons fermes, unis; les amis de César
Nous peuvent assaillir.

BRUTUS.

Non, ne m'en parlez pas.
Ah! c'est vous, Publius; allons, prenez courage,
Soyez en sûreté, vous n'avez rien à craindre,
Ni vous, ni les Romains; parlez au peuple, allez.

CASSIUS.

Publius, laissez-nous; la foule qui s'empresse
Pourrait vous faire mal; vous êtes faible et vieux.

BRUTUS.

Allez; qu'aucun Romain ne prenne ici l'audace
De soutenir ce meurtre et de parler pour nous;
C'est un droit qui n'est dû qu'aux seuls vengeurs de
[Rome.

SCÈNE II.

LES CONJURÉS; TRÉBONIUS.

CASSIUS.

Que fait Antoine ?

TRÉBONIUS.

Il fuit interdit, égaré;

Il fuit dans sa maison : pères, mères, enfans,
L'effroi dans les regards et les cris à la bouche,
Pensent qu'ils sont au jour du jugement dernier.

BRUTUS.

O destin! nous saurons bientôt tes volontés.
On connaît qu'on mourra; l'heure en est inconnue :
On compte sur des jours dont le temps est le maître.

CASSIUS.

Eh bien! lorsqu'en mourant on perd vingt ans de vie,
On ne perd que vingt ans de craintes de la mort.

BRUTUS.

Je l'avoue : ainsi donc la mort est un bienfait;
Ainsi César en nous a trouvé des amis;
Nous avons abrégé le temps qu'il eut à craindre.

CASCA.

Arrêtez; baissons-nous sur le corps de César; [coude[1];
Baignons tous dans son sang nos mains jusques au
Trempons-y nos poignards, et marchons à la place :
Là, brandissant en l'air ces glaives sur nos têtes,
Crions à haute voix : « Paix! liberté! franchise! »

CASSIUS.

Baissons-nous, lavons-nous dans le sang de César.

(Ils trempent tous leurs épées dans le sang du mort.)

Cette superbe scène un jour sera jouée
Dans de nouveaux états en accens inconnus.

---

[1] C'est ici qu'on voit principalement l'esprit différent des nations. Cette horrible barbarie de Casca ne serait jamais tombée dans l'idée d'un auteur français; nous ne voulons point qu'on ensanglante le théâtre, si ce n'est dans les occasions extraordinaires, dans lesquelles on sauve tant qu'on peut cette atrocité dégoûtante.

BRUTUS.

Que de fois on verra César sur les théâtres,
César mort et sanglant aux pieds du grand Pompée,
Ce César si fameux, plus vil que la poussière !

CASSIUS.

Oui, lorsque l'on jouera cette pièce terrible,
Chacun nous nommera vengeurs de la patrie.

FIN DE JULES CÉSAR.

OBSERVATIONS

SUR LE JULES CÉSAR DE SHAKESPEARE.

Voilà tout ce qui regarde la conspiration contre César. On peut la comparer à celle de Cinna et d'Émilie contre Auguste, et mettre en parallèle ce qu'on vient de lire avec le récit de Cinna et la délibération du second acte : on trouvera quelque différence entre ces deux ouvrages. Le reste de la pièce est une suite de la mort de César. On apporte son corps dans la place publique; Brutus harangue le peuple; Antoine le harangue à son tour; il soulève le peuple contre les conjurés : et le comique est encore joint à la terreur dans ces scènes comme dans les autres. Mais il y a des beautés de tous les temps et de tous les lieux.

On voit ensuite Antoine, Octave et Lépide délibérer sur leur triumvirat et sur les proscriptions. De là on passe à Sardis sans aucun intervalle. Brutus et Cassius se querellent: Brutus reproche à Cassius qu'il vend tout pour de l'argent, et qu'il a *des démangeaisons dans les mains*. On passe de Sardis en Thessalie; la bataille de Philippes se donne; Cassius et Brutus se tuent l'un après l'autre.

On s'étonne qu'une nation célèbre par son génie et par ses succès dans les arts et dans les sciences, puisse se plaire à tant d'irrégularités monstrueuses, et voie souvent encore avec plaisir, d'un côté, César s'exprimant quelquefois en héros, quelquefois en capitan de farce; et de l'autre, des charpentiers, des savetiers, et des sénateurs même, parlant comme on parle aux halles.

Mais on sera moins surpris quand on saura que la plupart des pièces de Lope de Vega et de Calderon, en Espagne, sont dans le même goût. Nous donnerons la traduction de l'*Héraclius* de Calderon, qu'on pourra comparer à l'*Héraclius* de Corneille : on y verra le même génie que dans Shakespeare, la même ignorance, la même grandeur, des traits d'imagination pareils, la même enflure, des grossièretés toutes semblables ; des inconséquences aussi frappantes, et le même mélange du béguin de Gilles et du cothurne de Sophocle.

Certainement l'Espagne et l'Angleterre ne se sont pas donné le mot pour applaudir pendant près d'un siècle à des pièces qui révoltent les autres nations. Rien n'est plus opposé d'ailleurs que le génie anglais et le génie espagnol. Pourquoi donc ces deux nations différentes se réunissent-elles dans un goût si étrange ? Il faut qu'il y en ait une raison, et que cette raison soit dans la nature.

Premièrement, les Anglais, les Espagnols n'ont jamais rien connu de mieux ; secondement, il y a un grand fonds d'intérêt dans ces pièces si bizarres et si sauvages. J'ai vu jouer le *César* de Shakespeare, et j'avoue que, dès la première scène, quand j'entendis le tribun reprocher à la populace de Rome son ingratitude envers Pompée, et son attachement à César, vainqueur de Pompée, je commençai à être intéressé, à être ému. Je ne vis ensuite aucun conjuré sur la scène qui ne me donnât de la curiosité ; et, malgré tant de disparates ridicules, je sentis que la pièce m'attachait.

Troisièmement, il y a beaucoup de naturel ; ce naturel est souvent bas, grossier et barbare. Ce ne sont point des Romains qui parlent ; ce sont des campagnards des siècles passés qui conspirent dans un cabaret ; et César, qui leur propose de boire bouteille, ne ressemble guère à César. Le ridicule est outré, mais il n'est point languissant ; des traits sublimes y brillent de temps en temps comme des diamans répandus sur de la fange.

J'avoue qu'en tout j'aimais mieux encore ce monstrueux spectacle que de longues confidences d'un froid amour, ou des raisonnemens de politique encore plus froids.

Enfin, une quatrième raison, qui, jointe aux trois autres, est d'un poids considérable, c'est que les hommes en général aiment le spectacle ; ils veulent qu'on parle à leurs yeux : le peuple se plaît à voir des cérémonies pompeuses, des objets extraordinaires, des orages, des armées rangées en bataille, des épées nues, des combats, des meurtres, du sang répandu ; et beaucoup de grands, comme on l'a déja dit, sont peuple. Il faut avoir l'esprit très cultivé, et le goût formé, comme les Italiens l'ont eu au seizième siècle, et les Français au dix-septième, pour ne vouloir rien que de raisonnable, rien que de sagement écrit, et pour exiger qu'une pièce de théâtre soit digne de la cour des Médicis ou de celle de Louis XIV.

Malheureusement Lope de Vega et Shakespeare eurent du génie dans un temps où le goût n'était point du tout formé ; ils corrompirent celui de leurs compatriotes, qui en général étaient alors extrêmement ignorans. Plusieurs auteurs dramatiques, en Espagne et en Angleterre, tâchèrent d'imiter Lope et Shakespeare ; mais, n'ayant pas leurs talens, ils n'imitèrent que leurs fautes ; et par là ils servirent encore à établir la réputation de ceux qu'ils voulaient surpasser.

Nous ressemblerions à ces nations, si nous avions été dans le même cas. Leur théâtre est resté dans une enfance grossière, et le nôtre a peut-être acquis trop de raffinement. J'ai toujours pensé qu'un heureux et adroit mélange de l'action qui règne sur le théâtre de Londres et de Madrid, avec la sagesse, l'élégance, la noblesse, la décence du nôtre, pourrait produire quelque chose de parfait, si pourtant il est possible de rien ajouter à des ouvrages tels qu'*Iphigénie* et *Athalie*.

Je nomme ici *Iphigénie* et *Athalie*, qui me paraissent être, de toutes les tragédies qu'on ait jamais faites, celles qui approchent le plus de la perfection. Corneille n'a aucune pièce parfaite ; on l'excuse sans doute ; il était presque sans modèle et sans conseil ; il travaillait trop rapidement ; il négligeait sa langue, qui n'était pas perfectionnée encore : il ne luttait pas assez contre les difficultés de la rime, qui est le plus pesant de tous les jougs, et qui force si souvent à ne point dire ce qu'on veut dire. Il était inégal comme Shakespeare, et plein de génie comme lui : mais le génie de Corneille était à celui de Shakespeare ce qu'un seigneur est à l'égard d'un homme du peuple né avec le même esprit que lui.

FIN DES OBSERVATIONS SUR JULES CÉSAR.

L'HÉRACLIUS ESPAGNOL,

ou

LA COMÉDIE FAMEUSE:

DANS CETTE VIE TOUT EST VÉRITÉ ET TOUT MENSONGE.

Fête représentée devant LL. MM., dans le salon royal du palais;

PAR DON PEDRO CALDERON DE LA BARCA.

PRÉFACE

DU TRADUCTEUR.

Il s'est élevé depuis long-temps une dispute assez vive pour savoir quel était l'original, ou l'*Héraclius* de Corneille, ou celui de Calderon. N'ayant rien vu de satisfesant dans les raisons que chaque parti alléguait, j'ai fait venir d'Espagne l'*Héraclius* de Calderon, intitulé : *En esta vida todo es verdad y todo mentira*, imprimé séparément in-4° avant que le recueil de Calderon parût au jour. C'est un exemplaire extrêmement rare, et que le savant don Grégorio Mayans y Siscar, ancien bibliothécaire du roi d'Espagne, a bien voulu m'envoyer. J'ai traduit cet ouvrage, et le lecteur attentif verra aisément quelle est la différence du genre employé par Corneille et de celui de Calderon; et il découvrira au premier coup d'œil quel est l'original.

Le lecteur a déja fait la comparaison des théâtres français et anglais, en lisant la conspiration de Brutus et de Cassius après avoir lu celle de Cinna. Il comparera de même le théâtre espagnol avec le français. Si après cela il reste des disputes, ce ne sera pas entre les personnes éclairées.

PERSONNAGES.

PHOCAS.
HÉRACLIUS, fils de Maurice.
LÉONIDE, fils de Phocas.
ISMÉNIE.
ASTOLPHE, montagnard de Sicile, autrefois ambassadeur de Maurice vers Phocas.
CINTIA, reine de Sicile.
LISIPPO, sorcier.
FRÉDÉRIC, prince de Calabre.
LIBIA, fille du sorcier.
LUQUET, paysan gracieux, ou bouffon.
SABANION, autre bouffon, ou gracieux.
MUSICIENS ET SOLDATS.

L'HÉRACLIUS ESPAGNOL,

ou

LA COMÉDIE FAMEUSE.

PREMIÈRE JOURNÉE.

Le théâtre représente une partie du mont Etna : d'un côté, on bat le tambour et on sonne de la trompette; de l'autre, on joue du luth et du théorbe : des soldats s'avancent à droite, et Phocas paraît le dernier; des dames s'avancent à gauche, et Cintia, reine de Sicile, paraît la dernière. Les soldats crient : « *Vive Phocas!* » Phocas répond : « *Vive Cintia!* allons, « soldats, dites en la voyant : *Vive Cintia!* » Alors les soldats et les dames crient de toute leur force : « *Vivent Cintia et Phocas!* »

Quand on a bien crié, Phocas ordonne à ses tambours et à ses trompettes de battre et de sonner en l'honneur de Cintia. Cintia ordonne à ses musiciens de chanter en l'honneur de Phocas; la musique chante ce couplet :

> Sicile, en cet heureux jour [1],
> Vois ce héros plein de gloire,
> Qui règne par la victoire,
> Mais encor plus par l'amour.

Après qu'on a chanté ces beaux vers, Cintia rend hommage de la Sicile à Phocas; elle se félicite d'être la première à lui baiser la main : « Nous sommes tous heureux, lui dit-

---

[1] Il y a dans l'original mot à mot :

> Que ce Mars jamais vaincu,
> Que ce César, toujours vainqueur,
> Vienne dans une heure fortunée
> Aux montagnes de Trinacrie.

« elle, de nous mettre aux pieds d'un héros si glorieux. » Ensuite cette belle reine se tournant vers les spectateurs leur dit : « C'est la crainte qui me fait parler ainsi; il faut bien « faire des complimens à un tyran. » La musique recommence, et on répète que Phocas est venu en Sicile par un heureux hasard. L'empereur Phocas prend alors la parole, et fait ce récit qui, comme on voit, est très à propos :

Il est bien forcé que je vienne ici, belle Cintia, dans une heure fortunée; car j'y trouve des applaudissemens, et je pouvais y entendre des injures. Je suis né en Sicile, comme vous savez; et, quoique couronné de tant de lauriers, j'ai craint qu'en voulant revoir les montagnes qui ont été mon berceau, je ne trouvasse ici plus d'oppositions que de fêtes, attendu que personne n'est aussi heureux dans sa patrie que chez les étrangers, surtout quand il revient dans son pays après tant d'années d'absence.

Mais voyant que vous êtes politique et avisée, et que vous me recevez si bien dans votre royaume de Sicile, je vous donne ici ma parole, Cintia, que je vous maintiendrai en paix chez vous, et que je n'étancherai ni sur vous ni sur la Sicile la soif hydropique de sang de mon superbe héritage; et afin que vous sachiez qu'il n'y a jamais eu de si grande clémence, et que personne jusqu'à présent n'a joui d'un tel privilége, écoutez attentivement.

J'ai la vanité d'avouer que ces montagnes et ces bruyères m'ont donné la naissance, et que je ne dois qu'à moi seul, non à un sang illustre, les grandeurs où je suis monté. Avorton de ces montagnes, c'est grace à ma grandeur que j'y suis revenu. Vous voyez ces sommets du mont Etna dont le feu et la neige se disputent la cime ; c'est là que j'ai été nourri, comme je vous l'ai dit ; je n'y connus point de père, je ne fus entouré que de serpens ; le lait des louves fut la nourriture de mon enfance ; et dans ma jeunesse je ne mangeai que des herbes. Élevé comme une brute, la nature douta long-temps si j'étais homme ou bête, et résolut enfin, en voyant que j'étais l'un et l'autre, de me faire commander aux hommes et aux bêtes. Mes premiers vassaux furent les griffes des oiseaux et les armes des hommes contre lesquels je combattis : leurs corps me servirent de viande et leurs peaux de vêtemens.

Comme je menais cette belle vie, je rencontrai une troupe de bandits qui, poursuivis par la justice, se retiraient dans les épaisses forêts de ces montagnes, et qui y vivaient de rapine et de carnage. Voyant que j'étais une brute raisonnable, ils me choisirent pour leur capitaine : nous mîmes à contribution le plat pays ; mais bientôt, nous élevant à de plus grandes entreprises, nous nous emparâmes de quelques villes bien peuplées ; mais ne parlons pas des violences que j'exerçai. Votre père régnait alors en Sicile, et il était assez puissant pour me résister ; parlons de l'empereur Maurice qui régnait alors à Constantinople. Il passa en Italie pour se venger de ce qu'on lui disputait la souveraineté des fiefs du saint empire romain. Il ravagea toutes les campagnes, et il n'y eut ni hameau ni ville qui ne tremblât en voyant les aigles de ses étendards.

Votre père le roi de Sicile, qui voyait l'orage approcher de ses états, nous accorda un pardon général à nos voleurs et à moi (ô sottes raisons d'état!) : il eut recours à mes bandits comme à des troupes auxiliaires, et bientôt mon métier infame devint une occupation glorieuse. Je combattis l'empereur Maurice avec tant de succès qu'il mourut de ma main dans une bataille. Toutes ses grandeurs, tous ses triomphes s'évanouirent; son armée me nomma son capitaine par terre et par mer : alors je les menai à Constantinople, qui se mit en défense; je mis le siége devant ses murs pendant cinq années, sans que la chaleur des étés, ni le froid des hivers, ni la colère de la neige, ni la violence du soleil, me fissent quitter mes tranchées : enfin les habitans, presque ensevelis sous leurs ruines et demi-morts de faim, se soumirent à regret, et me nommèrent César. Depuis ma première entreprise jusqu'à la dernière, qui a été la réduction de l'Orient, j'ai combattu pendant trente années : vous pouvez vous en apercevoir à mes cheveux blancs, que ma main ridée et malpropre peigne assez rarement.

Me voilà à présent revenu en Sicile; et quoiqu'on puisse présumer que j'y reviens par la petite vanité de montrer à mes concitoyens celui qu'ils ont vu bandit, et qui est à présent empereur, j'ai pourtant encore deux autres raisons de mon retour : ces deux raisons sont des propositions contraires : l'une est la rancune, et l'autre l'amour. C'est ici, Cintia, qu'il faut me prêter attention.

Eudoxe, qui était femme et amante de Maurice, et qui le suivait dans toutes ses courses, la nuit comme le jour (à ce que m'ont dit plusieurs de ses sujets), fut surprise des douleurs de l'enfantement le jour que j'avais tué son mari dans la bataille : elle accoucha dans les bras d'un vieux gentilhomme nommé Astolphe, qui était venu en ambassade vers moi de la part de l'empereur Maurice, un peu avant la bataille, je ne sais pour quelle affaire. Je me souviens très bien de cet Astolphe; et, si je le voyais, je le reconnaîtrais. Quoi qu'il en soit, l'impératrice Eudoxe donna le jour à un petit enfant, si pourtant on peut donner le jour dans les ténèbres. La mère mourut en accouchant de lui. Le bon homme Astolphe, se voyant maître de cet enfant, craignit qu'on ne le remît entre mes mains : on prétend qu'il s'est enfermé avec lui dans les cavernes du mont Etna, et on ne sait aujourd'hui s'il est mort ou vivant.

Mais laissons cela, et passons à une autre aventure : elle n'est pas moins étrange, et cependant elle ne paraîtra pas invraisemblable; car deux aventures pareilles peuvent fort bien arriver. On n'admire les historiens, et on ne tire du profit de leur lecture que quand la vérité de l'histoire tient du prodige.

Il faut que vous sachiez qu'il y avait une jeune paysanne nommée Éryphile. L'amour aurait juré qu'elle était reine, puisqu'en effet l'empire est dans la beauté; elle fut dame de mes pensées : il n'y a, comme vous savez, si fière beauté qui ne se rende à l'amour. Or, madame, le jour qu'elle me donna rendez-vous dans son village, je la laissai grosse. Je mis auprès d'elle un confident attentif.

Quand j'eus vaincu et tué l'empereur Maurice, ce confident m'apprit qu'à peine la nouvelle en était venue aux oreilles d'Éryphile, que ne pouvant supporter mon absence, elle résolut de venir me trouver : elle prit le chemin des montagnes; les douleurs de l'enfantement la surprirent en chemin dans un désert : mon confident qui l'accompagnait alla chercher du secours; et voyant de loin une petite lumière, il y courut. Pendant ce temps-là un habitant de ces lieux incultes arriva aux cris d'Éryphile; elle lui dit qui elle était, et ne lui cacha point que j'étais le père de l'enfant : elle crut l'intéresser davantage par cette confidence; et craignant de mourir dans les douleurs qu'elle ressentait, elle remit entre les mains de cet inconnu mon chiffre gravé sur une lame d'or dont je lui avais fait présent.

Cependant mon confident revenait avec du monde : l'inconnu disparut aussitôt, emportant avec lui mon fils et le signe avec lequel on pouvait le reconnaître. La belle Éryphile mourut, sans qu'il nous ait été jamais possible de retrouver ni le voleur ni le vol. Je vous ai déja dit que la guerre et mes victoires ne m'ont pas laissé le temps de faire les recherches nécessaires. Aujourd'hui, comme tout l'Orient est calme, ainsi que je vous l'ai dit, je reviens dans ma patrie, rempli des deux sentimens de tendresse et de haine, pour m'informer de deux vies qui me tourmentent; l'une est celle du fils de Maurice, l'autre de mon propre fils.

Je crains qu'un jour le fils de Maurice n'hérite de l'empire, je crains que le mien ne périsse; j'ignore même encore si cet enfant est un fils ou une fille. Je veux n'épargner ni soins ni peines; je chercherai par toute l'île, arbre par arbre, branche par branche, feuille par feuille, pierre par pierre, jusqu'à ce que je trouve ou que je ne trouve pas, et que mes espérances et mes craintes finissent

CINTIA.

Si j'avais su votre secret plus tôt, j'aurais fait toutes les diligences possibles; mais je vais vous seconder.

PHOCAS.

Quel repos peut avoir celui qui craint et qui souhaite? Allons, ne différons point.

CINTIA, *à ses femmes.*

Allons, vous autres, pour prémices de la joie publique, recommencez vos chants.

PHOCAS.

Et vous autres, battez du tambour et sonnez de la trompette.

CINTIA.

Faites redire aux échos :

PHOCAS.

Faites résonner vos différentes voix :

LE CHŒUR.

Sicile, en cet heureux jour,
Vois ce héros plein de gloire,
Qui règne par la victoire,
Mais encor plus par l'amour.

UNE PARTIE DU CHŒUR.

Que Cintia vive! vive Cintia!

L'AUTRE PARTIE.

Que Phocas vive! vive Phocas!

(On entend ici une voix qui crie derrière le théâtre : *Meurs.*)

PHOCAS.

Écoutez, suspendez vos chants : quelle est cette voix qui contredit l'écho, et qui fait entendre tout le contraire de ces cris : Vive Phocas!

LIBIA, *derrière le théâtre.*

Meurs de ma malheureuse main.

CINTIA.

Quelle est cette femme qui crie? Nous voilà tombés d'une peine dans une autre : c'est une femme qui paraît belle; elle est toute troublée; elle descend de la montagne; elle court; elle est prête à tomber.

PHOCAS.

Secourons-la; j'arriverai le premier.

LIBIA.

Meurs de ma main, malheureuse, et non pas des mains d'une bête.

PHOCAS, *en tendant les bras à Libia lorsqu'elle est prête à tomber du penchant de la montagne.*

Tu ne mourras pas; je te soutiendrai, je serai l'Atlas du ciel de ta beauté : tu es en sûreté; reprends tes esprits.

CINTIA, *à Libia.*

Dis-nous qui tu es.

LIBIA.

Je suis Libia, fille du magicien Lisippo, la merveille de la Calabre. Mon père a prédit des malheurs au duc de Calabre son maître; il s'est retiré depuis en Sicile, dans une cabane, où il a pour tout meuble son almanach, des sphères, des astrolabes et des quarts-de-cercle. Nous partageons entre nous deux le ciel et la terre : il fait des prédictions, et j'ai soin du ménage; je vais à la chasse; je suivais une biche que j'avais blessée, lorsque j'ai entendu des tambours et des trompettes d'un côté, et de la musique de l'autre. Étonnée de ce bruit de guerre et de paix, j'ai voulu m'approcher, lorsqu'au milieu de ces précipices j'ai vu une espèce de bête en forme d'homme, ou une espèce d'homme en forme de bête; c'est un squelette tout courbé, une anatomie ambulante; sa barbe et ses cheveux sales couvraient en partie un visage sillonné de ces rides que le Temps, ce maudit laboureur, imprime sur les sillons de notre vie pour n'y plus rien semer. Cet homme ressemblait à ces vieux étançons de bâtimens ruinés, qui, étant sans écorce et sans racine, sont prêts à tomber au moindre vent. Cette maigre face, en venant à moi, m'a toute remplie de crainte.

PHOCAS.

Femme, ne crains rien; ne poursuis pas : tu ne sais pas quelles idées tu rappelles dans ma mémoire; mais où ne trouve-t-on pas des hommes et des bêtes! Il y a là-dedans quelque chose de prodigieux.

CINTIA.

Vous pourrez trouver aisément cet homme; car, si les tambours et la musique l'ont fait sortir de sa caverne, il n'y a qu'à recommencer, et il approchera.

PHOCAS.

Vous dites bien, fesons entendre encore nos instrumens.

(La musique recommence, et on chante encore :)

Sicile, en cet heureux jour,
Vois ce héros plein de gloire, etc.

(Après cette reprise, l'empereur Phocas, la reine Cintia et la fille du sorcier s'en vont à la piste de cette vieille figure qui donne de l'inquiétude à Phocas, sans qu'on sache trop pourquoi il a cette inquiétude. Alors ce vieillard, qui est Astolphe lui-même, vient sur le théâtre avec Héraclius, fils de Maurice, et Léonide, fils de Phocas. Ils sont tous trois vêtus de peaux de bêtes.)

ASTOLPHE.

Est-il possible, téméraires, que vous soyez sortis de votre caverne sans ma permission, et que vous hasardiez ainsi votre vie et la mienne!

LÉONIDE.

Que voulez-vous, cette musique m'a charmé; je ne suis pas le maître de mes sens.

(On entend alors le son des tambours.)

HÉRACLIUS.

Ce bruit m'enflamme, me ravit hors de moi; c'est un volcan qui embrase toutes les puissances de mon ame.

LÉONIDE.

Quand, dans le beau printemps, les doux zéphyrs et le bruit des ruisseaux s'accordent ensemble, et que les gosiers harmonieux des oiseaux chantent la bienvenue des roses et des œillets, leur musique n'approche pas de celle que je viens d'entendre.

HÉRACLIUS.

J'ai entendu souvent, dans l'hiver, les gémissemens de la croupe des montagnes, sous la rage des ouragans, le bruit de la chute des torrens, celui de la colère des nuées : mais rien n'approche de ce que je viens d'entendre ; c'est un tonnerre dans un temps serein ; il flatte mon cœur et l'embrase.

ASTOLPHE.

Ah ! je crains bien que ces deux échos, dont l'un est si doux et l'autre si terrible, ne soient la ruine de tous trois.

HÉRACLIUS ET LÉONIDE *ensemble*.

Comment l'entendez-vous ?

ASTOLPHE.

C'est qu'en sortant de ma caverne pour voir où vous étiez, j'ai rencontré dans cette demeure obscure une femme, et je crains bien qu'elle ne dise qu'elle m'a vu.

HÉRACLIUS.

Et pourquoi, si vous avez vu une femme, ne m'avez-vous pas appelé pour voir comment une femme est faite ? car, selon ce que vous m'avez dit, de toutes les choses du monde que vous m'avez nommées, rien n'approche d'une femme ; je ne sais quoi de doux et de tendre se coule dans l'ame à son seul nom, sans qu'on puisse dire pourquoi.

LÉONIDE.

Moi, je vous remercie de ne m'avoir pas appelé pour la voir. Une femme excite en moi un sentiment tout contraire ; car, d'après ce que vous en avez dit, le cœur tremble à son nom, comme s'apercevant de son danger; ce nom seul laisse dans l'ame je ne sais quoi qui la tourmente sans qu'elle le sache.

ASTOLPHE.

Ah, Héraclius! que tu juges bien! Ah, Léonide! que tu penses à merveille!

HÉRACLIUS.

Mais comment se peut-il faire qu'en disant des choses contraires nous ayons tous deux raison?

ASTOLPHE.

C'est qu'une femme est un tableau à deux visages. Regardez-la d'un sens, rien n'est si agréable; regardez-la d'un autre sens, rien n'est si terrible : c'est le meilleur ami de notre nature, c'est notre plus grand ennemi; la moitié de la vie de l'ame, et quelquefois la moitié de la mort; point de plaisir sans elle, point de douleur sans elle aussi : on a raison de la craindre, on a raison de l'estimer. Sage est qui s'y fie, et sage qui s'en défie. Elle donne la paix et la guerre, l'allégresse et la tristesse : elle blesse et elle guérit : c'est de la thériaque et du poison. Enfin elle est comme la langue; il n'y a rien de si bon quand elle est bonne, et rien de si mauvais quand elle est mauvaise, etc.

LÉONIDE.

S'il y a tant de bien et tant de mal dans la femme, pourquoi n'avez-vous pas permis que nous connussions ce bien par expérience pour en jouir, et ce mal pour nous en garantir?

HÉRACLIUS.

Léonide a très bien parlé. Jusqu'à quand, notre

PREMIÈRE JOURNÉE. 399

père, nous refuserez-vous notre liberté? et quand nous instruirez-vous qui vous êtes et qui nous sommes?

ASTOLPHE.

Ah, mes enfans! si je vous réponds, vous avancez ma mort. Vous demandez qui vous êtes; sachez qu'il est dangereux pour vous de sortir d'ici. La raison qui m'a forcé à vous cacher votre sort, c'est l'empereur Héraclius, cet Atlas chrétien.

(Cette conversation est interrompue par un bruit de chasse. Héraclius et Léonide s'échappent, excités par la curiosité. Les deux paysans gracieux, c'est-à-dire les deux bouffons de la pièce, viennent parler au bon homme Astolphe, qui craint toujours d'être découvert. Cintia et Héraclius sortent d'une grotte.)

HÉRACLIUS.

Qu'est-ce que je vois?

CINTIA.

Quel est cet objet?

HÉRACLIUS.

Quel bel animal!

CINTIA.

La vilaine bête!

HÉRACLIUS.

Quel divin aspect!

CINTIA.

Quelle horrible présence!

HÉRACLIUS.

Autant j'avais de courage, autant je deviens poltron près d'elle.

CINTIA.

Je suis arrivée ici très résolue, et je commence à ne plus l'être.

HÉRACLIUS.

O vous, poison de deux de mes sens, l'ouïe et la vue! avant de vous voir de mes yeux, je vous avais admirée de mes oreilles; qui êtes-vous?

CINTIA.

Je suis une femme, et rien de plus.

HÉRACLIUS.

Et qu'y a-t-il de plus qu'une femme? et, si toutes les autres sont comme vous, comment reste-t-il un homme en vie?

CINTIA.

Ainsi donc vous n'en avez pas vu d'autres?

HÉRACLIUS.

Non; je présume pourtant que si : j'ai vu le ciel; et, si l'homme est un petit monde, la femme est le ciel en abrégé.

CINTIA.

Tu as paru d'abord bien ignorant, et tu parais bien savant; si tu as eu une éducation de brute, ce n'est point en brute que tu parles. Qui es-tu donc toi qui as franchi le pas de cette montagne avec tant d'audace?

HÉRACLIUS.

Je n'en sais rien.

CINTIA.

Quel est ce vieillard qui écoutait, et qui a fait tant de peur à une femme?

HÉRACLIUS.

Je ne le sais pas.

CINTIA.

Pourquoi vis-tu de cette sorte dans les montagnes?

HÉRACLIUS.

Je n'en sais rien.

CINTIA.

Tu ne sais rien?

HÉRACLIUS.

Ne vous indignez pas contre moi; ce n'est pas peu savoir que de savoir qu'on ne sait rien du tout.

CINTIA.

Je veux apprendre qui tu es, ou je vais te percer de mes flèches.

(Cintia est armée d'un arc, et porte un carquois sur l'épaule; elle veut prendre ses flèches.)

HÉRACLIUS.

Si vous voulez m'ôter la vie, vous aurez peu de chose à faire.

CINTIA, *laissant tomber ses flèches et son carquois.*

La crainte me fait tomber les armes.

HÉRACLIUS.

Ce ne sont pas là les plus fortes.

CINTIA.

Pourquoi?

HÉRACLIUS.

Si vous vous servez de vos yeux pour faire des blessures, tenez-vous-en à leurs rayons; quel besoin avez-vous de vos flèches?

CINTIA.

Pourquoi y a-t-il tant de grace dans ton style, lorsque tant de férocité est sur ton visage? Ou ta voix n'appartient pas à ta peau, ou ta peau n'appartient pas à ta voix. J'étais d'abord en colère, et je deviens une statue de neige.

HÉRACLIUS.

Et moi je deviens tout de feu.

(Au milieu de cette conversation arrivent Libia et Léonide, qui se disent à peu près les mêmes choses que Cintia et Héraclius se sont dites. Toutes ces scènes sont pleines de jeu de théâtre. Héraclius et Léonide sortent et rentrent. Pendant qu'ils sont hors de la scène, les deux femmes troquent leurs manteaux; les deux sauvages, en revenant, s'y méprennent, et concluent qu'Astolphe avait raison de dire que la femme est un tableau à double visage. Cependant on cherche de tous côtés le vieillard Astolphe, qui s'est retiré dans sa grotte. Enfin Phocas paraît avec sa suite, et trouve Cintia et Libia avec Héraclius et Léonide.)

CINTIA, *en montrant Héraclius à Phocas.*

J'ai rencontré dans les forêts cette figure épouvantable.

LIBIA.

Et moi j'ai rencontré cette figure horrible; mais je ne trouve point cette vieille carcasse qui m'a fait tant de peur.

PHOCAS, *aux deux sauvages.*

Vous me faites souvenir de mon premier état : qui êtes-vous?

HÉRACLIUS.

Nous ne savons rien de nous, sinon que ces montagnes ont été notre berceau, et que leurs plantes ont été notre nourriture : nous tenons notre férocité des bêtes qui l'habitent.

PHOCAS.

Jusques aujourd'hui j'ai su quelque chose de moi-même; et vous autres, pourrai-je savoir aussi quelque chose de vous, si j'interroge ce vieillard qui en sait plus que vous deux?

LÉONIDE.

Nous n'en savons rien.

HÉRACLIUS.

Tu n'en sauras rien.

PHOCAS.

Comment! je n'en saurai rien? Qu'on examine toutes les grottes, tous les buissons et tous les précipices. Les endroits les plus impénétrables sont sans doute sa demeure; c'est là qu'il faut chercher.

UN SOLDAT.

Je vois ici l'entrée d'une caverne toute couverte de branches.

LIBIA.

Oui, je la reconnais; c'est de là qu'est sorti ce spectre qui m'a fait tant de peur.

PHOCAS, *à Libia*.

Eh bien! entrez-y avec des soldats, et regardez au fond.

(Héraclius et Léonide se mettent à l'entrée de la caverne.)

LÉONIDE.

Que personne n'ose en approcher, s'il n'a auparavant envie de mourir.

PHOCAS.

Qui nous en empêchera?

LÉONIDE.

Ma valeur.

HÉRACLIUS.

Mon courage. Avant que quelqu'un entre dans cette demeure sombre, il faudra que nous mourions tous deux.

PHOCAS.

Doubles brutes que vous êtes, ne voyez-vous pas que votre prétention est impossible?

HÉRACLIUS ET LÉONIDE *ensemble*.

Va, va, arrive, arrive, tu verras si cela est impossible.

PHOCAS.

Voilà une impertinence trop effrontée; allons, qu'ils meurent.

CINTIA.

Qu'il ne reste pas dans les carquois une flèche qui ne soit lancée dans leur poitrine [1].

(Comme on est prêt à tirer sur ces deux jeunes gens, Astolphe sort de son antre, et s'écrie:)

Non pas à eux, mais à moi; il vaut mieux que ce soit moi qui meure; tuez-moi, et qu'ils vivent.

(Tout le monde reste en suspens en s'écriant:)

Qu'est-ce que je vois? quel étonnement! quel prodige! quelle chose admirable!

(Les deux paysans gracieux prennent ce moment intéressant pour venir mêler leurs bouffonneries à cette situation, et ils croient que tout cela est de la magie. Phocas reste tout pensif.)

[1] Le lecteur peut ici remarquer que, dans cet amas d'extravagances, ce discours de Cintia est peut-être ce qui révolte le plus : on ne s'étonne point que, dans un siècle où l'on était si loin du bon goût, un auteur se soit abandonné à son génie sauvage pour amuser une multitude plus ignorante que lui. Tout ce que nous avons vu jusqu'à présent n'est que contre le bon sens; mais que Cintia, qui a paru avoir quelques sentimens pour Héraclius, et qui doit l'épouser à la fin de la pièce, ordonne qu'on le tue, lui et Léonide, cela choque si étrangement tous les sentimens naturels, qu'on ne peut comprendre que *la Comédie fameuse* de don Pedro Calderon de la Barca n'ait pas en cet endroit excité la plus grande indignation.

CINTIA.

Je n'ai jamais vu de léthargie pareille à celle dont le discours de ce bon homme vient de frapper Phocas.

PHOCAS, *à Astolphe.*

Cadavre ambulant, en dépit de la marche rapide du temps, de tes cheveux blancs et de ton vieux visage brûlé par le soleil, je garde pourtant dans ma mémoire les traces de ta personne ; je t'ai vu ambassadeur auprès de moi. Comment es-tu ici? je ne cherche point à t'effrayer par des rigueurs; je te promets au contraire ma faveur et mes dons : lève-toi, et dis moi si l'un de ces deux jeunes gens n'est pas le fils de Maurice, que ta fidélité sauva de ma colère.

ASTOLPHE.

Oui, seigneur, l'un est le fils de mon empereur, que j'ai élevé dans ces montagnes, sans qu'il sache qui il est ni qui je suis : il m'a paru plus convenable de le cacher ainsi, que de le voir en votre pouvoir, ou dans celui d'une nation qui rendait obéissance à un tyran.

PHOCAS.

Eh bien! vois comment le destin commande aux précautions des hommes. Parle, qui des deux est le fils de Maurice?

ASTOLPHE.

Que c'est l'un des deux, je vous l'avoue; lequel c'est des deux, je ne vous le dirai pas.

PHOCAS.

Que m'importe que tu me le cèles ? empêcheras-tu qu'il ne meure, puisqu'en les tuant tous deux je suis sûr de me défaire de celui qui peut un jour troubler mon empire?

HÉRACLIUS.

Tu peux te défaire de la crainte à moins de frais.

PHOCAS.

Comment?

LÉONIDE.

En assouvissant ta fureur dans mon sang; ce sera pour moi le comble des honneurs de mourir fils d'un empereur, et je te donnerai volontiers ma vie.

HÉRACLIUS.

Seigneur, c'est l'ambition qui parle en lui; mais en moi c'est la vérité.

PHOCAS.

Pourquoi?

HÉRACLIUS.

Parce que c'est moi qui suis Héraclius.

PHOCAS.

En es-tu sûr?

HÉRACLIUS.

Oui.

PHOCAS.

Qui te l'a dit?

HÉRACLIUS.

Ma valeur [1].

PHOCAS.

Quoi! vous combattez tous deux pour l'honneur de mourir fils de Maurice?

---

[1] On voit que dans cet amas d'aventures et d'idées romanesques il y a de temps en temps des traits admirables. Si tout ressemblait à ce morceau, la pièce serait au dessus de nos meilleures.

TOUS DEUX, *ensemble*.

Oui.

PHOCAS, *à Astolphe.*

Dis, toi, qui des deux l'est?

HERACLIUS.

Moi.

LÉONIDE.

Moi.

ASTOLPHE.

Ma voix t'a dit que c'est l'un des deux; ma tendresse taira qui c'est des deux.

PHOCAS.

Est-ce donc là aimer que de vouloir que deux périssent pour en sauver un? Puisque tous deux sont également résolus à mourir, ce n'est point moi qui suis tyran. Soldats, qu'on frappe l'un et l'autre.

ASTOLPHE.

Tu y penseras mieux.

PHOCAS.

Que veux-tu dire?

ASTOLPHE.

Si la vie de l'un te fait ombrage, la mort de l'autre te causerait bien de la douleur.

PHOCAS.

Pourquoi cela?

ASTOLPHE.

C'est que l'un des deux est ton propre fils; et, pour t'en convaincre, regarde cette gravure en or que me donna autrefois cette villageoise, qui m'avoua tout dans sa douleur, qui me donna tout, et qui ne se réserva pas même son fils. A présent que tu es sûr que l'un des deux est né de toi, pourras-tu les faire périr l'un et l'autre?

PHOCAS.

Qu'ai-je entendu! qu'ai-je vu!

CINTIA.

Quel événement étrange!

PHOCAS.

O ciel! où suis-je? quand je suis près de me venger d'un ennemi qui pourrait me succéder, je trouve mon véritable successeur sans le connaître; et le bouclier de l'amour repousse les traits de la haine. Ah! tu me diras quel est le sang de Maurice, quel est le mien.

ASTOLPHE.

C'est ce que je ne te dirai pas. C'est à ton fils de servir de sauvegarde au fils de mon prince, de mon seigneur.

PHOCAS.

Ton silence ne te servira de rien; la nature, l'amour paternel, parleront; ils me diront sans toi quel est mon sang; et celui des deux en faveur de qui la nature ne parlera pas sera conduit au supplice.

ASTOLPHE.

Ne te fie pas à cette voix trompeuse de la nature; cet amour paternel est sans force et sans chaleur quand un père n'a jamais vu son fils, et qu'un autre l'a nourri. Crains que dans ton erreur tu ne donnes la mort à ton propre sang.

PHOCAS.

Tu me mets donc dans l'obligation de te donner la

PREMIÈRE JOURNÉE.

mort à toi-même, si tu ne me déclares qui est mon fils.

ASTOLPHE.

La vérité en demeurera plus cachée. Tu sais que les morts gardent le secret.

PHOCAS.

Eh bien! je ne te donnerai point la mort, vieil insensé, vieux traître; je te ferai vivre dans la plus horrible prison; et cette longue mort t'arrachera ton secret pièce à pièce.

(Phocas renverse le vieil Astolphe par terre ; les deux jeunes gens le relèvent.)

HÉRACLIUS ET LÉONIDE.

Non, ta fureur ne l'outragera pas : que gagnes-tu à le maltraiter?

PHOCAS.

Osez-vous le protéger contre moi?

LES DEUX, *ensemble*.

S'il a sauvé notre vie, n'est-il pas juste que nous gardions la sienne?

PHOCAS.

Ainsi donc l'honneur de pouvoir être mon fils ne pourra rien changer dans vos cœurs?

HÉRACLIUS.

Non pas dans le mien; il y a plus d'honneur à mourir fils légitime de l'empereur Maurice qu'à vivre bâtard de Phocas et d'une paysanne.

LÉONIDE.

Et moi, quand je regarderais l'honneur d'être ton fils comme un suprême avantage, qu'Héraclius n'ait pas la présomption de vouloir être au dessus de moi.

PHOCAS.

Quoi! l'empereur Maurice était-il donc plus que l'empereur Phocas?

LES DEUX.

Oui.

PHOCAS.

Et qu'est donc Phocas?

LES DEUX.

Rien.

PHOCAS.

O fortuné Maurice! ô malheureux Phocas! je ne peux trouver un fils pour régner, et tu en trouves deux pour mourir. Ah! puisque ce perfide reste le maître de ce secret impénétrable, qu'on le charge de fers, et que la faim, la soif, la nudité, les tourmens, le fassent parler.

LES DEUX, *ensemble.*

Tu nous verras auparavant morts sur la place.

PHOCAS.

Ah! c'est là aimer. Hélas! je cherchais aussi à aimer l'un des deux. Que mon indignation se venge sur l'un et sur l'autre, et qu'elle s'en prenne à tous trois.

(Les soldats les entourent.)

HÉRACLIUS.

Il faudra auparavant me déchirer par morceaux.

LÉONIDE.

Je vous tuerai tous.

PHOCAS.

Qu'on châtie cette démence; qu'espèrent-ils? qu'on les traîne en prison, ou qu'ils meurent.

ASTOLPHE.

Mes enfans, ma vie est trop peu de chose; ne lui sacrifiez pas la vôtre.

LIBIA, *à Phocas.*

Seigneur...

PHOCAS.

Ne me dites rien; je sens un volcan dans ma poitrine et un Etna dans mon cœur.

(Cette scène terrible, si étincelante de beautés naturelles, est interrompue par les deux paysans gracieux. Pendant ce temps-là les deux sauvages se défendent contre les soldats de Phocas : Cintia et Libia restent présentes sans rien dire. Le vieux sorcier Lisippo, père de Libia, arrive.)

LISIPPO.

Voilà des prodiges devant qui les miens sont peu de chose : je vais tâcher de les égaler. Que l'horreur des ténèbres enveloppe l'horreur de ce combat; que la nuit, les éclairs, les tonnerres, les nuées, le ciel, la lune et le soleil obéissent à ma voix.

(Aussitôt la terre tremble, le théâtre s'obscurcit, on voit les éclairs, on entend la foudre, et tous les acteurs se sauvent en tombant les uns sur les autres.)

C'est ainsi que finit la première journée de la pièce de Calderon.

FIN DE LA PREMIÈRE JOURNÉE.

SECONDE JOURNÉE.

Il y a des beautés dans la seconde journée comme il y en a dans la première, au milieu de ce chaos de folies inconséquentes. Par exemple, Cintia, en parlant à Libia de ce sauvage qu'on appelle Héraclius, lui parle ainsi :

Nous sommes les premières qui avons vu combien sa rudesse est traitable... J'en ai eu compassion, j'en ai été troublée ; je l'ai vu d'abord si fier, et ensuite si soumis avec moi ! Il s'animait d'un si noble orgueil en se croyant le fils d'un empereur ; il était si intrépide avec Phocas ; il aimait mieux mourir que d'être le fils d'un autre que de Maurice ; enfin sa piété envers ce vénérable vieillard ! Tout doit te plaire comme à moi.

Cela est naturel et intéressant. Mais voici un morceau qui paraît sublime : c'est cette réponse de Phocas au sorcier Lisippo, quand celui-ci lui dit que ces deux jeunes gens ont fait une belle action en osant se défendre seuls contre tant de monde. Phocas répond :

C'est ainsi qu'en juge ma valeur ; et, en voyant l'excès de leur courage, je les ai crus tous deux mes fils.

Phocas dit enfin au bon homme Astolphe qu'il est content de lui et des deux enfans qu'il a élevés, et qu'il les veut adopter l'un et l'autre : mais il s'agit de les trouver dans les bois et dans les antres où ils se sont enfuis. On propose d'y envoyer de la musique au lieu de gardes.

Car (dit Astolphe), puisque le son des instrumens les a fait sortir de notre caverne, il les attirera une seconde fois.

On détache donc des musiciens avec les deux paysans gracieux.

Cependant le sorcier persuade à Phocas que toute cette aventure pourrait bien n'être qu'une illusion; qu'on n'est sûr de rien dans ce monde; que la vérité est partout jointe au mensonge.

Pour vous en convaincre, dit-il, vous verrez tout à l'heure un palais superbe, élevé au milieu de ces déserts sauvages : sur quoi est-il fondé? sur le vent; c'est un portrait de la vie humaine.

Bientôt après, Héraclius et Léonide reviennent au son de la musique, et Héraclius fait l'amour à Cintia à peu près comme Arlequin sauvage. Il lui avoue d'ailleurs qu'il se sent une secrète horreur pour Phocas. Les paysans gracieux apprennent à Héraclius et à Léonide que Phocas est à la chasse au tigre, et qu'il est dans un grand danger. Léonide s'attendrit au péril de Phocas : ainsi la nature s'explique dans Léonide et dans Héraclius; mais elle se dément bien dans le reste de la pièce. On les fait tous deux entrer dans le palais magnifique que le sorcier fait paraître; on leur donne des habits de gala. Cintia leur fait encore entendre de la musique : on répond, en chantant, à toutes leurs questions. On chante à deux chœurs; le premier chœur dit : « On ne sait si leur ori-
« gine royale est mensonge ou vérité. » Le second chœur dit:
« Que leur bonheur soit vérité et mensonge. » Ensuite on leur présente à chacun une épée.

Je ceins cette épée en frissonnant (dit Héraclius): je me souviens qu'Astolphe me disait que c'est l'instrument de la gloire, le trésor de la renommée; que c'est sur le crédit de son épée que la valeur accepte toutes les ordonnances du trésor royal : plusieurs la prennent comme un ornement, et non comme le signe de leur devoir. Peu de gens oseraient accepter cette feuille blanche s'ils savaient à quoi elle oblige.

Pour Léonide, quand il voit ce beau palais et ces riches habits dont on lui fait présent, « Tout cela est beau, dit-il; « cependant je n'en suis point ébloui; je sens qu'il faut quelque « chose de plus pour mon ambition. » L'auteur a voulu ainsi développer dans le fils de Maurice l'instinct du courage, et dans le fils de Phocas l'instinct de l'ambition. Cela n'est pas sans génie et sans artifice; et il faut avouer (pour parler le langage de Calderon) qu'il y a des traits de feu qui s'échappent au milieu de ces épaisses fumées.

Phocas vient voir les deux sauvages ainsi équipés; ils se prosternent tous deux à ses pieds, et les baisent. Phocas les traite tous deux comme ses enfans. Héraclius se jette encore une fois à ses pieds, et les baise encore; avilissement qui n'était pas nécessaire. Léonide, au contraire, ne le remercie seulement pas : Phocas s'en étonne.

De quoi aurais-je à te remercier? (lui dit Léonide) si tu me donnes des honneurs, ils sont dus à ma naissance, quelle qu'elle soit; si tu m'as accordé la vie, elle m'est odieuse quand je me crois fils de Maurice. Je ne hais pas cette arrogance (répond Phocas.)

Les paysans gracieux se mêlent de la conversation. La reine Cintia et Libia arrivent; elles ne donnent aucun éclaircissement à Phocas, qui cherche en vain à découvrir la vérité.

SECONDE JOURNÉE. 415

Au milieu de toutes ces disparates arrive un ambassadeur du duc de Calabre, et cet ambassadeur est le duc de Calabre lui-même. Il baise aussi les pieds de Phocas pour mériter, dit-il, de lui baiser la main. Phocas le relève; le prétendu ambassadeur parle ainsi :

Le grand-duc Frédéric sachant, ô empereur! que vous êtes en Sicile, m'envoie devers vous et devers la reine Cintia pour vous féliciter tous deux, vous, de votre arrivée, et elle, de l'honneur qu'elle a de posséder un tel hôte; il veut mériter de baiser sa main blanche. Mais, pour venir à des matières plus importantes, le grand-duc mon maître m'a chargé de vous dire qu'étant fils de Cassandre, sœur de l'empereur Maurice, dont le monde pleure la perte, il ne doit point vous payer les tributs qu'il payait autrefois à l'empire; mais que, s'il ne se trouve point d'héritier plus proche que Maurice, c'est à mon maître qu'appartient le bonnet impérial et la couronne de laurier, comme un droit héréditaire. Il vous somme de les restituer.

PHOCAS.

Ne poursuis point, tais-toi; tu n'as dit que des folies. De si sottes demandes ne méritent point de réponse; c'est assez que tu les aies prononcées.

LÉONIDE.

Non, seigneur, ce n'est point assez; ce palais n'a-t-il pas des fenêtres par lesquelles on peut faire sauter au plus vite monsieur l'ambassadeur?

HÉRACLIUS.

Léonide, prends garde; il vient sous le nom sacré

d'ambassadeur : n'aggravons point les motifs de mécontentement que peut avoir son maître.

PHOCAS, *à l'ambassadeur.*

Pourquoi restes-tu ici? n'as-tu pas entendu ma réponse?

FRÉDÉRIC.

Je ne demeurais que pour vous dire que la dernière raison des princes est de la poudre, des canons et des boulets [1].

PHOCAS.

Eh bien! soit. — Que ferons-nous, Cintia?

CINTIA.

Pour moi, mon avis est qu'ayant l'honneur de vous avoir pour hôte, je continue à vous divertir par des festins, des bals, de la musique et des danses.

PHOCAS.

Vous avez raison : entrons dans ces jardins et divertissons-nous, pendant que l'ambassadeur s'en ira.

(Léonide et Héraclius restent ensemble. Le vieux bon homme Astolphe vient se jeter à leurs pieds. Ce vieillard, qui n'a pas un souffle de vie, dit qu'il a rompu les portes de sa prison. « Qu'on « me donne mille morts, ajoute-t-il, j'y consens, puisque j'ai eu le « bonheur de vous voir tous deux dans une si grande splendeur « et une si grande majesté. »)

LÉONIDE.

En quelle majesté nous vois-tu donc, puisque tu nous laisses encore dans le doute où nous sommes, et que tu ôtes l'héritage à celui qui y doit prétendre,

[1] Le lecteur remarque assez ici l'érudition de Calderon et celle des spectateurs à qui il avait affaire. De la poudre et des boulets au cinquième siècle sont dignes de la conduite de cette pièce.

pour le donner sottement à celui qui n'y a point de droit?

HÉRACLIUS.

Léonide, tu lui payes fort mal ce que tu lui dois.

LÉONIDE.

Qu'est-ce donc que je lui dois? il a été notre tyran dans une éducation rustique; il a été le voleur de ma vie, au milieu des précipices et des cavernes. Ne devait-il pas, puisqu'il savait qui nous étions, nous élever dans des exercices dignes de notre naissance, nous apprendre à manier les armes?

PHOCAS, *qui entre doucement sur la pointe du pied pour les écouter.*

En vérité, Léonide parle très bien et avec un noble orgueil.

HÉRACLIUS.

Mais il est clair qu'il a protégé celui de nous deux qui est le fils de Maurice, qu'il s'est enfermé dans une caverne avec lui. Y a-t-il une fidélité comparable à cette conduite généreuse? et, dis-moi, n'est-ce pas aussi une piété bien signalée d'avoir aussi conservé le fils de Phocas qu'il connaissait, et qui était en son pouvoir? N'a-t-il pas également pris soin de l'un et de l'autre?

PHOCAS, *derrière eux.*

En vérité Héraclius parle fort sagement.

LÉONIDE.

Quelle est donc cette fidélité? Il a été compatissant envers l'un, tandis qu'il était cruel envers l'autre. Il eût bien mieux fait de s'expliquer, et de nous instruire de notre destinée : mourrait qui mourrait, et régnerait qui régnerait.

HÉRACLIUS.

Il aurait fait fort mal.

LÉONIDE.

Tais-toi; puisque tu prends son parti, tu me mets si fort en colère, que je suis prêt de...

ASTOLPHE.

De quoi? ingrat, parle.

LÉONIDE.

D'être ingrat, puisque tu m'appelles ainsi, vieux traître! vieux tyran!

(Léonide lui saute à la gorge et le jette par terre; Héraclius le relève.)

ASTOLPHE.

Ah! je suis tout brisé.

HÉRACLIUS.

Il faut que ma main qui t'a secouru punisse ce brutal.

(Les deux princes tirent alors l'épée avec de grands cris; les deux paysans gracieux s'en vont en disant chacun leur mot.)

ASTOLPHE.

Mes enfans, mes enfans, arrêtez!

(Phocas paraît alors : Cintia et le sorcier arrivent.)

PHOCAS, *à Héraclius.*

Ne le tue pas.

CINTIA.

Ne te fais point une mauvaise affaire.

HÉRACLIUS.

Non, seigneur, je ne le tuerai pas, puisque vous le défendez. Il vivra, madame, puisque vous le voulez.

SECONDE JOURNÉE.

(Léonide relevé s'excuse devant Phocas et Cintia de sa chute ; il dit qu'on n'en est pas moins valeureux pour être maladroit, et veut courir après Héraclius pour s'en venger : Phocas l'en empêche ; et, doutant toujours lequel des deux est son fils, il dit à Cintia :)

J'ai beaucoup vu dans ces jeunes gens, et je n'ai rien vu; mais, dans mes incertitudes, je sens que tous deux me plaisent également, qu'ils sont également dignes de moi, l'un par son courage opiniâtre, et l'autre par sa modération.

FIN DE LA SECONDE JOURNÉE.

TROISIÈME JOURNÉE.

La troisième journée ressemble aux deux autres. La reine Cintia donne toujours des concerts aux deux sauvages pour les polir; et ces deux princes, qui sont devenus les meilleurs amis du monde, s'épuisent en galanterie sur les yeux et sur la voix de Cintia et de Libia. Enfin Libia découvre à Héraclius, en présence de Léonide, qu'Héraclius est le fils de Maurice.

Comment le savez-vous? (dit Héraclius). C'est (répond Libia) que mon père me l'a dit quand il a craint que Phocas ne le fît mourir avec son secret.

LIBIA.

Oui, c'est à vous, Héraclius, qu'appartient l'empire invincible de Constantinople.

CINTIA.

Oui, non seulement l'empire, mais aussi la Sicile où je règne, qui est une colonie feudataire.

LIBIA.

Mais tandis que Phocas vivra, il faut garder ce secret; il y va de votre vie.

CINTIA.

Gardons bien le secret tant qu'il vivra; car l'empereur est hydropique de mon sang, et il s'assouvirait du vôtre et du mien.

LIBIA.

Oui, gardons le secret, et voyez comment vous pourrez le déclarer par quelque belle action.

CINTIA.

Silence, et voyons comme vous pourrez vous y prendre.

LIBIA.

Si vous trouvez quelque chemin,

CINTIA.

Si vous trouvez quelque moyen,

LIBIA.

Je ne doute pas qu'au même moment,

CINTIA.

Je ne doute pas que sur-le-champ,

LIBIA.

Plusieurs ne vous suivent,

CINTIA.

Plusieurs ne vous proclament.

LIBIA.

Mais il me paraît impossible,

CINTIA.

Je vois évidemment l'impossibilité

TOUTES DEUX *ensemble.*

Que vous réussissiez tant que Phocas sera en vie.

LÉONIDE.

Écoutez, Libia.

HÉRACLIUS.

Cintia, attendez.

LÉONIDE.

Incertain sur tout ce que j'ai entendu,

HÉRACLIUS.

Etonné de tout ce que j'apprends,

LÉONIDE.

Je meurs de chagrin.

HÉRACLIUS.

Je vis dans la joie.

PHOCAS, *dans le fond du théâtre, ayant feint de dormir.*

Déja ils sont informés de cette tromperie, et persuadés de la vérité à mon préjudice : il est bien force qu'entre deux sentimens si contraires et si distincts, celui d'ennemi et celui de père, le sang fasse son devoir. Je vais leur parler tout à l'heure : mais non ; il vaut mieux que je les observe finement, car il est clair qu'ils dissimulent avec moi, et qu'ils ne se confient qu'à elles ; de manière que je vais une seconde fois faire semblant d'avoir sommeil.

Je flotte toujours dans mes incertitudes, mon cœur se partage nécessairement en deux sentimens contraires, celui de père et celui d'ennemi : allons, voyons si la nature se fera connaître. Je viens pour leur parler : mais non ; il vaut mieux les épier avec prudence ; il est clair qu'ils dissimulent avec moi, et qu'ils ne se confient qu'à des femmes. Il faudra bien enfin que ce songe finisse.

LÉONIDE, *sans voir Phocas.*

J'avoue que je me suis senti pour Phocas je ne sais quelle affection secrète ; mais je vois à présent que ce sentiment ne venait que de mon orgueil qui aspirait à l'empire. La même tendresse me prend actuellement pour Maurice, et je sens que ce faux amour que je croyais sentir pour Phocas n'était au fond que de la haine, quand j'imagine qu'il est un tyran, et qu'il m'ôte l'empire qui était à moi [1].

HÉRACLIUS.

Je vis abhorré de Phocas. Je me vois dans le plus grand danger : mais n'importe; je triomphe d'avoir su quel noble sang échauffe mes veines, quoiqu'à présent ce feu soit attiédi.

PHOCAS, *derrière eux.*

Je ne peux rien avérer sur ce qu'ils disent : approchons-nous pour les écouter; peut-être que du mensonge on passera à la vérité. Je me sens trop troublé par les inquiétudes de tout ce songe, dont la rêverie est un vrai délire.

LÉONIDE.

Je n'ai ni frein, ni raison, ni jugement; je ne veux que régner, et je ferai tout pour y parvenir.

HÉRACLIUS.

Et moi, je n'ai d'autre ambition, d'autre désir que d'être digne de ce que je suis. Laissons au ciel l'accomplissement de mes desseins; il soutiendra ma cause.

(Ici Héraclius se retire un moment sans qu'on en sache la raison.)

LÉONIDE.

Il est parti, et je reste seul. Non, je ne suis pas seul; mes inquiétudes, mes peines sont avec moi; je suis si saisi d'horreur en voyant le traître qui m'empêche de

---

[1] On sent combien ce discours est absurde : comment l'empire était-il à Léonide? Parlerait-il autrement si on lui avait dit qu'il est le fils de Maurice? Chacun d'eux croit-il que c'est à lui que Libia et Cintia ont parlé? Tout cela paraît d'une démence inconcevable.

ceindre mon front du laurier sacré des empereurs, que je ne sais comment je résiste aux emportemens de ma colère.

HÉRACLIUS, *revenant.*

J'avais fui de ces lieux pour calmer mes inquiétudes; mais, ayant trouvé du monde dans le chemin, je rentre ici pour ne parler à personne.

LÉONIDE.

Cependant si Libia m'a fait entendre, en m'en disant davantage, que quand Phocas sera mort il faudra bien que tout le monde prenne mon parti, je dois espérer [1]. Mais quoi! je me suis senti une secrète inclination pour Phocas. Un empire ne vaut-il pas mieux que cette secrète inclination? Sans doute: donc, qu'est-ce que je crains? pourquoi resté-je en suspens?

HÉRACLIUS.

Que prétend là Léonide?

(Léonide tire ici son poignard, et Héraclius tire le sien, et Phocas qui était endormi s'éveille.)

LÉONIDE.

Qu'il meure!

HÉRACLIUS.

Qu'il ne meure pas!

PHOCAS.

Qu'est-ce que je vois?

---

[1] Libia ne lui a rien dit de cela ; c'est à Héraclius qu'elle a tenu ce propos : apparemment qu'il y a dans cette scène un jeu de théâtre tel que chacun des deux princes puisse croire que Libia s'adresse à lui, l'appelle Héraclius, et déclare qu'il est fils de Maurice.

LÉONIDE.

Tu vois qu'Héraclius voulait te donner la mort, et que c'est moi qui me suis opposé à sa fureur.

HÉRACLIUS.

C'est Léonide qui voulait t'assassiner, et c'est moi qui te sauve la vie.

PHOCAS.

Ah, malheureux! je ne suis ni endormi ni éveillé; j'entends crier : Qu'il meure! j'entends crier : Qu'il ne meure pas! je confonds ces deux voix; aucune n'est distincte; ce sont deux métaux fondus ensemble que je ne peux démêler : il m'est impossible de rien décider. Si je m'arrête à l'action et aux paroles, tout est égal de part et d'autre; chacun d'eux a un poignard dans la main.

HÉRACLIUS.

Je me suis armé de ce poignard, quand j'ai vu que Léonide tirait le sien pour te frapper.

PHOCAS.

Prenons garde; je ne peux, il est vrai, porter un jugement assuré sur les voix que j'ai entendues, sur l'action que j'ai vue; mais l'épouvante que j'ai ressentie dans mon cœur me dit par des cris étouffés que c'est toi, Héraclius, qui es le traître. Le fer que j'ai vu briller dans ta main, ce couteau, cet acier, le fil de ce poignard, font hérisser mes cheveux sur ma tête. Défends-moi, Léonide; toute ma valeur tremble encore à l'idée de cette fureur, de cette aveugle hardiesse, de cette sanglante audace; il me semble que je le vois encore escrimer avec cet aspic de métal et ces regards de basilic.

HÉRACLIUS.

Eh, seigneur! quand je mets à vos pieds, non seulement ce poignard, mais aussi ma vie, pourquoi vous fais-je peur?

PHOCAS.

Lisippo, Cintia, Libia, puisque vous êtes mes amis et mes commensaux, sachez qu'Héraclius me veut faire périr.

HÉRACLIUS.

Ah! si une fois ils en sont persuadés, ils me tueront. Ah, ciel! où m'enfuirai-je dans un si grand péril?

(Il s'en va, et on le laisse aller.)

PHOCAS, *quand Héraclius est parti.*

Défendez-moi contre lui.

LÉONIDE.

Moi, seigneur, je vous défendrai. (à part.) Dieu merci, j'en suis tiré... (haut.) Oui, seigneur, je le suivrai; son châtiment sera égal à sa trahison; je lui donnerai mille morts.

PHOCAS.

Cours, Léonide; la fuite du traître est un nouvel indice de son crime.

LISIPPO, LES FEMMES.

Quel mal vous prend subitement, seigneur?

PHOCAS.

Je ne sais ce que c'est; c'est une léthargie, un évanouissement, un tourment de tête, un spasme, une frénésie, une angoisse; mes idées sont toutes troublées;

je ne sais si c'est un songe, si tout cela est vrai ou faux. C'est un crépuscule de la vie; je ne suis ni mort ni vivant; chacun d'eux prétend qu'il voulait me sauver au lieu de me tuer. Je ne sais quoi me dit au fond du cœur qu'Héraclius est coupable, et que si Léonide ne m'avait secouru, Héraclius se serait baigné dans mon sang. Je jurerais que cet Héraclius est le fils de Maurice; toute ma colère crève sur lui. Dites-moi ce que vous en pensez, et si je juge bien ou mal.

CINTIA.

Tout cela est si obscur qu'on ne peut pas juger de leur intention; il faut les entendre : notre jugement ne peut atteindre à ce qui n'est pas sur les lèvres.

PHOCAS, *à Lisippo.*

Et toi, magicien, ne nous diras-tu rien sur cette étrange aventure?

LISIPPO.

Si je pouvais parler, je vous aurais déja tout dit; mais la déité qui m'inspire me menace si je parle.

PHOCAS.

Mais ne pourrais-tu pas forcer ta fille Libia, la reine Cintia, et les autres, à dire ce qu'ils savent de ces prodiges?

TOUS *ensemble.*

On ne pourra nous y obliger, ni nous faire violence.

PHOCAS.

Pourquoi?

LIBIA.

Il faut céder à la fatalité.

CINTIA.

Le terme des destinées est arrivé.

ISMÉNIE.

Oui, ce jour même, cet instant même.

TOUS, *ensemble*.

Nous sommes entraînés par la force de l'enchantement.

(Ils disparaissent tous avec le palais. Phocas et Lisippo restent sur la scène.)

PHOCAS.

Écoute, espère tout de moi.

LISIPPO.

C'est en vain ; je dois vous laisser dans la situation où vous êtes. Jugez par ce que vous avez vu des raisons de mon silence.

(Il sort.)

PHOCAS.

Eh bien! tu t'en vas aussi?

(On entend derrière la scène des cris de chasseurs.)

A la forêt, à la montagne, au buisson, au rocher.

(Libia et Cintia derrière la scène appellent Phocas.)

PHOCAS.

Ils m'ont tous laissé ici dans la plus grande incertitude; je n'ai pu savoir autre chose d'eux tous, sinon qu'Héraclius m'a voulu secourir, après que je l'ai vu le poignard à la main pour me tuer, et que Léonide est un assassin, quand mon cœur me dit qu'il volait à mon secours. O abyme impénétrable! que de choses tu me dis! et que de choses tu me caches!

(On entend derrière le théâtre:)

Voilà le tigre que Phocas a lancé qui va vers la montagne.

CINTIA, *dans le fond du théâtre.*

Allons, courons après lui. Sans doute, puisque Phocas n'a point paru depuis hier, le tigre l'a déchiré, et il revient pour chercher quelque nouvelle proie [1].

(Tous les chasseurs appellent ici leurs chiens, et les nomment par leurs noms.)

PHOCAS, *sur le devant du théâtre.*

Ainsi donc, afin que la conclusion de cette terrible aventure réponde à son commencement, voici mon tigre qui revient sur moi, poursuivi par les chiens, sans que j'aie le temps de me mettre en défense. J'ai des vassaux, des domestiques, des amis, et aucun d'eux ne vient à mon secours.

(Héraclius et Léonide arrivent chacun de leur côté, vêtus de peaux de bêtes, comme ils l'étaient à la première journée de cette pièce.)

TOUS DEUX *ensemble.*

Je t'ai entendu; j'accours à ta voix.

HÉRACLIUS.

Je reviens pour savoir... Mais que vois-je?

LÉONIDE.

Je viens savoir... Mais qu'aperçois-je?

HÉRACLIUS.

Tu aperçois mon ancien habit de peau.

---

[1] Il y a dans l'original *hambriento*, qui veut dire *affamé*, de *hambre*, *faim*.

LÉONIDE.

Tu vois aussi le mien.

HÉRACLIUS.

Mais ai-je vu ce que j'ai songé?

LÉONIDE.

Mais ai-je rêvé ce que j'ai vu?

HÉRACLIUS.

Qu'est devenu ce beau palais? où était-il?

LÉONIDE.

Qui a emporté cet édifice?

PHOCAS.

De quel palais, de quel édifice parlez-vous? Depuis hier jusqu'à cette heure j'ai couru après mon tigre; les rochers ont été mon lit; aujourd'hui j'ai fait ce que j'ai pu pour retrouver le chemin, jusqu'à ce qu'enfin j'ai entendu les cris des bêtes sauvages, les aboiemens des chiens : j'ai appelé, vous êtes venus; sûrement Cintia et Libia vous auront dit où j'étais, car elles vous auront trouvés à leur ordinaire au son de la musique. Soyez les bien-venus.

(Tous les chasseurs derrière le théâtre.)

Allons tous, allons tous; nous les découvrirons ici.

(Les dames arrivent avec les deux paysans gracieux et une suite nombreuse. Les paysans gracieux sont fort étonnés de voir qu'Héraclius et Léonide n'ont plus leurs beaux habits.)

Qu'avez-vous fait, dit un des gracieux, de tous ces ornemens, de ces belles plumes, de ces joyaux?

LÉONIDE.

Je n'en sais rien.

(Les dames font des complimens à Phocas sur le bonheur qu'il a eu d'échapper au tigre. Les deux paysans gracieux soutiennent à Héraclius et à Léonide qu'ils les ont vus dans un beau palais; ni l'un ni l'autre n'en veut convenir.)

PHOCAS.

Quoi qu'il en soit de ce palais, qui sans doute est un enchantement, j'ai déja dit que j'aimais mieux vous faire du bien à l'un et à l'autre que de me venger de l'un des deux; allons-nous-en dans un autre palais, où vous changerez vos vêtemens de sauvages en habits royaux, et où nous ferons des festins et des réjouissances.

LÉONIDE.

O ciel ! sera-ce une fiction? et ce que nous avons vu était-il une vérité? quel est le certain? quel est l'incertain? je n'y conçois rien; mais n'importe, allons-nous-en où nous serons bien logés, pompeusement vêtus et bien servis : que ce soit une vérité ou un mensonge, qui jouit, jouit; soit que les choses soient vraies ou non, je me jette à tes pieds, je baise ta main pour l'honneur que je reçois.

PHOCAS.

Léonide parle très sagement. Et toi, Héraclius, ne me remercies-tu pas aussi des graces que je te fais?

HÉRACLIUS.

Non, seigneur; quand je vois que la pourpre et l'émail de Tyr ne causent que des peines, et que les pompes royales sont si passagères qu'on ne sait pas si elles sont un mensonge ou une vérité, je vous prie de me rendre à ma première vie. Habitant des montagnes, compagnon des bêtes sauvages, citoyen des précipices, je n'envie point ces grandeurs qui paraissent et qui disparaissent, et qu'on ne sait si elles sont vraies ou fausses.

PHOCAS.

Je ne t'entends point.

HÉRACLIUS.

Et moi, je m'entends un peu.

(Le vieil Astolphe et Lisippo arrivent, et s'arrêtent au fond du theâtre.)

ASTOLPHE.

J'ai su que Léonide et Héraclius étaient avec Phocas : je viens les voir; mais je n'ose approcher.

LISIPPO.

Je veux savoir quel parti ils auront pris, et je vais de ce côté.

PHOCAS, *à Héraclius.*

Eh bien! ingrat, tu méprises donc mes bontés?

HÉRACLIUS.

Non, j'en fais tant de cas que je ne veux pas les exposer à un nouveau danger. Je me jette à tes pieds, je te supplie de m'éloigner de toi : mon ambition ne veut d'autre royaume que celui de mon libre arbitre.

PHOCAS.

N'est-ce pas agir en désespéré au mépris de mon honneur?

HÉRACLIUS.

Non, seigneur; il ne s'agit que du mien.

PHOCAS.

Tes refus sont une preuve de ta trahison. Que fais-je? je réprime ma colère.

CINTIA.

Quelle trahison pouvez-vous avoir découverte en lui, puisqu'il arrive tout à l'heure?

PHOCAS.

Va, ingrat, puisque tu abhorres mes faveurs, je vois bien que tu es le fils de mon ennemi.

HÉRACLIUS.

Eh bien! c'est la vérité; et puisque tu sais le secret d'un prodige que je ne peux comprendre, que je me perde ou non, je suis le fils de Maurice, et je m'enorgueillis à tel point d'un si beau titre, que je dirai mille fois que Maurice est mon père.

PHOCAS.

Je m'en doutais assez; mais de qui le sais-tu?

HÉRACLIUS.

D'un témoin irréprochable; c'est Cintia qui me l'a dit.

CINTIA.

Moi! comment? quand? et de qui aurais-je pu le savoir?

HÉRACLIUS.

C'est Astolphe qui vous l'a dit, quand on l'a amené devant vous.

ASTOLPHE.

Ils vont me tuer! quel espoir me reste-t-il? Moi, madame, je vous l'ai dit?

CINTIA.

Non, Astolphe ne m'a rien dit; et moi, je ne t'ai point parlé.

HÉRACLIUS.

S'il vous a dit ce grand secret, je le paye assez par ma mort; et toi, charitable impie, qui m'as caché tant d'années la gloire de ma naissance, puisque tu l'as révélée aujourd'hui, pourquoi es-tu si hardi de la nier à présent, et de manquer de respect à Cintia?

CINTIA.

Je t'ai déja dit que je ne sais rien du tout.

HÉRACLIUS, *à Cintia.*

Pour toi, je ne te réplique rien; mais à celui-ci, qui, après m'avoir ôté l'honneur, m'ôte le jugement, et la vie que je lui ai sauvée dans ce riche palais, je veux le planter là.

ASTOLPHE.

Quoi? quel palais?

LÉONIDE, *à Héraclius.*

Arrête, ne le maltraite point sans raison; car s'il est vrai que nous avons été dans ce palais, il ne l'est pas que nous soyons, toi le fils de Maurice, et moi le fils de Phocas. Libia m'a dit comme à toi que Maurice est mon père, et je n'en ai rien cru.

LIBIA.

Moi! je te l'ai dit? quand t'ai-je vu? quand t'ai-je parlé?

LÉONIDE.

Dans ce même palais où nous étions tous. Tu m'as dit que ton père le sorcier l'avait deviné par sa profonde science.

LISIPPO, *à part.*

Ah! voilà l'enchantement rompu.

(à Léonide.)

Et comment ma fille Libia a-t-elle pu flatter ainsi ton audace, et me faire dire ce que je n'ai point dit?

UN DES PAYSANS GRACIEUX.

Il faut que le diable s'en mêle, il est déchaîné.

PHOCAS.

Puisque cette confusion augmente, venons à bout de sortir de ce profond abyme. — Astolphe, j'ai voulu savoir ton secret; j'ai employé des moyens qui m'ont instruit. On m'a appris qu'être Héraclius c'est être fils de Maurice.

ASTOLPHE.

Ce serait donc la première vérité que le mensonge aurait dite.

PHOCAS.

Mais afin qu'il ne reste aucun scrupule dans l'esprit de Léonide, explique-toi clairement.

ASTOLPHE.

Seigneur, puisque vous le savez, que puis-je dire?

CINTIA.

Et toi, traître Lisippo, pourquoi viens-tu ici?

LISIPPO, *à Phocas.*

Seigneur, je vois la colère de la divinité pour laquelle je gardais le silence : ses sourcils froncés me menacent; il n'est plus temps de feindre : Léonide est votre fils; c'est assez que je l'affirme, et qu'Astolphe ne le nie pas.

PHOCAS.

C'est plus qu'il ne faut. Mes vassaux, mes sujets, Léonide est votre prince.

(*Tous les acteurs crient:*)

Vive Léonide!

PHOCAS.

Vive Léonide, et meure Héraclius!

CINTIA.

Arrêtez

PHOCAS.

Prétendez-vous empêcher la mort d'Héraclius?

CINTIA.

Oui, je l'empêche : il est venu sur votre parole et sur la mienne; il faut la tenir; et, si vous voulez le faire mourir, commencez par enfoncer votre poignard dans mon sein.

PHOCAS.

Quelle parole ai-je donc donnée?

CINTIA.

De ne le faire mourir ni de l'emprisonner.

PHOCAS.

Eh bien! pour vous et pour moi j'accomplirai ma promesse. Allez, vous autres, faites démarrer cette barque qui est sur la rive, percez-en le fond. — Madame, je le laisserai vivant, puisque je ne lui donne point la mort; il ne sera point prisonnier, puisque je l'envoie courir la mer à son aise. Allez, qu'on l'enlève, qu'on le mette dans cette barque.

HÉRACLIUS, *aux gens de Phocas.*

Non, rustres, non, point de violence. J'irai moi-même à mon tombeau, puisque mon tombeau est dans ce bateau. Adieu, Cintia, charmant prodige, le premier et le dernier que j'ai vu. Adieu, Astolphe mon père : je vous laisse au pouvoir de mon ennemi, qui en mentant a dit la vérité, et qui a dit la vérité en mentant [1].

PHOCAS.

Espère mieux, et vois si j'ai de la compassion. Je ne t'envie point la consolation d'être avec cet Astolphe qui t'a servi de père. Qu'on entraîne aussi ce malheureux vieillard.

ASTOLPHE.

Allons, mon fils, je ne me soucie plus de la vie, puisque je vais mourir avec toi.

CINTIA.

Quelle pitié!

LIBIA.

Quel malheur!

LES PAYSANS GRACIEUX.

Quelle confusion!

PHOCAS.

A présent, afin que les échos de leurs gémissemens ne viennent point jusqu'à nous, commençons nos réjouissances; que Léonide vienne à ma cour, que tout le monde le reconnaisse; que tous mes vassaux lui baisent la main; et qu'ils disent à haute voix, Vive Léonide!

HÉRACLIUS.

O cieux, favorisez-moi!

---

[1] C'est que Phocas a fait semblant de savoir qu'Héraclius était fils de Maurice, n'en étant pas certain, et voulant tirer cet aveu d'Astolphe. Ainsi, selon Calderon, *tout est mensonge et vérité*.

ASTOLPHE.

O cieux, ayez pitié de nous!

(La musique chante : Vive Léonide!)

LÉONIDE.

Que tout ceci soit une vérité ou un mensonge, que cela soit certain ou faux, que l'enchantement finisse ou qu'il dure, je me vois, en attendant, héritier de l'empire, et quand le destin envieux voudrait reprendre le bien qu'il m'a fait, il ne m'empêchera pas d'avoir goûté une si grande félicité à côté d'un si grand péril.

HÉRACLIUS.

Ciel, favorisez-moi!

ASTOLPHE.

Cieux, ayez pitié de nous!

(La musique recommence, et chante : Vive Léonide! On entend de l'artillerie, des tambours et des trompettes.)

PHOCAS, *à Héraclius et à Astolphe.*

Je vous crois exaucés. J'entends de loin des trompettes, des tambours et du canon, qui paraissent vouloir changer nos divertissemens en appareil de guerre.

CINTIA, *qui apparemment s'en était allée, et qui revient sur le théâtre.*

Je regardais d'une vue de compassion le combat des vents et des flots, et ce gonflement passager des vagues qui se jouent en bouillonnant sur ces vastes champs verts et salés, lorsque j'ai vu de loin dans le golfe une vaste cité de navires, qui ont fait une salve en venant reconnaître le port.

PHOCAS.

C'est apparemment quelque roi voisin, feudataire de l'empire (comme ils le sont tous), qui vient nous payer les tributs.

LISIPPO.

Seigneur, en observant de plus près ces voiles enflées, je penche à croire plutôt...

PHOCAS.

Quoi?

LISIPPO.

Que c'est la flotte du prince de Calabre, dont l'ambassadeur est venu vous menacer.

PHOCAS.

Que cette idée ne trouble point notre joie et nos divertissemens. Cette flotte ne m'inspire aucune épouvante : je vais enrôler du monde; et pendant que ces vaisseaux répéteront leur salve d'artillerie, qu'on répète nos chants d'allégresse.

LÉONIDE.

Vous verrez que Léonide remplira les devoirs où sa naissance l'engage.

CINTIA.

Je te suis, malgré moi, avec mes gens.

(Ils suivent Phocas; Astolphe et Héraclius restent. Tous deux ensemble s'écrient: « O cieux, ayez pitié de nous! » On voit avancer la flotte de Frédéric, et on entend : « A terre! à terre! aux armes! « aux armes! guerre! guerre! »

HÉRACLIUS ET ASTOLPHE.

Secourez-nous, ô pouvoirs divins!

TROUPE DE SOLDATS *de Phocas.*

Vive Léonide ! vive Léonide !

FRÉDÉRIC, *grand-duc de Calabre, descendant
de son vaisseau.*

Prenons terre; formons nos escadrons; que les ennemis surpris soient épouvantés, qu'ils ne sachent mon débarquement que par moi, puisque les eaux et les vents m'ont été si favorables ; que le sang et le feu fassent voir un autre élément. Le destin m'a fait prince de Calabre : je suis neveu de Maurice ; sa mort me donne droit à la pourpre impériale. Pourquoi paierais-je des tributs, au lieu de venger la perte des tributs qu'on me doit ! surtout lorsque je sais que le fils posthume de Maurice est perdu, et qu'un vieillard, dont on n'a jamais entendu parler depuis qu'il arracha cet enfant à sa mère, l'a élevé dans les rochers de la Sicile. Les destinées ne m'appellent-elles pas à l'empire, puisque le tyran est ici mal accompagné ? n'est-ce pas à moi de soutenir mes droits par mer et par terre, et de venger à la fois Frédéric et Maurice ? Enfin, quand je n'aurais d'autre raison d'entreprendre cette guerre glorieuse que les prédictions sinistres de Lisippo, cette raison me suffirait; et je veux montrer à la terre que ma valeur l'emporte sur ses craintes.

(On voit de loin Astolphe sur le rivage et Héraclius qui s'élance hors du bateau percé où on l'avait déja porté. Le bateau s'enfonce dans la mer.)

FRÉDÉRIC.

Quelle voix entends-je sur les eaux ? qu'arrive-t-il donc vers ces lieux horribles ? quel bruit de destruction! Autant que ma vue peut s'étendre, autant que je peux prêter l'oreille, ceci est monstrueux. J'entends la voix d'un homme ; mais il souffle comme un animal : ce n'est point un oiseau, car il ne vole pas ; ce n'est point un poisson, car il ne nage pas : il est poussé par les vagues qui se brisent contre ces rochers.

(Astolphe sur le rivage embrasse Héraclius qui sort de la mer.)

HÉRACLIUS.

O cieux, ayez pitié de nous !

ASTOLPHE.

O cieux, nous implorons votre secours !

FRÉDÉRIC.

Il paraissait qu'il n'y en avait qu'un au milieu des ondes, et maintenant en voilà deux sur le rivage.

ASTOLPHE, *à Héraclius.*

Je rends grace au ciel qui t'a délivré de la mer.

FRÉDÉRIC.

Par quel prodige ces deux créatures, au milieu des algues marines, des vents, des flots et du limon, au lieu d'être couverts d'écailles, sont-ils couverts de poil ? Qui êtes-vous ?

ASTOLPHE.

Deux hommes si infortunés, que le destin qui voulait nous donner la mort n'a pu en venir à bout.

HÉRACLIUS.

Nous sommes les enfans des rochers ; la mer n'a pu nous souffrir, et nous rend à d'autres rochers. Si vous êtes des soldats de Phocas, usez contre nous du pouvoir que vous donne la fortune ; ce serait une cruauté d'avoir pitié de nous : et afin que vous soyez obligés de nous ôter cette malheureuse vie, sachez que je suis le fils de Maurice. Ce vieillard, que sa fidélité a banni si long-temps de la cour, m'a sauvé deux fois la vie sur la terre et sur la mer. C'est le généreux Astolphe [1]. Je vous conjure, en me donnant la mort, d'épargner le peu de jours qui lui restent. Je me jette à vos pieds; accordez-moi la mort que j'implore: pourquoi hésitez-vous ? pourquoi refusez-vous de finir mes tourmens?

FRÉDÉRIC.

Pour te tendre les bras. Ce que tu m'as dit attendrit tellement mon ame que je sauverais ta vie aux dépens de la mienne. Il est peut-être étrange que je te croie avec tant de facilité; mais je sens une cause supérieure qui m'y force. Le ciel paraît ici manifester sa justice, et la vertu de ce noble vieillard que je respecte et que j'embrasse.

HÉRACLIUS ET ASTOLPHE.

Eh ! qui es-tu donc ? parle.

FRÉDÉRIC.

Je suis le duc de Calabre. Vous me voyez comblé de joie. Le sang qui coule dans mes veines, ô fils de Maurice! est ton sang. Je suis le fils de Cassandre,

---

[1] Le fonds de cette scène paraît intéressant et admirable : on aurait pu en faire un chef-d'œuvre, en y mettant plus de vraisemblance et de convenance. Il me semble qu'une telle scène donnerait l'idée de la vraie tragédie, c'est-à-dire d'une péripétie attendrissante, toute en action, sans aucun embarras, sans le froid recours des lettres écrites long-temps auparavant, sans rien de forcé, sans aucun de ces raisonnemens alambiqués qui font languir le tragique.

sœur de Maurice : tes destins sont conformes aux miens, ton étoile est mon étoile.

HÉRACLIUS.

Je reprends mes esprits; et plus je te considère, plus il me semble que je t'ai déja vu.

FRÉDÉRIC.

Cela est impossible; car je n'ai jamais approché des cavernes et des précipices où tu dis qu'on a élevé ta jeunesse.

HÉRACLIUS.

C'est la vérité; mais je t'ai vu sans te voir.

FRÉDÉRIC.

Comment? me voir sans me voir!

HÉRACLIUS.

Oui.

FRÉDÉRIC.

Ceci est une nouveauté égale à la première; mais avant de l'approfondir, va, je te prie, à ma galère capitane; et après qu'on t'aura donné des habits, et qu'on t'aura paré comme tu dois l'être, tu m'apprendras ce que je veux savoir, et qui me ravit déja en admiration.

HÉRACLIUS.

Je t'ai déja dit que je suis le fils des montagnes, accoutumé au travail et à la peine; et, quoique j'aie beaucoup souffert, écoute-moi; je me reposerai en te parlant.

FRÉDÉRIC.

Puisque c'est pour toi un soulagement, parle.

HÉRACLIUS.

Écoute; tu vois ces rochers, ces montagnes, dont le faîte est défendu par les volcans de l'Etna...

(Ce discours d'Héraclius est interrompu par des cris derrière la scène.)

Aux armes! aux armes! aux combats! aux combats!

PHOCAS.

Tombons sur eux avant que leurs escadrons soient formés.

UN SOLDAT *de Frédéric, arrivant sur la scène.*

Déja on voit l'armée que Phocas a levée pour s'opposer à la hardiesse de votre débarquement.

FRÉDÉRIC.

On dit que c'est le premier bataillon, il faut s'empresser d'aller à sa rencontre.

HÉRACLIUS.

Je vous accompagnerai. Vous verrez que l'épée que vous ne m'avez donnée que comme un ornement vous rendra quelque service.

ASTOLPHE.

Quoique ma caducité ne me permette pas de vous servir, je peux mourir du moins, et vous me verrez mourir le premier à vos côtés.

FRÉDÉRIC.

J'espère en vous deux. J'attends de vous mon triomphe : déja mes soldats s'avancent avec audace.

(Les troupes de Phocas paraissent; les trompettes et les clairons sonnent la charge; la bataille se donne; on entend d'un côté: « Vive Phocas! » et de l'autre : « Vive Frédéric! » Puis tous ensemble crient : « Aux armes! aux armes! combattons! combattons! »)

HÉRACLIUS, *l'épée à la main.*

Suivez-moi : je connais tous les sentiers; si vous marchez de ce côté, vous pourrez tout rompre.

CINTIA, *paraissant armée à la tête des siens.*

Non, vous ne romprez rien; c'est à moi de défendre ce poste.

HÉRACLIUS.

Qui pourra soutenir ma fureur?

CINTIA.

Moi

HÉRACLIUS.

Quel objet frappe mes yeux!

CINTIA.

Qu'est-ce que je vois!

HÉRACLIUS.

Vous voyez le changement de nos destins : je défendais contre vous un passage quand je vous ai vue pour la première fois, et à présent vous en défendez un contre moi.

CINTIA.

Ajoute que tu me regardais alors avec des yeux d'admiration, et à présent c'est moi qui t'admire.

HÉRACLIUS.

Qu'admirez-vous en moi? rien que les vicissitudes incompréhensibles de ma vie. Je vous trouve ici; vous voulez que je fuie : moi, fuir! et fuir de vos yeux! ce sont deux choses si impossibles, que, si elles arrivaient, elles diraient qu'elles ne peuvent pas arriver.

CINTIA.

Sans te dire ici que mon bonheur est de te voir en

vie, ce bonheur ne sera-t-il pas plus grand si tu enfonces ce passage, et si tu restes victorieux?

HÉRACLIUS.

Je ne veux point vaincre à ce prix, en combattant contre vous.

CINTIA, *à Libia qui l'accompagne.*

Libia, ne m'abandonne point; j'ai soin de ma réputation et de la tienne.

HÉRACLIUS.

Je ne sais si je dois vous croire.

CINTIA.

Pourquoi non?

HÉRACLIUS.

Parce que si vous me traitez avec tant de bonté à présent, vous direz peut-être, comme vous avez déja fait, que vous ne vous en souvenez plus, et que mon bien et mon mal vous sont indifférens.

(Des voix s'élèvent au fond du théâtre.)

LES SOLDATS *de Frédéric.*

C'est par là qu'Héraclius a passé.

FRÉDÉRIC.

Passez tous après lui.

HÉRACLIUS, *à Cintia.*

Malheureux que je suis! quand je voudrais fuir [1], je ne pourrais; vos troupes reviennent avec les miennes. Voyez-vous cette troupe qui s'effraie et qui abandonne le poste que vous gardiez? Fuyez, vous pourrez à peine sauver votre vie.

[1] On ne conçoit rien à ce discours d'Héraclius : tantôt il parle en héros, tantôt en poltron. Si c'est une ironie avec Cintia, il est difficile de s'en apercevoir.

TROISIÈME JOURNÉE.   447

CINTIA.

Non; tu pourrais fuir; les autres ne fuiront pas.

LÉONIDE, *arrivant.*

Tournez tête, soldats : ils ont forcé le passage que gardait Cintia; défendons sa vie; je serai le premier à mourir.

HÉRACLIUS, *se jetant sur Léonide.*

Oui, tu mourras de ma main, ingrat, inhumain, cruel!

LÉONIDE.

Je ne suis point étonné de te voir en vie. Je suis persuadé que la mer n'a eu pitié de toi que pour préparer mon triomphe.

(Ils combattent tous deux.)

HÉRACLIUS.

Tout à l'heure tu vas le voir.

CINTIA.

Je ne peux me déclarer, malgré le désir que j'en ai. Je crains ma ruine si Héraclius est vainqueur, puisque son pouvoir détruira le mien. Si Léonide l'emporte, mes espérances sont superflues; il est contre mes intérêts. Que ferai-je? ô ciel, secourez-moi [1] !

(On entend les tambours.)

[1] On ne conçoit rien à ce discours de Cintia. Je l'ai traduit fidèlement :

Pues
No me puedo declarar,
Aunque quisiera, al temer
Si vence Heraclio, mi ruina,
Pues es contra mi poder;
Si Leonido, mi esperanza;
Pues es contra mi interes,
¿ Que he de hacer? cielos piadosos!

Comment peut-elle craindre Héraclius qui est amoureux d'elle?

PHOCAS.

Brute, infidèle à ton maître, qui, en brisant ton frein, brises les lois et le devoir; puisque tu oses ainsi prendre le mors aux dents, demeure, et, en courant ainsi déchaîné, ne fuis pas.

FRÉDÉRIC, *à Heraclius.*

Charge-moi ce Phocas.

PHOCAS, *tombe en sautant aux ennemis.*

O ciel! ma vie est perdue!

HÉRACLIUS, *courant sur lui.*

C'est mon ennemi; qu'il meure!

LÉONIDE.

Qu'il ne meure pas!

PHOCAS.

Malheureux, qu'ai-je entendu! tout est toujours équivoque entre eux. Toujours ces voix : Qu'il meure! qu'il ne meure pas! Qui des deux me tue? qui des deux me défend? je suis toujours en doute, je suis confondu.

HÉRACLIUS.

Ne sois plus en doute à présent. Si tu as voulu faire ici l'essai de ta tragédie, la voici terminée. La vérité se montre. Nous avons changé de rôle, Léonide et moi.

PHOCAS.

Quel rôle?

HÉRACLIUS.

Celui de Léonide était d'être cruel, le mien d'être humain; il disait la première fois : Qu'il meure! et moi, qu'il ne meure pas! Tout est changé; c'est lui qui te défend, et c'est moi qui te donne la mort.

CINTIA.

Héraclius, je suis à ton côté.

PHOCAS.

Ce n'était donc pas un vain présage quand j'ai cru voir ton glaive ensanglanté.

LÉONIDE.

Je ne me suis pas trompé non plus, en devinant que c'était cette femme avant de l'avoir vue.

(Libia, Frédéric et des soldats s'approchent.)

LIBIA.

C'est ici qu'est tombé Phocas.

FRÉDÉRIC.

C'est ici que son cheval l'a jeté par terre.

LÉONIDE.

Je ne suis donc venu ici que pour ma perte.

(Troupe de soldats.)

UN SOLDAT.

Accourez tous... Mais que vois-je?

HÉRACLIUS.

Vous voyez un tyran à mes pieds; vous voyez, dans les mêmes campagnes où Maurice fut tué, la mort de Maurice vengée par son fils.

PHOCAS, *à terre*.

Non, tu n'es pas son fils.

LE SOLDAT.

Qu'est-il donc?

PHOCAS.

Un hydropique de sang, qui ne pouvant boire celui des autres, apaise sa soif dans le sien propre.

(Phocas meurt en disant ces paroles. Mais comment peut-il dire qu'Héraclius a versé son propre sang ? il faut donc qu'il se croie son père ; mais comment peut-il le croire ?)

CINTIA.

Déja tous ses gens sont en fuite; et les miens, ayant secoué le joug de la tyrannie, disent et redisent :

Vive Héraclius! qu'Héraclius vive!
Qu'il ceigne son front du sacré laurier!
Il doit régner, il est fils de Maurice.

(Les soldats et le peuple disent ces paroles avec Cintia; ils font une couronne.)

HÉRACLIUS.

Cette couronne appartient à Frédéric; il l'a méritée; c'est à lui qu'on doit la victoire.

FRÉDÉRIC.

Je n'ai voulu que briser le joug du tyran, et non pas ravir la couronne au légitime possesseur. Vous l'êtes, c'est à vous de régner.

HÉRACLIUS.

Je ne sais si je l'oserai.

FRÉDÉRIC.

Pourquoi non?

HÉRACLIUS.

C'est que j'ignore si tout ce que je vois est mensonge ou vérité.

FRÉDÉRIC.

Comment?

HÉRACLIUS.

C'est que je me suis déja vu traité et vêtu en prince, et qu'ensuite j'ai repris mes anciens habits de peau.

(Il veut parler du château enchanté et de son habit de gala.)

LISIPPO.

C'est moi qui vous ai trompé par mes enchantemens; je vous ai menti; j'ai menti aussi à Frédéric, quand je lui prédis en Calabre des infortunes; Dieu lui a donné la victoire : je vous demande pardon à tous deux.

LIBIA.

J'implore à vos pieds sa grace.

HÉRACLIUS.

Qu'il vive, pourvu qu'il n'use plus de sortiléges.

ASTOLPHE.

Et moi, si je peux mériter quelque chose de vous, je demande la grace du fils de Phocas.

HÉRACLIUS.

Léonide fut mon frère; nous fûmes élevés ensemble; qu'il soit mon frère encore.

LÉONIDE.

Je serai votre sujet soumis et fidèle.

HÉRACLIUS.

Si par hasard une grandeur si inespérée s'évanouit, je veux goûter un bonheur que je ne perdrai pas. Je donne la main à Cintia.

CINTIA.

Je tombe à vos pieds.

(Les tambours battent, les clairons sonnent, le peuple et les soldats s'écrient:)

Vive Héraclius! qu'Héraclius vive!

FRÉDÉRIC.

Que ces applaudissemens finissent.

HÉRACLIUS.

Espérons qu'un roi sera heureux quand il commencera son règne par être détrompé, quand il connaîtra qu'il n'y a point de félicité humaine qui ne paraisse une vérité et qui ne puisse être un mensonge.

FIN DE LA COMÉDIE FAMEUSE.

DISSERTATION

DU TRADUCTEUR

SUR L'HÉRACLIUS DE CALDERON.

Quiconque aura eu la patience de lire cet extravagant ouvrage y aura vu aisément l'irrégularité de Shakespeare, sa grandeur et sa bassesse, des traits de génie aussi forts, un comique aussi déplacé, une enflure aussi bizarre, le même fracas d'action et de momens intéressans.

La grande différence entre l'*Héraclius* de Calderon et le *Jules César* de Shakespeare, c'est que l'*Héraclius* espagnol est un roman moins vraisemblable que tous les contes des *Mille et une Nuits*, fondé sur l'ignorance la plus crasse de l'histoire, et rempli de tout ce que l'imagination effrénée peut concevoir de plus absurde. La pièce de Shakespeare, au contraire, est un tableau vivant de l'histoire romaine depuis le premier moment de la conspiration de Brutus jusqu'à sa mort. Le langage, à la vérité, est souvent celui des ivrognes du temps de la reine Élisabeth; mais le fond est toujours vrai, et ce vrai est quelquefois sublime.

Il y a aussi des traits sublimes dans Calderon; mais presque jamais de vérité, ni de vraisemblance, ni de naturel. Nous avons beaucoup de pièces ennuyeuses dans notre langue, ce qui est encore pis; mais nous n'avons rien qui ressemble à cette démence barbare.

Il faudrait avoir les yeux de l'entendement bien bouchés pour ne pas apercevoir dans ce fameux Calderon la nature abandonnée à elle-même. Une imagination aussi déréglée ne peut être copiste, et sûrement il n'a rien pris ni pu prendre de personne.

On m'assure d'ailleurs que Calderon ne savait pas le français, et qu'il n'avait même aucune connaissance du latin ni de l'histoire. Son ignorance paraît assez quand il suppose une reine de Sicile du temps de Phocas, un duc de Calabre, des fiefs de l'empire, et surtout quand il fait tirer du canon.

Un homme qui n'avait lu aucun auteur dans une langue étrangère aurait-il imité l'*Héraclius* de Corneille, pour le travestir d'une manière si horrible? Aucun écrivain espagnol ne traduisit, n'imita jamais un auteur français, jusqu'au règne de Philippe V; et ce n'est même que vers l'année 1725 qu'on a commencé en Espagne à traduire quelques uns de nos livres de physique : nous, au contraire, nous prîmes plus de quarante pièces dramatiques des Espagnols, du temps de Louis XIII et de Louis XIV. Pierre Corneille commença par traduire tous les beaux endroits du *Cid*; il traduisit *le Menteur*, la suite du *Menteur*; il imita D. Sanche d'Aragon. N'est-il pas bien vraisemblable qu'ayant vu quelques morceaux de la pièce de Calderon, il les ait insérés dans son *Héraclius*, et qu'il ait embelli le fond du sujet? Molière ne prit-il pas deux scènes du *Pédant joué* de Cyrano de Bergerac, son compatriote et son contemporain?

Il est bien naturel que Corneille ait tiré un peu d'or du fumier de Calderon; mais il ne l'est pas que Calderon ait déterré l'or de Corneille pour le changer en fumier.

L'*Héraclius* espagnol était très fameux en Espagne; mais très inconnu à Paris. Les troubles qui furent suivis de la guerre de la Fronde commencèrent en 1645. La guerre des auteurs se fesait quand tout retentissait des cris : *Point de Mazarin*. Pouvait-on s'aviser de faire venir une tragédie de Madrid pour faire de la peine à Corneille? et quelle mortification lui aurait-on donnée? Il aurait été avéré qu'il avait imité sept ou huit vers d'un ouvrage espagnol. Il l'eût avoué alors, comme il avait avoué ses traductions de Guillen de Castro quand on les lui eut injustement reprochées, et comme il avait avoué la traduction du *Menteur*. C'est rendre service à sa patrie que de faire passer dans sa langue les beautés d'une langue étrangère. S'il ne parle pas de Calderon dans son examen, c'est que le peu de vers traduits de Calderon ne valait pas la peine qu'il en parlât.

Il dit dans cet examen que son *Héraclius* est un « original « dont il s'est fait depuis de belles copies. » Il entend toutes nos pièces d'intrigue où les héros sont méconnus. S'il avait eu Calderon en vue, n'aurait-il pas dit que les Espagnols commençaient enfin à imiter les Français, et leur fesaient le même honneur qu'ils en avaient reçu? aurait-il surtout appelé l'*Héraclius* de Calderon une belle copie?

On ne sait pas précisément en quelle année la *Famosa Comedia* fut jouée; mais on est sûr que ce ne peut être plus tôt qu'en 1637, et plus tard qu'en 1640. Elle se trouve citée, dit-on, dans des romances de 1641. Ce qui est certain, c'est que le docteur maître Emmanuel de Guera, juge ecclésiastique, chargé de revoir tous les ouvrages de Calderon après sa mort, parle ainsi de lui en 1682 : *Lo que mas admiro y admiré en este raro ingenio fué que a ninguno imito.* Maître Emmanuel aurait-il dit que Calderon n'imita jamais personne, s'il avait pris le sujet d'*Héraclius* dans Corneille? Ce docteur était très instruit de tout ce qui concernait Calderon; il avait travaillé à quelques unes de ses comédies; tantôt ils fesaient ensemble des pièces galantes, tantôt ils composaient des actes sacramentaux qu'on joue encore en Espagne. Ces actes sacramentaux ressemblent pour le fond aux anciennes pièces italiennes et françaises, tirées de l'Écriture; mais ils sont chargés de beaucoup d'épisodes et de fictions. Le peuple de Madrid y courait en foule. Le roi Philippe IV envoyait toutes ces pièces à Louis XIV les premières années de son mariage.

Au reste, il est très inutile au progrès des arts de savoir qui est l'auteur original d'une douzaine de vers; ce qui est utile, c'est de savoir ce qui est bon ou mauvais, ce qui est bien ou mal conduit, bien ou mal exprimé, et de se faire des idées justes d'un art, si long-temps barbare, cultivé aujourd'hui dans toute l'Europe, et presque perfectionné en France.

On fait quelquefois une objection spécieuse en faveur des irrégularités des théâtres espagnol et anglais : des peuples pleins d'esprit se plaisent, dit-on, à ces ouvrages : comment peuvent-ils avoir tort?

Pour répondre à cette objection tant rebattue, écoutons Lope de Vega lui-même, génie égal, pour le moins, à Shakespeare. Voici comme il parle à peu près dans son épître en vers, intitulée : *Nouvel Art de faire des comédies en ce temps.*

> Les Vandales, les Goths, dans leurs écrits bizarres,
> Dédaignèrent le goût des Grecs et des Romains :
> Nos aïeux ont marché dans ces nouveaux chemins ;
>   Nos aïeux étaient des barbares [1].

> L'abus règne, l'art tombe, et la raison s'enfuit.
>   Qui veut écrire avec décence,
> Avec art, avec goût, n'en recueille aucun fruit :
> Il vit dans le mépris et meurt dans l'indigence [2].

> Je me vois obligé de servir l'ignorance :
>   J'enferme sous quatre verroux [3]
>   Sophocle, Euripide et Térence.
> J'écris en insensé ; mais j'écris pour des fous.

> Le public est mon maître, il faut bien le servir ;
> Il faut pour son argent lui donner ce qu'il aime.
>   J'écris pour lui, non pour moi-même,
>   Et cherche des succès dont je n'ai qu'à rougir.

Il avoue ensuite qu'en France, en Italie, on regardait comme des barbares les auteurs qui travaillaient dans le goût qu'il se reproche, et il ajoute qu'au moment qu'il écrit cette

---

[1] Mas como le sirvieron muchos bárbaros
    Che enseñaron al vulgo á sus rudezas.

[2] Muere sin fama y galardon.

[3] Encierro los preceptos con seis llaves, etc.

épître, il en est à sa quatre cent quatre-vingt-troisième pièce de théâtre : il alla depuis jusqu'à plus de mille. Il est sûr qu'un homme qui a fait mille comédies n'en a pas fait une bonne.

Le grand malheur de Lope et de Shakespeare était d'être comédiens; mais Molière était comédien aussi; et, au lieu de s'asservir au détestable goût de son siècle, il le força à prendre le sien.

Il y a certainement un bon et un mauvais goût : si cela n'était pas, il n'y aurait aucune différence entre les chansons du Pont-Neuf et le second livre de Virgile : les chantres du Pont-Neuf seraient bien reçus à nous dire : Nous avons notre goût; Auguste, Mécène, Pollion, Varius, avaient le leur, et la Samaritaine vaut bien l'Apollon palatin.

Mais quels seront nos juges? diront les partisans de ces pièces irrégulières et bizarres. Qui? toutes les nations, excepté vous. Quand tous les hommes éclairés de tous pays, *quibus est æquus et pater et res*, se réuniront à estimer le second, le troisième, le quatrième et le sixième livre de Virgile, et les sauront par cœur, soyez sûrs que ce sont là des beautés de tous les temps et de tous les lieux. Quand vous verrez les beaux morceaux de *Cinna* et d'*Athalie* applaudis sur les théâtres de l'Europe, depuis Pétersbourg jusqu'à Parme, concluez que ces tragédies sont admirables avec leurs défauts; mais si on ne joue jamais les vôtres que chez vous seuls, que pouvez-vous en conclure?

FIN DU HUITIÈME ET DERNIER VOLUME DU THÉÂTRE.

TABLE DES MATIÈRES

CONTENUES DANS CE HUITIÈME VOLUME.

Don Pèdre, tragédie, non représentée. Page	1
Épître dédicatoire à M. d'Alembert.	3
Discours historique et critique sur la tragédie de *Don Pèdre*.	11
Fragment d'un discours historique et critique sur *Don Pèdre*.	17
Irène, tragédie.	83
Lettre de M. de Voltaire à l'Académie française.	85
Variantes de la tragédie d'*Irène*.	154
Agathocle, tragédie.	161
Avertissement des éditeurs de l'édition de Kehl.	163
Discours prononcé avant la première représentation d'*Agathocle*.	164
Notes de la tragédie d'*Agathocle*.	215
Avis au lecteur, imprimé dans plusieurs éditions, à la suite des tragédies.	216
La Fête de Bellébat.	221
Avertissement des éditeurs de l'édition de Kehl.	222
L'Hôte et l'Hôtesse, divertissement.	247
Lettres à M. de Cromot.	248
Le comte de Boursoufle, comédie.	259
Avertissement.	260
Variante du *Comte de Boursoufle*.	310
Jules César, tragédie de Shakespeare.	313
Avertissement des éditeurs de l'édition de Kehl.	314
Avertissement du traducteur.	315
Observations sur le *Jules César* de Shakespeare.	380
L'Héraclius espagnol, ou la Comédie fameuse, fête représentée devant LL. MM., par don Pedro Calderon de la Barca.	383
Préface du traducteur.	385
Dissertation du traducteur sur l'*Héraclius* de Calderon.	433

FIN DE LA TABLE.

IMPRIMERIE DE RIGNOUX,
rue des Francs-Bourgeois-S-Michel, n° 8

www.ingramcontent.com/pod-product-compliance
Lightning Source LLC
Chambersburg PA
CBHW072127220426
43664CB00013B/2168